# 徹底検証！日本型ODA

## 非軍事外交の試み

中国社会科学院日本研究所研究員・教授
金 熙 徳［著］
鈴木英司［訳］

三和書籍

# 日本語版への前書き

この著書の中国語版の完成から、はや2年余りの歳月が過ぎた。この間、国際情勢と日本外交並びに日中関係には、また幾つかの顕著な変化が現れている。しかしながら、全体的にいって、この本で提示された歴史的事実と基本的な分析は、さほど時代遅れとなってはいない。否、むしろその殆どがもっと現実味を帯びてきているといえるだろう。

もとより、この本は、第二次大戦後における国際秩序の推移、そのなかにおける日本の外交およびその対外関係、特に中国との関係の枠組みを大きな背景とし、日本の政府開発援助（ODA）という政治･経済外交における重要な手段に焦点を当て、理論、歴史、現実を縦軸に、政治と経済の相互作用を横軸にした座標のなかで分析を展開したものである。

80年代の末頃までに、日本は世界一の援助大国へと躍進を遂げた。ところが、90年代の長引く不況の中で、日本国内のODAに向けられる視線はだんだん厳しくなったきた。そうしたなかで、これまでのODA政策について再検討を求める声が高まってきている。

そのような背景の下で、ここ2、3年、日中間では、日本の対中ODAをめぐる論議が波紋を広げ、両国の対外政策および相互関係に大きな影響を及ぼすようになった。そうした激しい口調で行われる議論を冷静に見つめていると、そのなかの多くは日本外交および日中関係の歴史的推移や、ますます増大する相互依存の構図をしっかりと踏まえたうえでのものとは言い難く、より健全で優れた日中関係論議を願ってやまない。

この本の中国語版が北京で出版された際、ちょうど日中の政府と民間レベルでODAをめぐる論議が白熱化した頃であったこともあって、直ちに両国の政府関係者、研究者、大学院生の中で大きな反響を呼び起こし、好評を得られた。

2001年に入り、日本の対中ODA政策の調整は、ようやく再定義の作業を終わろうとしているように見える。しかしながら、より長期的な目で見て、ODAを含め、21世紀に向けた両国関係のあらゆる分野をめぐり、より健全で実りのある議論はむしろこれから深まっていくのではなかろうか。そうした意味で、本書が中国の読者のみならず、日本の読者にも読めるようになることは、日中関係に関する議論のなかでひとつの有意義な手がかりとなるだろう。

ことしの初春、北京で開催されたあるシンポジウムに出席した際、友人の鈴木英司先生から是非この本を日本語に訳したいと提案があった。このうえなく光栄で喜ばしいことであると思う。今やこの日本語訳が完成を見るに際して、鈴木先生並びにこれに携わった諸氏には心より深く感謝の意を表したい。

著　者

2001年6月24日

北京・農光里の自宅にて

# 前　書　き

「対外援助」とは何か？この問いに対して、現代の中国人の脳裏には一般に、次のような歴史の絵巻が浮かんでくるのではないだろうか。1940年代後半、「アンクル・サム」(アメリカ人のこと—訳者注)の「援助」による戦闘機や大砲は、国民党軍の山の崩れの如き敗戦を食い止めることができなかった。60年代初期には、中国の「兄貴分」であるソ連が、突如「援助」協定を破棄するという茶番劇を演じて見せた。そして70年代になると、「弟分」にあたるベトナムが、中国から「援助」された銃や弾薬を使って中国の辺境を騒がせるという事態が起こった……。一般の中国人の記憶からすると、援助というものは、大体このように目と鼻の先にありながら、却って霧の中で花を見るようなはっきりしないもの、しかも濃厚な感情的色合いを伴うものである。

このように人々が援助に対して抱いている一般常識から、少なくとも以下のような幾つかの共通点を検出・整理することができよう。まず、対外援助とは、一方が差し出し、他方が受け取る行為であり、かつそれは国と国との間に生じる授受関係である。だから、それは一国内で行われる相互的な思いやりとは異なる行為である、といったことを皆は大体知っている。次に、これまた理解されやすいと思われるが、援助とはまた、ヒト、カネ、モノなど目に見え、手で触れる物質形態の有形援助のことを指す。この点において、政治的支持や道義上の声援などといった無形支援とは一線を画すべきであるということになる。しかしながら、もしここからもう一歩踏み出して、対外援助の意味合いと適用範囲などに関して更に深い考察を試みた場合、見識や経験の違いからくる援助に対する認識の立場と深さの差はたちまち浮き彫りになってくるだろう。ましてや、そのなかで専門的視点からそれについて深く解明できる者は、恐らく希ではないだろうか。

いうならば、対外援助は国際関係の産物である。国家間の相互援助そのものは、国家が生まれた当所から行われてきたといってよい。しかし、それが近現代的意味における国際関係現象としては、やはり近代主権国家システムが出現した時期に形作られたのである。その後、二度の世界大戦期の発展を経て、最終的には、第二次大戦後、次第に変化を遂げて、今日のような援助システムが形成されたのである。

戦後、国際貿易システムは、ガットからWTOへの発展をたどっており、通貨・金融システムもまた、ブレトンウッズ体制から多国間協調システムへの変化を経験した。同様に、対外援助システムも、東西援助競争からOECD傘下にある開発援助委員会(DAC)を中心とする政府開発援助(Official Development Assistance = ODA)システムの形成とその発展を経てきている。このプロセスにおいて、国際援助システムは日増しに完備され、これに対応した援助理論もますます精密化されたのである。

国際関係論という学問的角度から言えば、対外援助の歴史、現状および理論に関する系統的な研究を行うことは、一つの必要な基礎作業であるばかりでなく、それは同時に重要な政策論的意味をもつ現実的課題でもあろう。

国際関係の現実と理論体系のなかにおいて、対外援助は独特な位置と役目を有していることが分かる。つまり、それは投資および貿易とあわせて国際経済関係の三大領域の一つを構成する一方、他方においては、経済外交の手段として、政治外交および軍事外交と肩を並べ、国際政治関係の欠くべからざる重要部分をなしている。したがって、対外援助は単なる国際経済現象でもなければ、単なる国際政治現象でもなく、まさに一種の典型的な国際政治経済(political economy)現象なのである。

今日、DACを中心とする国際援助システムのなかでは、ODAが最も重要な地位を占めている。その特質は次の三点に集中的に表れている。一つには、それが政府資金であること。二つ目には、それが優遇条件で提供されること。三つ目には、それが国の政策を反映していることである。そしてこれらの特徴から、それは個人の出資による、商業ベースで行われる営利目的の民間貿易や投資とは、性質上全く異なるということである。

ODAは政府援助として、その構成には無償援助もあれば、被援助側に返済義務を課す優遇借款も含まれる。この種の借款をも「援助」の範疇に入れるのは、その援助条件が商業目的の借款よりずっと優遇されたものであるからである。その援助の性質はまさにこの優遇条件に示されている。したがって、無償援助は対外援助の一部分に過ぎず、かつそれは往々にして濃厚な政治的、安保戦略的意味合いを帯びたもの、あるいは明らかな人道的救済目的のその部分である。例えば、アメリカが冷戦期に行った巨額の軍事援助は、殆どこのような「気前のよい」無償援助であった。しかしながら、先進諸国が提供する経済開発援助を見てみると、実際有償借款がそのかなりの部分を占めているのである。特に、日本が提供してきた二国間ODA資金のなかには、有償援助の割合が無償援助をはるかに上回っている。一般的な感情レベルで考える場合、無償援助の「援助」性格は比較的容易に受け入れられるが、しかしODAの借款の部分については疑惑の念を免れ得ない。つまり、明らかに返済義務を要する「借款」なのに、なぜこれを「援助」と呼ぶのかと。このことからも分かるように、ODAという国際関係現象はとっくに普遍化されていながら案外知られておらず、それに対しては系統的かつ掘り下げた研究を行う必要があるばかりでなく、また深みと分かりやすさを伴った知識普及の作業が必要ではなかろうか。

戦後、日本はわずか10年の歳月で、戦争の廃墟から経済を復興させた。その後、50年代半ばには援助国に名を連ね、70年代半ばごろには援助大国の地位を固め、80年代の末には世界のトップ援助国に躍り出た。こうした日本ODAの目覚しい発展プロセスが、早くから対外援助研究の主要対象の一つとなっていることに疑いの余地はない。また、これと同時に、日本のODAについての研究は、戦後日本外交の研究においても重要な一領域となっている。

如何に戦後日本のODAを評価するか、という問題に関して、国際社会においては、現在に至るまで様々な議論がなされ、一概に定義づけをはかることは不可能である。その原因をつきつめると、各国および各人の評価の角度と基準がまちまちであることのほかに、日本のODA自体、変化に富み、その度合いも大きいことが挙げられる。また、援助額が激増し、質も絶えず改善されてきているので、時期が異なれば、そこで得られる評価はおのずと異なってくるのである。総じていえば、50年代、60年代の日本のODAは、一般に日本が海外市場を開拓し、占領するための利己的手段とみなされ、このことによって多くの批判を受けた。ところが、70年代以降、日本ODAの国際社会におけるイメージは大きく改善され80年代、90年代には、すでに国際社会において大変注目される対象となっている。

この他、日本のODAは被援助国によって、その効果や評価もまた大きく異なる。例えば、日本がフィリピンのマルコス政権に対して実施した援助は、腐敗した特権家族を助けたとして非難を浴びた。しかし、日本がほかの国に対して行った数多いODAプロジェクトは、被援助国の発展を促進する良好な効果を奏している。なかでも、日本が中国に提供したODAは、特に際だった経済的効果や社会的利益をもたらし、このことは早くから中日両国政府と民間で一致した見解となっている。

1979年12月、日本は初めて中国へのODA資金の提供を決定した。この時以来、日本のODAは、善隣友好と経済協力の重要な象徴として、中日関係の重要な構成部分となっている。20年にわたる日本の対中ODAのスムーズな実施を経て、中国では東西南北を問わず、いたる所に日本のODA資金による大型建設プロジェクトが見られる。その中の多くのプロジェクト自体は一般に広く知られているが、その建設資金の大部分ないし主要部分が日本のODA資金であるということは余り知られていないように思われる。例えば、周知のプロジェクトとして、秦皇島港、京秦鉄道、中日友好病院、北京市地下鉄、北京図書館、首都空港などがあるがこれからも分かるように、日本の対中ODAを抜きにしては、80年代以降の中日関係の全貌を把握することは難しいと言わざるを得ない。

1992年6月30日、日本政府は「ODA大綱」を閣議決定した。端的にいえば、日本はこの大綱の決定を通じて、戦後数十年間形成された対外援助政策の理念とその手法に重大な調整を行い、ODAに新しい政治的基準を設け、ODAの供与時に厳しい政治的条件を付け加えはじめた。「ODA大綱」に基づき、被援助国がこの「大綱」の政治的基準に反するとみなされた場合、ODAの停止もしくは削除という制裁措置が採られることとなる。つまり、この種の調整は、はじめから日本と被援助国との間の従来の関係を改める可能性が内包されており、その後の中日関係の変容プロセスがこの点をよく立証している。

世紀の変わり目に際して、日本の対中ODAは依然として中日友好協力パートナーシップの重要な柱であるばかりでなく、その重要性はむしろ今後とも増してくるものと思われる。このような展望に立ち、中日双方は日本ODAをめぐる問題において、80年代以降の良好な伝統を引き続き受け継いでいく必要があり、また中日関係の進展におけるODAの促進作用を更に増やしていくために、学問分野においても共同研究を進め、コンセンサスを増やしていくことが求められている。

以上の観点に基づき、本書では対外援助理論の探究と戦後日本外交の考察という二重目的から出発し、戦後日本のODAの主要内容とその特徴を明らかにすることをメイン・テーマとし、日本ODAの理論、歴史およびその重点事例を順に追って論述するものである。また、そのなかのいくつかの新しい理論問題や日本の外交問題について、重点的に分析を加えたいと考えている。本書が中国における日本のODA研究の一助となり、更に今後のもっと素晴らしい研究成果の誕生に寄与することを願ってやまない。

著　者

# 目　次



## 日本のＯＤＡの理論と歴史

# 日本のＯＤＡの重点事例

# 第１章　戦後援助の体系と理念

# 第１章 戦後援助の体系と理念

## 第１節 戦後援助の体系

### １.対外援助の内包

対外援助というのは、国際関係の中で生まれたもので、国と国との間で交流し合う物、金、人、技術、情報といった価値の中で、一定の時代の国際援助の基準と合致するその一部の価値譲渡行為を指す。対外援助の実施主体は、主として、国家(政府を始めとする)や民間組織、国際組織などがある。

経済学の観点から見れば、対外援助は市場原理以外のいろいろな要因によって助成される国家間の資金流動なのである[(1)]。もし市場原理によって、十分かつ合理的に世界の価値を配分することができるとしたら、対外援助という存在の意義は、失われていくであろう。対外援助は以下の二つの国際関係の現象をその条件とする。また、「戦略援助」と「開発援助」という二種類の主な援助類型もこの二つの国際現象から形成されている。

①国家間の親疎関係

国際上各主体の間で、必ず親疎の関係がある。こういう親疎関係の違いは、大きくいうと、例えば、戦後イデオロギーと政治制度の違いによる東西両大陣営であり、小さくいうと、多様化し複雑な経済、文化、地域といった諸要因による各国際行為主体の間での親疎関係である。「戦略的援助」という類型は、こういう親疎関係によって生まれた。というのは、援助を提供する国が政治、安全、外交などの目的で、援助を受け入れる国に対して実施する軍事援助、或いは援助を受け入れる国の防衛力を増大させるための援助類型だからである。

### ②国家間の経済の違い

世界各国と地区は、経済発展の段階によって、相当の違いがある。こういう相違によって、今まで国際社会で、各国家を分ける基準或いは指標が出てきた。そして、国際関係の中に、「発展途上国」と「先進国」との区別ができ(2)、また、経済の相違から出た「南北問題」もある(3)。各国の経済発展のレベルの相違を根拠にして、「開発援助」という援助類型が出てくる。現代において「開発援助」とは、普通先進国から発展途上国への資金、物、人、情報といった価値を譲り渡す行為である。

近現代国際関係史を一括してみると、対外援助は一般には、政府が実施する官辺の行為に属する。今日に至っては、民間団体や個人および非政府組織（ＮＧＯ）が実施する援助は日増しに増大しているが、政府援助は依然として世界対外援助の総額で最も多い比重を占めている。しかし、20世紀60年代以降の国際関係の進展過程から見れば、対外援助の発展は、政府援助と民間経済協力との「合流」の展開が明らかになってくる。このような変化は、国際関係の重点が政治、安保の分野から経済分野へ相対的に移行する「経済化」過程から促された。その結果として、対外援助の主な内容もだんだんと軍事協力を中心とした「戦略援助」から経済援助を中心とする「開発援助」へ変わりつつある。

今日の国際関係は、国家間における経済、政治、安全、文化、教育など諸分野にわたる相互関係の総合である。特に、経済、政治と安全保障はその最も重要な三大要素である。これらは、相互に関連して、国際関係の総体となりながら、それぞれ独自の意味合いを持ち、各分野の間には、相互依存と相互影響の関係を持っている。対外援助はこのような各分野にわたる総合的な対外行動と言える。

国際関係の各分野の中で、政治はその最も基本的な国際関係の形態で、各国が国家主権や経済利益、領土保全、民族尊厳など、国の根本的性格と利益の相互承認と相互尊重のもとで、相互関係を調整しようとする根本的交流関係である。その主な実現方法は、国家および国家を代表する政府機関の外交往来である。ODA の供与と受入れは、まずこのような政治関係の有無を前提に、一定の親疎関係を条件とするのである。

国際経済関係とは、各国が貿易、金融、投資などの経済分野での交流関係であり、主体から見れば、各国政府の管理機能と各国の企業などの経済単元の経営活動を含めている。各国国内の官民関係の中における中央集権化の程度と民間自由化の程度の相違も、その対外経済関係の中に反映できる。特に、各国の経済主体の間の官営的なものと民営的なものの相互不対称性に表れている。このような国際経済関係の発展の相違は、ODA の供与と受入れのもう一つの条件となっている。世界経済が一体化、グローバル化に急激な勢いで発展していく趨勢の中で、各国の経済は互いに頼り合う網に落ち込み、各国経済主体の不対称性はだんだん減少し、政府の管理機能も日増しに低くなっている。

国家間の相互依存が深くなるにつれて、国際関係の主体は多極化し、国境の砦が低くなり、また、国家主権の意味合いも薄くなっていく。国際政治関係の比重がだんだん少なくなると見られる。政府援助としてのODA は、国家間の相互依存を促すと同時に、それ自身が頼みの社会基礎を揺るがしている。ODAが今後支配的な地位を徐々に民間経済に転化すると予測できよう。

国際安保関係とは、各国がそれぞれの政治、経済利益を維持するために結んだ相互関係である。これまでの伝統的な安全保障の考え方は、各国は軍事力が国家の根本的利益を守り、安定した相互関係を維持する主要手段であったが、「総合安保観念」の普及につれて、安定的な相互関係を保つうえで、各国は、経済外交を含む総合手段の役割を日増に重視する傾向にある。

国家間資金の流動の一つの現象としての対外援助が、国際経済のある基本的な性質を持っているのは当然である。しかし、以上述べたように、対外援助の決定された過程には、貿易や投資などの国際経済現象と違う著しい特徴がある。それは経済の原理に支配されながらも、一方で主に援助国と被援助国との政治、外交などの関係で決まるのである。発展途上国が中期発展計画をたてる時、現在の政治、経済情況に基づいて、特定の先進国や世界銀行、地域開発銀行などの国際機関に援助の申請を出すが、この申請に基づいて、援助国と被援助国の双方は、外交交渉を通して、援助の具体的な量と質を決めるのである。この決定過程は、経済論理よりは、むしろ、国際政治と外交論理に左右されると言えよう。

## 2.戦後援助の流れ

第二次世界大戦が終わった40年代後半以降、世界はだんだんと東西関係を主要内容とする冷戦構造が進み、東西陣営内部で、それぞれアメリカとソ連主導の「東東関係」と「西西関係」が形成された。そして60年代以後、東西関係が暖和されるにつれて、「南北関係」の比重が相対的に高くなり、東西関係と南北関係の交差が国際関係の一つの重要な特徴となった。戦後の対外援助は、こうした東西南北という特別な環境の中で生まれ、また発展してきたのである。

この時と比べ客観情勢がすでに変化をしている現在、かつての東側陣営内の対外援助体制は消滅し、現在の国際援助体制は、かつての西側陣営の援助をその基本としている。これは、東西の間における援助の競争、南北の間における秩序の競争と、西と西の間の責任論争の推進によって、だんだんと発展してきたのである。

戦後の対外援助は当初、冷戦の時の特定の国際関係の中から生まれたものであり、東と西との二つの陣営のなかの二つの流れから発展してきたが、日本の対外援助は、西側先進国の対外援助の流れをくんでおり、その形成と発展はまた西側対外援助の発展に独特な様式を加えた。

戦後先進国の援助方針には、大体、「戦略援助」と「開発援助」の二つの基本的類型がある。

### ①「戦略援助」

第二次世界大戦終了以前、連合国家陣営の各主要大国は早い時期から戦後の国際新秩序について考え始めたが、その中で、主な戦勝国が改めて勢力範囲を定めようと「ヤルタ体制」がつくられ、また、大国が主導権を握ることを原則として国連が登場した。ファシズム陣営が崩れるにつれて、戦勝国間におけるイデオロギーと世界戦略上の相違は非常な早さで国際関係の主な矛盾となり、アメリカとソ連を中心とする東西冷戦の構造が、戦争終了以前に密かに形成された[(4)]。そのような歴史の過程の中で、戦後初期の米ソを中心とする対外援助は、はやくも冷戦の軌道に乗せられてしまった。

戦後、アメリカは世界で最も強い国の頂点に立った。一国のGNPは世界のGNPの半分を占め、また、当時唯一の経済的余裕を持つ国として、アメリカは一番先に大規模な戦後対外援助を開始した。1946年に「占領地域救済政府資金(GAROA)」を設立し、1949年には「占領地域経済復興計画(EROA)」を設立、日本と西ドイツに援助を開始した。そのほか、アメリカは、1943年に設立された「同盟国救済復興機関(UNRRA)」の最も大きな出資国であった。全体で食糧や医療物品などの物資を含む約37億ドルの援助を提供した。

戦後アメリカの対外援助は、最初は主な工業国家の経済復興の援助に集中された。これは特に1947年6月にアメリカの国務長官マーシャル氏が唱えた「ヨーロッパ復興計画」(通称は「マーシャル計画」という)に表れている。この計画により、アメリカは1948年から1952年の間に、西ヨーロッパ各国の戦争で崩壊した経済に約132億ドルの援助資金を投入した。

米ソ両極を始めとする東西対立の構造の形成につれて、アメリカの援助はすぐに冷戦を巻き込んだ。1947年3月21日、トルーマン大統領は、「ソ連陣営のギリシア、トルコへの威嚇はアメリカに対する挑発だ」という講演をし、これらの国家を応援する意向を表明した。この「トルーマン・ドクトリン」とは、「戦略援助」の最初の形態となり、軍事対抗と抑制政策のための援助方式という理念の基礎となった。

「トルーマン・ドクトリン」には戦略援助の理念として以下を含めている。(1)援助を外交手段とする、(2)援助を通して、被援助国のアメリカに対する友好態度を確保する、(3)被援助国の経済発展を通して、アメリカの安全を保つ、(4)被援助国で常駐機関を設立し、これらの国家を制御する、(5)付帯の条件を通して、被援助国の自助能力を強化する[5]。

アメリカの「戦略援助」に対抗するため、ソ連もその同盟国や友好関係を持っている国に大量の援助を提供した。それによって、米ソ間において、中間地帯を争奪するための「援助競争」が展開された。

ソ連の対外援助には二つの発展段階がある。最初は、その対外援助を主に東ヨーロッパやアジアなどの地域の社会主義陣営諸国に提供したことである。1953年スターリン逝去の後、フルシチョフは社会制度の異なる国々と「平和共存」するとの看板を揚げ、1954年のアフガニスタンへの援助をきっかけに、その援助範囲を非社会主義国家へと広げた。その後、東ヨーロッパや中国も援助国に加わるようになった。それ以降、東側陣営はインド、エジプト、アフガニスタン、イラン、パキスタン、アルジェリアやキューバ等々世界規模での冷戦の最前戦にある戦略拠点国家に対して、非常に恵れた条件による援助資金を提供し、西側陣営に大きなショックを与えた。東西両陣営のほかの国々が次第に援助国となるにつれ、「援助競争」はだんだんと両大陣営の全ての加盟国へと拡大していった。

### ②開発援助

戦後西側先進諸国における開発援助の発想は、アメリカとヨーロッパの二つの伝統から来ているが、その後、日本では第三種の類型が生まれた。全体から見れば、アメリカによる戦略的要衝国家や地域に対する開発援助は、その戦略援助から分離して生まれ、政治的色彩と冷戦戦略のための性格を強く帯びている。それに対し、イギリスを代表とするヨーロッパの元宗主国が元植民地の各国に対する「開発援助」は、これらの地域での政治的影響力を確保或いは回復しようとする考えと、海外市場の開拓という長期的な狙いを表している。ところが、日本の東南アジアを中心とするアジア諸国に対する開発援助は、投資、貿易と援助の「三位一体」方針がその特色となっている。

「トルーマン・ドクトリン」の援助理念の中には、すでに開発援助の考えの芽生えを見ることができる。つまり、被援助国の経済の安定と発展を保つのは、アメリカの長期的利益に一致するというロジックである。しかし、こういう考え方はまだ「戦略援助」の枠組みに束縛されていたのである。その後、アメリカの対外政策では、発展途上国の経済発展がアメリカの長期的利益と一致するという考え方がもっと多くの比重を占めることになる。1945年1月10日、トルーマン大統領はその就任の際の演説で、「ポイント・フォア・プログラム」を提案した。そのなかの四つ目が、遅れた地域に対して援助を実施する方針である(6)。東側陣営からの「援助競争」のプレッシャーが、アメリカに開発援助を重視させる重要な原因の一つとなったのである。

1955年に、アジア、アフリカ29ヵ国の代表がインドネシアのバンドンでアジア・アフリカ会議を開催し、反帝国主義、民族独立の旗を高く揚げた。この発展途上国の新たな決起に、東西陣営はともに注目しこの新しい状況は東西間の「援助競争」を更にエスカレートさせたが、これに対して、アメリカは対外援助の重点を被援助国への軍備拡大から開発援助へと転化し始めたのである。

一方、西ヨーロッパの主要工業国家は戦後経済の復興にしたがって、それぞれの植民地或いは元植民地の経済開発に強い興味を示し始めた。1950年11月、英連邦の各国は、スリランカの首都コロンボで外相会議を行い、イギリスを中心として英連邦構成国の「コロンボ・プラン」を通して、遅れている国家への援助を討議し(7)、インドやパキスタン、スリランカなど6ヵ国に19億ポンドの援助資金を提供することを決定した。

日本は、1954年10月に援助国として「コロンボ・プラン」に参加した。これは、戦後における日本の対外援助の本格的な始まりを象徴すると同時に、日本型の「開発援助」の誕生を宣言する出来事でもあった。

## 3.国際援助体制の形成

60年代に入ってから、米ソ間の平和共存の局面がある程度安定することによって、東西問題が徐々に緩和し、南北問題が国際関係の焦点に浮かび上がった。これを背景に、主要工業諸国の援助体制も次第に完備され、その上に国際援助体制がだんだんと形成されるようになった。

1959年、アメリカは国際収支の悪化を背景に、自ら西側陣営の殆どの対外援助を担うという状況をいかに変えるかを模索し、ほかの西側諸国にも対外援助を分担させることを考え始めた。また、西側諸国の経済力の増大は、もっと多くの援助を負担していくための現実的基盤となった。1959年末に行われた米、英、仏、西独の四国首脳会談においては、新しい援助機関を設立して、援助の効率を上げ、援助の無駄を避ける議案について合意がなされたが、この議案によって、1960年1月パリで行われた大西洋経済会議では、「開発援助グループ」(Development Assistance Group=ＤＡＧ)の設立が決定された。これは「ヨーロッパ経済協力機構」(OEEC)の下に置かれ、構成は米、英、仏などの9ヵ国の主要援助国とヨーロッパ共同体(EEC)からなっている。1961年9月に「先進国クラブ」と言われている経済協力と発展機構(OECD)が成立し、「開発援助グループ」がその下部機関となると同時に、「開発援助委員会」(Development Assistance Committee=DAC)と改称した。この委員会の任務は、①開発援助問題について協議すること、②援助に関連する規則と基準を定めること、③援助国による援助の実施過程を調整し督促すること、などであるが、その後この委員会はどんどん拡大され、今日は以下の21ヵ国により構成されている。アメリカ、イギリス、フランス、ドイツ、日本、カナダ、オーストラリア、ニュージーランド、イタリア、アイルランド、ベルギー、ルクセンブルク、オランダ、ポルトガル、スペイン、オーストリア、デンマーク、フィンランド、ノルウェー、スウェーデン、スイス。

現在、世界ではDACのほか、政府対外援助を提供する国際的組織は、石油輸出国機構（OPEC）や非DAC諸国、およびその他の発展途上国などがある。その中、DACによるODAは、その間ずっと世界のODA総額の70—90%を占めていることから、争いなく世界で最も大きな援助組織となっている。

各国の援助額から見れば、経済力と援助意図の変化に従い、各主要援助国の相対的地位は時期によって変わっている。1960年には、アメリカのODAは独自でDACのODA総額の59%を占めていたが、その後、その国力の衰退と、特にベトナム戦争での敗退により、そのODAがDACに占める比重はずっと下り坂を辿ってきた。1987年にはアメリカの世界のODAに占める比重は21.5%となったが、にもかかわらず、アメリカは依然として世界で最も重要なODA提供国の一つであり、特に、そのODA政策は国際機関および各先進国の援助政策に強い影響力を持っている。また、フランスと西ドイツは約10%強の比重を保ち、日本はずっと直線上昇過程にあったが、1989にはとうとうアメリカを抜いて世界第一の援助大国となった。

DAGの設立と同時に、西側主要工業諸国も次々と自国の対外援助体系を確立していった。各国の置かれている国際環境とそれぞれの政策視点が異なることから、各援助国はそれぞれ違う類型の援助のスタイルを形成した。この点は、下記の比較からもその一端がはっきりと見える。

まず、援助理念については、アメリカの対外援助は「戦略援助」の色彩が強いのに対して、日本の対外援助は長い間、「開発援助」を主としてきている。

また、援助資金の対象地域をみると、アメリカはその世界戦略から出発して、主に対外援助資金を世界の焦点や紛争地域に投入し、自分の戦略利益を守ろうとしたが、これに対し、日本の対外援助は基本的にその経済利益と周辺地域の安定に密接な関係のあるアジア各国に提供された。

## 4.開発協力の体系

### ①開発協力体系の形成

DACの援助体系が確立されるにしたがって、対外援助の概念と基準体系も日増しに完備されるようになった。「開発協力」（Development cooperation）という概念が「対外援助」の範囲に導入されることにより、対外援助理論が大きな進展を見ることになった。拡大された理論よれば、「開発協力」とは、先進国から発展途上国に提供される経済協力の全体を指す。その中で、「対外援助」とは、開発協力における無償贈与の部分のことである。こういう無償贈与部分の占める比重を測る指標を「グラント・エレメント」（Grant Element=G・E）という。

「グラント・エレメント」は、1969年にDACが援助条件の緩和度を示すために導入した指標である。この指標は、10%利率の条件で提供される対外資金を「グラント・エレメント」を含まない（G・E=0%）もの、商業的な非援助貸付金とした。その条件を起点として、対外資金の緩和度やG・E率が高ければ高いほど、その中に含まれる援助の比重はもっと大きいということである。言い換えれば、商業条件でこの資金を運用した場合、期待できる利潤と、緩和された条件でこの資金を発展途上国に提供して実際に得られた利潤との差が、「グラント・エレメント」となるのである。G・E率の定め方は、金利、返済期間、据置期間という三要素を総合的に考えた上で、一定の公式を通して、計算するのである。G・E率が最も高く、援助の比重が最大の形式は「無償援助」で、その中に含まれる「グラント・エレメント」はG・E＝100％である(8)。

「グラント・エレメンｔ」の計算公式は下記のとおりである。

$$G.E.(\%)=100\times\left(1-\frac{r/a}{d}\right)\left[1-\frac{\frac{1}{(1+d)^{a}G}-\frac{1}{(1+d)^{a}M}}{d\,(aM-aG)}\right]$$

r= 金利

a= 年間支払い回数

d= 軽減・免除率〔＝(1・1)1/a　—1〕

G= 据置期間

M= 返済期間

DACの定義によると、据置期間は、資金の提供を承諾する日から第1回目の元金を返す日までの期間と一つの返金時間単位との差数である。

表1-1　援助条件とG・Eの換算の例

| 返済期間 | 10 | 15 | 20 |
|---|---|---|---|
| 据置期間 | 5 | 5 | 5 |
| 金利(%) | G・E・ | G・E・ | G・E・ |
| 2・00 | 40・34 | 47・74 | 53・28 |
| 3・00 | 35・30 | 41・77 | 46・62 |
| 4・00 | 30・25 | 35・80 | 39・96 |
| 5・00 | 25・21 | 29・84 | 33・30 |
| 6・00 | 20・17 | 23・87 | 26・64 |
| 7・00 | 15・13 | 17・90 | 19・98 |

出所：桜井雅夫『国際開発協力の構造と法律』、36ページ、三省堂、1985

(例えば1年間を返金の時間単位をすれば、1年間を減らすこととなり、半年間を返金の時間単位とすれば、半年間を減らすこととなる。)

以上の公式によって、表1―1の換算の例ができる。

二国間の援助の主体は政府と民間との二種類に分けられる。その中で、政府による官辺援助がODAである。1972年10月に、DACはODAについて次のように定義している。先進国が発展途上国に対する政府経済協力の中で、「グラント・エレメント」G・E 25%以上の部分を「援助」といい、その形態は有償資金協力(つまり、特恵貸付金)と無償援助を含む。

DACはその運営過程で、次々とODAの量と質に関する指標体系を打ち出して改善をはかってきたが、その中で、「グラント・エレメント率」と「無償援助率」は、ODAの質を評価する二つの重要な指標であるが、この両者は密接に重なりながら、また互いに違った性質をもっている。後者は無償援助がODA総額に占める比重(贈与率)を示すもので、前者は有償資金協力と無償援助を含めてのODA総額の中の「グラント・エレメント」の比重を示すものである。

「開発協力」という広い概念の出現により、その中での「対外援助」の地位と役割が明確に位置づけられるようになり、それの国際政治と国際経済の接点としての性質がもっと明らかになった。一般的に言えば、外国への提供資金に含まれる「グラント・エレメント」が低ければ低いほど、それはより多く経済的動機に左右される商業性質を表しており、逆に、「グラント・エレメント」が高ければ高いほど、その中に含まれる非経済的動機の割合が多くなる度合いが高い。もし、ある国の政府が非常に高い比重の「グラント・エレメント」で援助資金を提供するとすれば、その中の非経済的な外交考慮の比重がその分高いことを意味する。この場合、たとえ援助国が被援助国から見返りとして経済利益を期待するとしても、それは短期的なものではなく、より長期的な経済利益を追求している可能性が高い。もし、ある民間企業あるいは民間団体が非常に高い比重の「グラント・エレメント」で、外国に資金を提供するのだとすれば、その中には短期的経済利益よりもっと長期的な動機が含まれているだろう。このように、国際関係における対外援助の理念と実践を考察してみると、政治・外交の原理と経済原理は往々にして対外援助において相互影響、相互浸透、相互転化していることが明らかになってくる。

「開発協力」が対外援助体系の中に一定の地位を占めるようになったことは、国際経済協力の重心が「東西関係」から「南北関係」へと転換している現実をよく反映している。「開発協力」という概念によって、民間資金の国境を越えた流動も援助の範囲に収められることとなり、ODAと民間協力を総合して一つの援助体系が形作られたのである。一方では、このことは、政府による官辺援助だけでは、もはや発展途上国の日増しに増大する資金需要に遥かに対応できなくなったことを示している。「開発協力」という概念の導入を通じて、先進国の海外民間投資にも「経済協力」の大義名分が授けられることになり、政府資金と民間資金と相互

図1-1　経済協力分類体系の内容

| | | | | |
|---|---|---|---|---|
| 経済協力 | 政府間の経済協力 | 政府開発援助（ODA） | 二国間ODA | 無償援助 |
| | | | | 借款 |
| | | | 国際機関に対する出資 | |
| | | その他の政府資金（OOF） | 輸出貸付金 | |
| | | | 海外投資金融 | |
| | | | 国際機関に対する融資 | |
| | 民間の経済協力 | 民間商業資金（PF） | 直接海外投資 | |
| | | | 証券・債券の取得 | |
| | | | 輸出貸付金 | |
| | | 民間非営利団体の無償資金（ＮＧＯｓ） | | |

協調、総合的配分の完全な体系が整ったのである。

DACの分類方法と定義によると、「経済協力」の内容は、図1—1の分類体系からなっている。

図1—1から、ODAは国際経済協力体系の一部であり、またこの体系における最も重要な部分でもあることが分かる。ODAは「二国間援助」と「国際機関への出資」との二つの部分を含んでおり、「無償援助」は無償資金援助（1.経済開発援助：一般無償援助、水産無償援助、災害援助、文化無償援助、2.食糧分野の援助：食糧援助、食糧増産援助）と技術援助（研修生受入れ、専門家の派遣、青年海外協力隊の派遣、プロジェクト方式の技術協力、開発調査、資材の提供、緊急国際援助）を含む。政府借款は、プロジェクト借款とノン・プロジェクト借款（商品借款など）および債務の延べ払いという三つの形式がある。

### ②ODAの量と質

国際経済協力がだんだん体系化されるにつれて、各主要国際組織とDACは、ODAの量と質に対する一連の検証指標を確立した。これらの指標により、各援助国のODAの実施状況について検査、調整および督促をすすめられるが、その中での主な指標は、ODAの定義、グラント・エレメント率、ODA/GNP比率、アンタイド率などがある。

ODAの定義：DACの規定によると、以下の三つの条件を満たす資金のみをODAという。

(1)中央政府、地方政府などの官辺機関およびその実行機関が、発展途上国や国際機関に対して提供する資金でなければならない。

(2)その目的は、発展途上国の経済開発と福祉の建設のために使われること。

(3)グラント・エレメント(G・E)25%以上の特恵条件で提供される援

助でなければならない。

これら三つの基準から見ると、ODAには民間資金にはない公共性と特恵性がある。まずその公共性についてであるが、国際資本市場には、大量の民間資金があるにも関らず、このような資本は個人の短期的利益を追求し、投資の効果と利益およびリスクを考えて、一般に発展途上国に大量の資金を貸し付けることを避ける傾向にある。特に社会的効果と長期的利益を狙いとした社会公共事業には資金の提供を避ける傾向にあるため、そこで、ODAはまさにこのような公共性を持つ資金需要の面で大きな役割を果たしている。また、特恵性については、民間資本は普通G・E率0—25%以下の商業利益ベースで資金を貸し付けるのに対して、ODAは商業資金より特恵のG・E 2.5%以上の条件で資金を提供するため、ODAは発展途上国の資金需要を満たしながら、その返済負担をも減らしているのである。

ODA/GNP比率：DACは各援助国の援助資金の分担について、GNP指標を使用している。つまり、各援助国が自国のGNPの0・7%をODAに使うように提唱しているのである。1958年、世界教会理事会(World Council of Church)は一番早く国民所得を基準に各国の援助比率を決めるという案を提出した。そして1960年の第15回国連総会ではインドの提案を採決し、先進国には自国の国民所得総額(Combined National Income)の1%を援助として発展途上国に譲渡するよう呼びかけた。また、1964年に開かれた第1回国連貿易と開発会議(UNCTAD)は決議をし、先進国のいずれもその国民所得総額の1%を援助に使うように要求した。1968年第2回国連貿易と開発会議では、援助総額を援助国のGNPの1%にすることをはっきりと定めた。ここでいうGNPの1%とは、輸出延べ払いと民間直接投資を含む資金の流れの総額を指す。1969年には、ピアソン委員会(Pearson Commission)が『開発中のパートナー』というレポートで、初めて「政府開発援助」(ODA)という言葉を使い、またこれを援助資金総額の中の「純粋な援助の部分」と定めたが、このレポートではまた援助総額を援助国GNPの1%と定め、その中でODAが70%を占めるべきであるとした。つまり、ODAを援助国のGNPの0.7%にすることを提案したのである。この提案は1970年第25回国連総会で正式に採択され、それからは、先進国の提供するODAがGNPの0.7%になるようにするということが国際社会の共通認識になった。DACは国連などの国際組織からの提案を相次いで受入れ、その過程でODA/GNPの0.7%の比率もその大多数のメンバー国によって受け入れられるようになった。

しかし、実績を見てみると、1961年DACの全構成国のODA/GNP比率は0.54%であり、70年代には更に約0.35%前後で浮動した。その主な原因は、先進国の経済状況の悪化というよりも、むしろ、主要援助国と被援助国の関係の変化にあると言えよう。60年代初期、この比率が相対的に高かったのは、アメリカによる南ベトナムに対する援助、またイギリスやフランス、ベルギーによるその元植民地に対する援助、そして西ドイツ、日本、イタリアの戦争賠償などがこの時期に集中したことによるものであったが、これらの要因がなくなってから、援助の比率も下落してしまったのである。また、被援助国が相次ぎ経済発展のテイク・オフを実現し、被援助国から「卒業」したのも、総体的な援助比率の低下に繋がったこともあろう。例えば、アメリカは韓国やギリシア、トルコ、ユーゴスラビア、台湾などに巨額の援助を提供していたが、これらの国や地域がだんだんと被援助国の列から離れるにつれて、DACの援助総額もその分減少したのである。一方、国情がまちまちな各援助国に一様にODA/GNP0.7%という比率を当てはめるやり方も論議の的となってきた。なぜならば、この規定は、各援助国におけるGNP一人当たりの大き

表1-2　1994年DAC各国のODAの実績

| 順番 | 国家 | 金額（百万ドル） | 比重（%） | ODA/GNP率（%）（順番） | 国民一人当たりの負担（米ドル/1993年） |
|---|---|---|---|---|---|
| 1 | 日本 | 13239 | 22・9 | 0・29(14) | 90・2 |
| 2 | アメリカ | 9851 | 17・1 | 0・15(21) | 39・2 |
| 3 | フランス | 8447 | 14・6 | 0・64 (5) | 137・1 |
| 4 | ドイツ | 6751 | 11・7 | 0・33(10) | 85・5 |
| 5 | イギリス | 3085 | 5・3 | 0・30(12) | 50・3 |
| 6 | オランダ | 2531 | 4・4 | 0・76 (4) | 165・0 |
| 7 | カナダ | 2230 | 3・9 | 0・42 (6) | 82・5 |
| 8 | イタリア | 1967 | 3・4 | 0・20(20) | 52・4 |
| 9 | スウェーデン | 1703 | 2・9 | 0・90 (3) | 202・9 |
| 10 | デンマーク | 1450 | 2・5 | 1・03 (2) | 257・8 |
| 11 | スペイン | 1247 | 2・2 | 0・26(17) | 30・5 |
| 12 | ノルウェー | 1137 | 2・0 | 1・05 (1) | 234・5 |
| 13 | オーストラリア | 1087 | 1・9 | 0・38 (8) | 54・0 |
| 14 | スイス | 978 | 1・7 | 0・36 (9) | 114・8 |
| 15 | ベルギー | 677 | 1・2 | 0・30(12) | 80・4 |
| 16 | オーストリア | 561 | 1・0 | 0・29(14) | 68・1 |
| 17 | フィンランド | 289 | 0・5 | 0・31(11) | 69・9 |
| 18 | ポルトガル | 250 | 0・4 | 0・28(16) | 24・8 |
| 19 | ニュージーランド | 111 | 0・2 | 0・24(18) | 28・2 |
| 20 | アイルランド | 105 | 0・2 | 0・24(18) | 22・7 |
| 21 | ルクセンブルク | 59 | 0・1 | 0・40 (7) | 128・5 |
| | DAC合計 | 57754 | 100・0 | 0・29 | 平均70・0 |

出所：外務省：『ODA白書』、7、27ページ、1995年版上巻。

な格差を考えておらず、また、貿易規模が大きければ大きいほど、援助による見返しも大きいということを考慮に入れていないのである。

アンタイド率：ODAの質をはかるには、ODA/GNP比率のほか、援助国がどんな「調達条件」(Procurement conditions)でODAを提供するかにかかわる。つまり、援助国は被援助国がODAの資金を使って物やサービスを調達する場合の対象国範囲を制限するかどうか、どんな制限をするのかということである。調達条件をつけるODAを「タイド」(tied)資金と言い、条件をつけないものを「アンタイド」(untied)資金と言う。完全な「アンタイド」とは、被援助国がODAの資金を使う場合、自由に調達先を選ぶのを許すということで、これはODAの質の高いことを示し、DACに激励されるのである。これに対し、ODAが「タイド」な条件付のものであれば、その質が低いことを示し、往々にしてDACから改善勧告を受けるのである。

アンタイド資金には、「一般アンタイド」(general untied)、「部分的アンタイド」および「複合アンタイド」などがある。「一般アンタイド」資金とは、調達先を全てのOECDのメンバー国とDACの定義と一致する全ての発展途上国へと広げたODA資金のことである。もし、調達先を以上の国家のほかの全部の国々にまで広げた場合には、これを「グローバル・アンタイド」(global untied)資金という。「部分的アンタイド」資金には、「LDA(発展途上国)アンタイド」資金(つまり、調達先を援助国自身と全ての発展途上国に制限する)と、「相互アンタイド」(reciprocal untied)資金(つまり、調達先を相互アンタイド援助に参加した先進国と全ての発展途上国に制限する)がある。「複合アンタイド」資金とは、一般アンタイド資金とLDCアンタイド資金とが相互混合しているODA資金のことである。

### ③ODAの需給の矛盾

20世紀90年代、発展途上国の先進国によるODAへの需要はますます増加している。

(1)援助の必要性の増大：世界の60億近い人口の約80%は発展途上国に住んでいるが、世界所得の80%以上は20%の先進国に占められている。しかも、国家間の貧富の格差も年々広がっている。国連開発計画

表1-3　92/93年DAC各国のODAの質*
（契約ベース：1992、1993年平均値）

| 国名 | | 無償援助比率 | | グラント・エレメント率（G・E・） | |
|---|---|---|---|---|---|
| | | 順番 | 1992/1993 | 順番 | 1992/1993 |
| 1 | オーストラリア | 1 | 100.0(%) | 1 | 100.0(%) |
| 2 | ニュージーランド | 1 | 100.0 | 1 | 100.0 |
| 3 | アイルランド | 1 | 100.0 | 1 | 100.0 |
| 4 | スウェーデン | 1 | 100.0 | 1 | 100.0 |
| 5 | スイス | 1 | 100.0 | 1 | 100.0 |
| 6 | ルクセンブルグ | 1 | 100.0 | 1 | (100.0)** |
| 7 | デンマーク | 7 | 99.8 | 7 | 99.8 |
| 8 | ノルウェー | 8 | 99.3 | 8 | 99.5 |
| 9 | オランダ | 9 | 98.4 | 8 | 99.5 |
| 10 | アメリカ | 10 | 97.9 | 12 | 99.1 |
| 11 | ポルトガル | 11 | 97.3 | 13 | (98.6) |
| 12 | ベルギー | 12 | (97.0) | 8 | (99.5) |
| 13 | カナダ | 13 | 95.7 | 11 | 99.3 |
| 14 | イギリス | 14 | (92.2) | 14 | (96.5) |
| 15 | フィンランド | 15 | 82.3 | 17 | 90.4 |
| 16 | イタリア | 16 | 80.9 | 16 | 92.6 |
| 17 | ドイツ | 17 | 80.2 | 15 | 92.7 |
| 18 | フランス | 18 | (74.8) | 19 | (87.5) |
| 19 | オーストリア | 19 | 72.8 | 18 | 88.1 |
| 20 | 日本 | 20 | 43.8 | 21 | 76.6 |
| 21 | スペイン | 21 | (42.3) | 20 | (80.3) |
| | DAC平均 | | (77.1) | | 90.6 |

出所：外務省『ODA白書』97ページ、1995年版上巻。
＊ 負債救助は含まれていない
＊＊括弧の中はDAC事務局の推算値

(UNDP)の『1994年人類開発報告書』によれば、20％の最も裕福な人々と20％の最も貧困な人々との所得の対比は、1960年の30：1から1991年の61：1に広がっている。貧困が人口の増加、環境の破壊、生産効率の低下などの悪循環をもたらしており、発展途上国における貧困を解放することは、先進国にとって避けることのできない義務となっている。

(2)被援助国の数の増加：戦後数十年来、アジア、アフリカ、ラテン・アメリカの数多くの発展途上国が相次ぎDACの被援助国にリストアップされた。冷戦の終結後、中央アジア5ヵ国とコーカサス3ヵ国など旧ソ連地域諸国、東ヨーロッパ諸国、モンゴル、ベトナムなどの国々も続々とDACの被援助国にかぞえられるようになった。

(3)世界各地における難民の増加：冷戦の終了後、新たな地域紛争や宗教、民族対立が頻繁に起こり、大量の難民が発生した。国連難民高等弁務官事務所の統計によると、1994年に、世界では救助を必要とする難民は約2700万人にのぼる。近年来、DAC各国のODAのなかでは、難民救助、地域紛争防止および紛争後の経済・政治復興に用いられる割合が大きく増加した。

ODAの需要が絶えず増加しているにもかかわらず、各援助国では経済不況、財政赤字、「戦略援助」の必要性の消失、開発援助の失敗などから、「援助疲れ」や「援助離れ」の現象が出てきた。これに対して、先進国の発展途上国への民間資金は増加の趨勢を表している。その結果、ODAの世界資金流動総額に占める比重は年々下がっている。しかし、民間資金の流動はほとんど商業利益の目的によって行われるので、これらの資金は主に開発の度合い、貸付金の返還率および投資利益の高い発展途上国に投入される。そして投資をひきつける魅力の少ない、貸付金の返還能力の低い最貧困国家(LLDC)は、民間資金を望むことができず、条件の緩和された大量のODA資金を必要としている。

OECDの1999年2月8日の発表によると、1997年に最貧困諸国に流れた政府や民間資金の総額は1996年の3650億ドルから3240億ドルと11%減少し、10年来初めての降下となった。ODAも歴史上最低レベルに減少した。1997年DACの平均ODA/GNP比率は史上最低の0.22%となった。そして1992年から1997年までは、先進7ヵ国のODAは29%減となり、DAC21ヵ国の援助国の中では、デンマーク、オランダ、ノルウェー、スウェーデンの4ヵ国のODA/GNP比率だけは国連の定められた0.7%の目標を達成した。OECDのレポートは、「あらゆる推測からみて、1998年にはもっと減少し、しかも、減少幅も広がるだろう」と述べている。このように、世界のODAの供給と需要の開きはますます大きくなっている。

## 5.主要援助国の政策

各主要援助国の援助政策を総合的に考察してみると、アメリカは戦略援助と世界開発型の援助政策の代表と言えよう。英、仏両国の援助政策は元植民地国家に対する影響力維持を狙いとしており、また、ドイツの援助政策は特定の政治的目標とは一線を画し、国際社会が求めている開発援助の目標に最も近いものとなっている。

### ①アメリカの援助政策

アメリカは第二次世界大戦後マーシャル・プランを実施してから、世界銀行、国連食糧農業機構、OECDの開発援助委員会(DAC)などの主要な国際援助機関の創設と運営のうえで、主要な役割を果たしてきた。60年代末期までに、アメリカは依然として世界ODAの半分以上を担っていたが、財政状況の悪化につれて年々減少し、近年来、アメリカのODA絶対額は、世界トップの座からおろされた。このことは、援助の分野においてアメリカが過去のような絶対的優勢を失ったことの表れであるが、それでもアメリカは、やはり世界最大の援助国の一つである。特に軽視できないのは、アメリカはその強力な総合国力、軍事的パワーおよび外交能力を楯に、国際問題やその他の国々に強い影響力を持っていることである。だから、アメリカのODA政策は、やはり国際機関や各援助国の政策に対して大きな影響力をもっていると言えよう。

アメリカの対外援助は、安保戦略や外交政策の一環であり、その具体的政策目標の設定や変更は、いずれもその時の政権の対外政策の方向、議会の見方、国際政治・経済環境などその時々の諸要因に左右される。

総じて、戦後アメリカは最も早く「戦略援助」型の援助政策を確立した。つまり、援助を国家の安全利益を守り、ソ連に対する封じ込め戦略を推進する有力な手段とした。1947年、アメリカは『対外援助法』を定めたが、その後の一時期、アメリカの対外援助はトールマン・ドクトリンを中心とし、マーシャル・プランとギリシア、トルコおよび蒋介石への援助を主な内容とした。そして1953年『相互安全法』を制定してから、アメリカは、それまで様々な法律の下で分散的に行われてきた軍事援助や経済援助、技術援助を統一し、冷戦型の戦略援助を一層強化した。50年代半ばになると、東西陣営の間に平和共存の局面が現れるようになり、アイゼンハワー政権はだんだんと援助の重点を軍事分野から経済分野へと変えていった。

60年代に入ってから、ケネディー政権は人道主義援助の必要性を強調するようになった。これによって、アメリカの援助は引き続き「戦略援助」を中心としていたが、徐々に「開発援助」の比重を増やしはじめた。1961年の『対外援助法』(Foreign Assistance Act)はその転換点であり、その後、アメリカの援助政策は3回の大きな調整を行ったのである。

第一次調整：1961年から1973年までの間、アメリカの開発援助は主に資金援助や技術援助を中心としていた。この時期、アメリカはその援助体系に一系列の改革と整備を行った。1961年には『対外援助法』における軍事援助を国防省に主管させ、経済援助を新たに設立された国際開発局(AID)に統一主管させることを決定した。そのほか、1961年に制定された『平和部隊法』は新たな技術協力体系を構築するための出発点であった。1969年には、ニクソン政権は国際開発問題特別諮問委員会(ピアソン委員会)の提案を受け、投融資業務を国際開発局の業務から分離させ、新たに海外民間投資会社(OPIC)を設立し、民間の海外投資を後ろ盾とした。これを転換点に、アメリカは多国籍会社の海外経営援助を重要な援助分野とするようになった。

第二次調整:1973年にアメリカが『対外援助法』を改正してから、「新方向」路線を強調し、貧困問題を重要視するとともに、人間の基本的生活必需(basic human needs=BHN)への援助を大幅に増加した。しかし、ニクソン以後の援助政策は援助を削減する方向に向かった。

第三次調整:80年代、アメリカは援助の中心を発展途上国との政策対話、その経済構造改革の促進、民間部門の利用また技術開発や移転などの分野に転換し、そして改めて安保分野の援助の強化に乗り出した。例えば、レーガン政権の時期、アメリカは市場開放の条件の下での国際開発戦略を追求し、また対外援助においても、発展途上国の市場原理に基づいた経済構造調整の促進をもっと重要視するようになった。1985年、アメリカは長期的国際開発戦略を設定し、経済発展と飢餓、健康、保健、教育、人口などの問題を中心とする80年代後半の援助方針を定めた。

総じて見れば、どんな調整があろうと、アメリカの援助政策はほかの先進諸国の政策と比べて、典型的な戦略援助型の政策であり、その援助予算の中で、安保のための援助は終始大きな比重を占めている。

長年、アメリカは、援助によって輸出を促進するというやり方には躊躇していたが、自国の貿易赤字の増加につれて、90年代初期に入ってから、援助を輸出拡大に結びつけようとする動きが国内で高まってきた。

アメリカの二国間援助には、主に、「経済支援基金(Economic Support

Funs=ESF)」と、「経済開発援助(Development Assistance=DA)」、そして「食糧援助(Food for Peace Program)」の三つの種類があるが、その中で、ESFは二国間援助の30―40%を占めており、その主な対象はイスラエル、エジプト、中南米などの米国の政治と安保利益に関わる「最前線」国家であり、その提供条件はほとんど無償援助である。ODAは二国間援助の約30%を占めているが、これは典型的意味でのODAでもある。その主要対象は貧困、人口、災難救助、環境保全、エネルギー、中小企業などである。食糧援助は二国間援助において約15%を占めており、主に人道主義の観点から発展途上国の食糧問題を緩和させることであるが、その中では過剰食糧を処分するという動機もないわけでもない。

組織体制の面では、アメリカの資金と技術援助はいずれも大統領に直属する国際開発協力局(IDCA)において実施される。二国間援助はその下の国際開発局(Agency for International Development=AID)に管轄され、多角的協力は国務院と財政部に、また、食糧援助は農業部に管理される。その他、海外民間投資会社(OPIC)と貿易開発計画があるが、IDCAは形骸化した機関であるため、実際の業務の中心はAIDにある。この機関は1961年に設立され、1991年には4300人の正式職員と、7,000人から10,000人の契約制職員がいるが、援助を実施するにあたっては、AIDは国務院と綿密な協議をし、場合によっては専門性の強い援助業務を財政部や国務院などの関連機関に依頼して行わせる。しかし、国会は経済開発援助(DA)の国別援助の方針と具体的内容について厳しく監督を行うため、AIDは往々にして手足を縛られ、自由に動けない傾向がある。

### ②イギリスの援助政策

イギリスは英連邦の宗主国であるが、その世界ODAにおける地位は相対的に下がっている。とはいうものの、開発援助理念と政策の面では、依然として相当な国際的影響力を持っている。

イギリスの援助のルーツは、1929年に制定された『植民地開発法』であるが、この法律は1940年に『植民地開発福祉法』と改称された。これに基づき、第二次世界大戦直後イギリスは英連邦国家を援助する「コロンボ・プラン」を立ち上げ、主導したのである。そして1958年には、『植民地開発福祉法』を改正し、その適用範囲を植民地から独立した英連邦国家へと広げた。

戦後、イギリスの対外援助は、貧しい国も多く含む英連邦諸国を援助の重点対象とし、貧困救助の人道主義を主な援助理念とした。例えば、1975年に労働党政権は『イギリスの援助政策重点の変化――最も貧しい者にもっと援助を』という白書を発表し、貧しい国、特にそれらの国の貧困階層を主な援助対象とする方針を唱えた。

人道主義理念を唱えるほか、イギリスのODA政策は以下の理念に基づいている。それは反人種差別の国における人権運動を支持し、援助を通して国内の就業機会を作る。そして援助によって海外市場を広げる。また、自国の経済利益を考え、イギリスの二国間援助はほとんど「タイド」条件をつけるというものである。たとえば、1977年7月に設立された「援助貿易準備基金(Aid and Trade Provision)」の目的は、政府の無償援助を通して、自国の企業に発展途上国での競争力を高めさせるものであった。

組織体制の面では、イギリスの二国間援助と多角的援助はいずれも、「海外開発局(ODA)」で管理され、一極化された統一的指導を受け、またその長は、外務省の英連邦セクターの責任者が兼任する。ODAはもともと「海外開発省」であったが、機構改革のなか1979年に今のように格下げとなった。

### ③フランスの援助政策

フランスは現在第三位の援助大国であり、その対外援助の理念は以下のとおりである。それは人道主義の観点から貧しい地域を援助することによって自国の国際的地位を高め、そして、国家利益の追求と、世界平和の維持に力を尽すというものである。対外援助の地理的配分において、フランスはその元植民地の多いフランス語圏のアフリカを中心としてきた。また、発展途上国に教育施設を作り、自国の文化と言語の普及を重要視している。

フランスが非フランス語圏国家に提供するODAには、ODAと輸出延べ払いおよび民間貸付金との混合貸付金(mixed loans)が多く、輸出拡大志向が強い。

組織体系の面では、フランスは援助業務を単一的機関が統一に管理するのではなく、援助の形式と対象地域によって、協力省、外務省と経済財政予算省の三大部門の下、数多くの機関がそれぞれ管理するが、その中では、協力部は最も代表的なODA管理機関である。

### ④ドイツの援助政策

ドイツはイギリス、フランスのように元植民地を持っていないため、その援助政策もイギリス、フランスのように元植民地での影響力確保に置かれていない。1955年から1970年まで、西ドイツの援助政策は、東ドイツと外交関係のある国とは往来しないことを前提として、援助を国際福祉政策と位置づけ、その道徳主義や人道主義の意義を強調した。1970年8月以降は、「東方外交」路線の下、ドイツは援助政策を変更し、東西関係と南北関係とを分離させる方針を採り、援助を緊張緩和の有効手段とみなした。ある意味では、この時期の援助は自国の安全保障を目的とする戦略型援助でもあったが、しかしそのやり方は、アメリカのような経済協力と安全戦略とを直接に結び付ける方式とは異なったものであった。

80年代以来、ドイツの援助政策は基本的に、国際的相互依存関係と人道主義の考え方に基づくものである。例えば、1980年7月西ドイツ政府が制定した開発援助の基本方針には、貧困の除去、発展途上国の自立と自助、相互依存の中での国際的共同責任などの目標を強調している。また、1986年3月に発表された新しい方針には、貧困救助、食糧援助、地域開発、環境保全、エネルギー開発、教育の整備などの総合援助政策を盛り込んでいる。

地理的配分からみると、ドイツのODA対象国は非常に広く分散しており、その中では、人口大国への援助が多い。例えば、その一番大きな被援助国にはエジプト、トルコ、中国、インドなどがある。

組織体制の面では、ドイツのODAは経済協力省が責任を持ち、財政省や外務省などと協議し、援助政策を制定し実施する。具体的には、資金援助は1948年に設立された「復興金融銀行(KIW)」が、また、技術協力は1975年に設立された「ドイツ技術協力会社(GTZ)」が責任を持つ。

## 6.国際機関の開発援助

戦後の世界援助体系の発展過程の中で、国際機関を主体とする多角的援助が大きく発展し、二国間の援助と並立するようにり、その比重と重要性が日増しに増加している。現在における主要な国際援助機関と機能は以下のとおりである。

### ①世界銀行グループ

このグループは、世界銀行（正式名称「国際復興開発銀行＝IBRD」）とその傘下にある国際開発協会（つまり、第二世界銀行＝IDA）と国際金融会社（IFC）の三つの国際開発金融機関からなっている。発展途上国の経済開発支援を目的とし、互いに相対的分業と密接な協力により、発展途上国に貸付金、出資、技術協力などを提供する。

### ②国連の下部機関

(1)国連開発計画（UNDP）：これは国連の下部機関で、1966年1月に元国連拡大技術援助計画（UNEPTA）と国連特別基金（UNSF）が合併して成立した。国連の技術援助の中心機関として、発展途上国の開発計画の制定、投資前調査、教育と技術訓練などを主要業務としている。

(2)国連工業開発機関（UNIDO）：これは国連総会の下部機関で、1966年1月に、発展途上国の工業化への援助を目的として設立され、1986年1月に、国連の専門機関として独立した。その業務範囲は、国際シンポジウムなどの地域的、国際的なイベントの主催、専門家の派遣、発展途上国の工業開発計画の制定、工業開発面での投資前調査、技術研修、政策諮問の提供、工業開発問題についての研究と調査などを含む。

### ③地域開発銀行（ROB）

これは、発展途上国の経済開発への支持協力を目的とする一連の地域銀行を含めている。これらの銀行は地域内国家と地域外の先進国の出資や無償援助により、地域内諸国の政府、政府機関や民間企業に貸付金や技術援助を提供するものである。主な地域開発銀行は、アジア開発銀行（ADB）、アフリカ開発銀行（AfDB）、アメリカ開発銀行（IDB）などがある。

《注釈》

(1) Rosenstein RODAn, P・N, International Aid for Underdeveloped Countries, Review of Economics and Statistics, Vol・ 43, 1961, No・ 2, PP107—108

(2) 例えば、1969年10月にカナダ元総理ピアソン(L・B・Pearson)を始めとする専門家委員会が世界銀行大会に『開発に対する協力——国際開発委員会からの報告書』(略して、『ピアソン・レポート』という)を提出した。一人当たりのGNPが500ドル以下の国を「発展途上国とした。具体的にアジア、アフリカ、ラテンアメリカの大部分の国家と戦後独立した他の地域にある経済の遅れている国家。(『ピアソン・レポート』:『開発と援助の構想』日本語版、18—20ページ、日本経済新聞社、1969年)今のところ、開発援助委員会(DAC)のODA対象国の分類は①最も遅れている国、②低収入国家(LIC s:1992年に一人当たりのGNPが697ドル以下の64カ国と地区)、③中低収入国家(LMIC s:1992年に一人当たりのGNPが676—2695ドルの60カ国と地区)、④中高収入国家(UMIC s:1992年に一人当たりのGNPが2696—8354ドルの29カ国と地区)、⑤高収入国家(HIC s:1992年に一人当たりのGNPが8355ドル以上の16カ国と地区)、⑥転換期国家と地区(旧ソ連、東ヨーロッパ国家)。国連の分類は①最も遅れている国家(LLDC或いはLDC、1991年12月に新しい基準を確立した。1995年9月に47カ国があった)、②最も影響された国家(MSAC:石油危機に最も影響された国家)。

(3)「南北問題」という言葉が最初に出たのは、1959年にイギリスのロイツ銀行の取締役会長オーロバー・フランクス氏の講演である。「北方先進工業国家と南方の発展不足の地区との関係は南北問題として、今の世界が直面している東西問題と同じ重要な課題なのである」。(荒川弘『世界経済の秩序とパワー—多極化時代の国際関係』による、57ページ、有斐閣、1983)

(4) これまで各国の官辺と学界では、冷戦の起源についていろいろな見解がある。なかでも、冷戦を引き起こした主な原因は二つあると思われる。ひとつは、二つの制度、または二つのイデオロギーの対立。もうひとつは、米ソ両スーパー・パワーの世界の覇権争い。その中で、アメリカが社会主義国の影響の拡大を許さず、それを抑止しようとしたのが、その最も大きな原因だったと思う。

(5) 川口浩『アメリカの対外援助政策——その理念と政策形成』、アジア経済研究所

(6) トルーマンの「ポイント・フォア・プログラム」は：①国連を支持する。②ヨーロッパ復興計画を実施しつづける。③北大西洋安保条約の調印を促す。④経済の遅れている国を援助する。

(7)「コロンボ・プラン」、全称は「南アジアと東南アジア協力経済発展コロンボ計画」という。(The Colombo Plan for Cooperative Economic Development in South and Southeast Asia) 1951年7月1日から始まった。イギリス、アメリカ、オーストラリア、シンガポール、東南アジアや南アジアの国家が参加。

(8)「寄贈要素」については、［日］吉田智教：『開発援助協力の中の寄贈要素と経済学上のその性質』、［日］アジア経済研究所『アジア経済』、1986年6月号、［日］桜井雅夫：『国際開発協力の構造と法律』、34—36ページ、三省堂、1985年、を参照

## 第2節　戦後援助の理念

援助理念とは、対外援助の必要性、正当性を論証するための価値観念であり、いずれの国の援助政策も必ず一定の援助理念に基づいている。それだけに、援助政策の調整はその前後に、必ず援助理念の相応の変化を伴う。その表現からみれば、援助理念は政府首脳の講演やそのほかの官辺文書の公的声明に反映されるほか、援助実践の背後に隠される意図にも反映されている。その機能からみれば、援助理念は国の政策決定集団の人々の意志を統一する機能と、国内世論や国際社会に向けた宣伝と標榜の機能をもっている。

今まで各援助国は相次いで様々な理念を打ち出し、その援助の動機や目的の理論的根拠付けを行った。総じて見ると、これらの援助理念は「戦略援助理念」、「開発援助理念」、「人道主義援助理念」および「南北共存援助理念」の四つに分かれる。

### 1.戦略援助理念

戦後の時期において、この種の理念は50年代アメリカによって最初に信奉され、推奨された(1)。この理念の提唱者たちは、発展途上国に経済援助を提供することは、被援助国の経済と社会発展に有効であるだけでなく、アメリカ自身の安全にも役立つと主張した。

戦略援助理念はアメリカ学者W.ロストウの著書『経済開発段階論——非共産主義宣言』とM.ミリケン、W.ロストウの二人がアメリカ政府に提出した『援助の能率を高めるための提案』によるもので、それによると、アメリカの最大の安全利益は戦争の防止にあり、そのためには、世界各国、特に発展途上国の共産革命の発生、およびそれによって誘発される米ソ両陣営の全面的対抗を防止しなければならないというものである。また、発展途上国の共産主義化の傾向を抑制するには、軍事援助だけでは不足で、開発援助を通して、これらの国の貧困を取り除かなくてはならないと二人は主張している(2)。このように、戦略援助理念は所詮、冷戦の産物であり、ソ連陣営を封じ込めるためのアメリカの特定の世界戦略に奉仕するものである。例えば、アメリカのデビット・キャンプ協定(David Camp Agreement)によるエジプト、イスラエルへの援助やアフガニスタン情勢をめぐるパキスタンへの援助、軍事戦略要地であるトルコ、フィリピンへの援助などは、このような援助に属する。冷戦時期にソ連がおこなった東ヨーロッパ各国、ベトナム、アフガニスタンへの援助も同様に、このような戦略援助の範疇に属する(3)。

援助理念は冷戦的思考方式から生まれたものであるが、そのなかに含まれる基本的考え方は、冷戦の範囲を超えて各援助国に広く運用されるようになった。例えば、援助国はよく援助を通して、自国に対する被援助国の親近感を育て、国際社会においてそれらの国々からの外交支持を得ることを期待する。このような考え方は、戦後各援助国の外交に広く採用されているが、英、仏などの元宗主国が彼らの元植民地へおこなう援助、また日本などが国連など国際組織の場において発展途上国の支持を得るために行う援助などは、このような援助の範囲に入る。

また、戦後生まれたある理論によると、経済的な立ち遅れは発展途上国における政治的不安定の重要な要因であるとされ、先進国からこれらの立ち遅れた国への援助は、発展途上国ないし国際環境の安定につながる。実践において、日本を含め多くの援助国は、この種の理論をその援助政策に取り入れているが、その反面、この理論の妥当性に対して疑問を持っている学者もいる(4)。

「戦略援助理念」の提唱する基本的な方法は、実質的には、援助を手段として被援助国の政治・経済の発展過程に影響を及ぼし、またはその変化を促そうとすることである。この目的を達するために、各援助国は援助の提供や増加の方法だけでなく、援助の凍結や減少、ひいては中止という制裁方式をも援助政策に取り入れている。これらの手法は往々にして被援助国に様々な副作用をもたらすが、被援助国の国民生活の妨害、内政への干渉、両国関係の悪化などがそれにあたる。したがって、制裁手段は、援助国と被援助国を含めて世界各国から絶えず批判を受けており、それに加えて、冷戦終結後、平和と発展が世界の主な流れとなっているなかで、援助を自国の安保利益のためだけに利用するという理念は、国際的に歓迎されない時代遅れの観念となっている。したがって、戦略援助理念は現在の世界の潮流に適合できず、世界の援助体系での地位がますます衰えていくものと見られる。

## 2.開発援助理念

開発援助の理念は、経済の観点から援助国と被援助国の共通の利益を論証する。すなわち、先進国は発展途上国への援助を通じて自国の経済的目的を達成できると主張する[5]。具体的にいえば、援助国は、発展途上国への経済発展を助けることによって、以下の効果を見ることができるとするものである。

(1)直截に輸出市場を拡大する。すなわち、援助資金の提供を通して、被援助国の輸出能力を高め、援助国からもっと多くの設備を輸入させる。「タイド」型の資金はこの種の援助の典型である。

(2)間接に輸出市場を拡大する。すなわち、援助によって被援助国の経済開発を促し、その援助国商品に対する購買力を高めることによって、援助国の輸出市場を広げるというものである。

(3)エネルギーの輸入先を確保する。これは、援助によって被援助国との密接な経済関係を保ち、それによって被援助国から安定的な資源の提供を得ることができるというものである。

(4)有利な経済関係を維持する。援助の提供により被援助国との友好関係をつくり、比較的に有利な貿易市場と投資環境を得るというものである。

援助国の国内において、これらの理念を積極的に支持している主な勢力は、商品輸出と資源輸入と関係のある経済利益集団である。戦後の援助実践から見れば、英、仏などの元宗主国の元植民地への援助、また、日、独の発展途上国への援助は、いずれもこの種の理念をその主な根拠とするもので、援助を自国の輸出入貿易を促す手段としたのである。

先進国の労働力不足や資源、エネルギーの需要、公害の氾濫など経済環境の変化にしたがい、これらの国々の対外援助の中で追求する経済利益の重点は変化が見られた。以前は海外市場の開拓や輸出入貿易の拡大に重点をおいたが、近年には、海外直接投資への重視度が高まるようになった。

先進国が援助において自国の経済利益を確保する主な方法は、援助に様々な政治的、経済的条件をつけることである。「タイド」の条件によって開発援助を提供するのは、その主要方式の一つである。その具体的な方法として、被援助国は必ず提供された資金を以って、援助国の物やサービスを購入しなければいけないと規定し、これによって援助国の輸出産業は利益を得るというものである。これによって、援助国は発展途上国を援助する目的を達成すると同時に、国内経済界における貿易と投資機会の拡大という要求をも満たせることになる。

## 3.人道主義援助理念

人道主義援助理念は、道義上の観点から援助の必要性を論証するものである。援助理念について詳しく研究したG・オーリンは、これを「国連の理念」と呼んでいる(6)。この種の理念によると、先進国と発展途上国とは、所得、生活水準などの面での絶対格差が拡大している。併せて、交通と通信の絶えざる発達によって、先進国と発展途上国との貧富の差はますます国際社会で強く意識されるようになる。そして、世界経済の統合過程において、このような貧富の共存状態は、道義上容認できないものとなっている。以上の原因により、一国の範囲で実施できる社会福祉政策は、世界規模での福祉政策へと拡大させるべきである。先進国が発展途上国に提供する援助は、その意味において、世界的福祉政策の重要な一環となるのである。こうしてみると、人道主義援助理念は、道義的観点から出発して、発展途上国が先進国から援助を受けることの自然の合理性と正当性を主張しているのである。

1950年から60年代にかけて、人道主義援助理念は各国の援助政策に影響を及ぼし始め、70年代以降には、最低生活水準を高めることによって基本的生活需要を満たすという国際所得再配分戦略へと発展した。国連貿易と発展会議を中心とする政治経済理論の発展、また、急進的経済理論の形成は、この時期における人道主義援助理念の普及に大きく寄与した。そしてこのような流れを反映して、世界銀行は基本的生活需要を満たし、所得の再配分を促進することを開発戦略の核心とし、DACも1977年の決議において、人道主義観点から援助目標を定めたのである。

70年代の急進的経済学者たちは、「新植民地主義論」や「国際搾取論」を以って援助の妥当性を主張した。彼らは、大多数の発展途上国はかつて先進国の植民地あるいは半植民地に陥り、西洋列強の略奪的な支配を受けたことによって、道義上また経済補償の面においても、裕福な先進国が発展途上国に援助を提供することは当然のことであるとしている。また、今の世界経済秩序そのものは、西側先進国の主導で形成されたものであり、数多くの研究によれば、世界経済秩序と構造は始めから先進国に有利であり、発展途上国の経済開発は非常に不利な情況に置かれていることが明らかにされている。例えば、発展途上国の一次生産品と先進国の高い附加価値の工業製品との貿易において、前者は永遠に不利な貿易構造にある。このようにして、国際経済秩序における不合理性を指摘することによって、援助の裏にある本質がよく分かり、「南北問題」の核心が見え、援助は一方的な「恩恵を施す」慈善的行為ではなく、先進国が尽くさなければならない「国際義務」だと説くのである。

戦略援助理念や開発援助理念と比較してみると、人道主義援助理念には利他的貢献の色彩や純粋な援助の意味をより強く持っている。したがって、この種の理念は発展途上国だけでなく、先進国の社会世論でも広く賛同を得ている。

しかし、理想と現実とは一様ではなく、また、時には正反対のものである。人道主義援助理念は広く支持されてはいるものの、もしこのような理念を実践するとするならば、直ちに国際政治の現実の多くの障害に突き当たる。現在の世界において、各援助国の対外援助政策は多くの要因によって決められ、人道主義だけで左右されることはあり得ない。しかも、内政分野と比べ、外交分野の政策決定の意図とプロセスはもっと不透明なもので、人道主義考慮が一体対外経済と援助政策の決定においてどれくらいの比重を占めているかは甚だ見出しにくい。一部の現実主義学派の政治学者は更に、国際政治の場では人道主義という価値観の地位など存在せず、あるのは国家利益からの考慮のみだと断言しているのである。

人道主義援助理念は、不合理な国際経済秩序を改め、先進国に援助の増加を促すうえで、理論的根拠を提供している。しかしながら、この種の理念は実際の運用において大きな限界があり、戦略援助理念と開発援助理念に完全に取って代わることはできず、それらの補充と修正要因として存在するしかないと考えられる。もし援助における人道主義理念ばかりを強調していると、援助における先進国の国際政治的責任を薄め、対外援助を国際慈善業の範囲に後退させる恐れがある。現在の世界において、このような慈善の考慮に基づいた方案は、未だに国際政治の厳しい現実に取って代われるようなものではない。

## 4.南北共存の理念

「南北共存の理念」は「国際協調の理念」、または「相互依存理念」とも言う。世界銀行の開発戦略はこの種の理念の典型的なものである。世界銀行は国連の理念に基づいて、最低生活水準を高めることによって基本的生活需要を満たすことを目的とした所得再分配などに努力している。ところが、それは単純に人道主義観点あるいは慈善の原則から出発しているのではなく、発展途上国を自主発展の軌道に乗せることに重点をおいている。

世界銀行の開発戦略は、国際開発経済学における「資金不足論」や「債務返還論」などの理論に基づいている。その前者によれば、発展途上国の経済的離陸は先進国の開発資金を必要条件としており(7)、また後者によれば、一旦発展途上国が自主発展の軌道に乗れば、援助資金はもはや要らなくなるという説である。

70年代以来、エネルギー・資源の危機の発生と先進国経済の失速につれて、各国は南北間の相互依存関係に対してこれまでより深い認識を持つようになった。この新しい認識によると、援助はエネルギーや資源の開発と貿易問題の解決に有力な手段となるだけでなく、最終的には南北両方の経済発展の促進にも役立ち、まさに先進国と発展途上国の共通利益になるのである。

1980年に、元西ドイツ総理ブラントを始めとする委員会は『南と北——生存のための戦略』というレポートを発表した。ここでは南北共存の理念から、新しい国際経済秩序の樹立、国際関係の調整、南側の発展の促進などに関する提案を行った。このレポートは、80年代における国際援助の潮流を導くうえで最も重要な文献となった。

南北経済の格差問題を解決する必要性を認め、先進国と発展途上国の間の所得の再配分を進めるべきと主張することでは、南北共存理念と人道主義理念とは一致している。しかし、両者の着眼点と解決方法は違っている。後者は道義や慈善の観点から所得の再分配をしなければならないと強調しているのに対し、前者は南北所得の再分配を積極的に進めることが両方の共通利益に合致すると強調している。

以上の四つの基本的援助理念のいろいろな組み合わせが、戦後先進諸国と国際機関の対外援助の動機と目的となってきたのである。それぞれの援助活動の中で、時にはある一つの理念が決定的な役目を果たし、時には複数の理念が一緒に援助政策に影響を及ぼしてきたのである。総じて言えば、戦略援助と開発援助理念は二国間援助で主流を占めており、人道主義理念と南北共存理念はより多く多角的援助に反映されている。しかし、これはあくまで相対的な纏めかたであり、実際の場合、これと逆になるケースも少なくはない。

以上の四つの援助理念は、客観的には国際援助体系の発展を促進する役割を果たした。これからも引き続き、先進国の援助政策を導く理念として存続していくだろう。しかし、これらのうちどの理念がどの国に用いられるかは、時期による国際環境の変化と諸国の国内政治動向によって左右されるのである。

以上述べたように、これらの援助理念にはそれぞれ成立と発展の歴史的背景があり、国際関係においてはそれぞれ役割を果たしてきた。しかし、これらの理念はいずれも一定の限界をもっており、そのどちらも本当に先進国と発展途上国の利益を調整する理念になるにはまだ不足である。「戦略援助理念」に導かれた場合、先進国が被援助国を選ぶ基準は、この発展途上国が国際政治上援助国の対外戦略の推進に有利かどうかということである。「開発援助理念」は、「戦略援助理念」のような短期的期待という欠陥を克服しているが、やはり被援助国から貿易、投資の面で得られる利益の度合いが援助の量を決める重要な基準となる。また、「人道主義援助理念」では、被援助国が既に耐えられないくらいの貧困状況にあるかどうかを主要根拠とする。それらに対し、「南北共存理念」は、先進国と発展途上国の共通利益の中から援助を拡大する推進力を見出そうとしているのである。

今までは、国際社会は戦後援助の歴史と現状をめぐって様々な論議と評価を行い、そのなかから援助に対する肯定論、否定論と懐疑論などの傾向が形作られた。

肯定論者によると、対外援助は総じて援助国と被援助国両方が利益を受ける性質があり、先進国は援助を通して外交上の支持を得、海外市場を広げ、国際威望と信用を得るなどの対外政治的・経済的目的を達成してきた。また、発展途上国は援助という恵まれた外来資金を利用してインフラ建設、重点プロジェクトの開発、産業構造の調整などにおいて著しい成果を上げることができたとされる。

これに対し、否定論者は次のように主張する。すなわち、先進国は自国の利益のために対外援助を提供しており、その際に往々にして経済的·政治的条件をつけたり、また、自国に有利なプロジェクトを優先的に取り上げる。また、援助の実施は発展途上国の社会と経済の発展に一定の副作用をもたらした。例えば、外国に依頼する歪んだ経済構造の形成や、被援助国に新援助国の腐敗層を育てるというようなものだ。戦後先進国の対外援助を「新植民主義」と責める人さえいるが、これは、否定論のなかで最も極端な言い方である。

これに対し、懐疑論者はまた異なる見方をしている。彼らによれば、過去数十年来、人々は国家の力で資金や技術の国家間の移転を促し、南北間の所得格差を減らそうとしてきたが、その効果は疑わしい。この開発援助が本当に成功するためには、援助国は自分の競争相手の出現を恐れてはならず、他方、被援助国は援助の効果的利用のために適した環境を作らなければならない。

それでは、今後世界各国は一体どのような理念を求めていくべきなのか。それは、先進国と発展途上国の間で広く共同認識が得られ、しかも国際政治の中で実際に実行に移せるようなものでなければならない。冷戦が終了し、戦後国際関係を左右していた東西関係がなくなり、南北関係が国際関係の運行を支える主軸となった今、発展途上国の経済開発をどのように進めるかは、国際社会の至急の課題となっている。新しい国際環境において、南北問題をどのように認識するのかが、新しい援助理念を模索する上での鍵となっているのである。

世界経済の統合過程において、各国間の経済的相互依存は絶えず深まっている。国あるいはある地域の経済発展または動揺が、他の国や地域にプラスまたはマイナスの影響を与える可能性が日増しに大きくなっている。1997年後半に起こった東アジア金融危機による世界への大きなショックは、この点を各国の政府や個人にしみじみ感じさせる結果となった。世界経済の長期的安定を脅かす構造的問題に対しては、各国の協力によってのみ解決することができる。「南北問題」を解決する根本的な出口は、長年にわたって形成された国際経済秩序の不合理な部分を変えていくことにある。当面の国際関係には世界政府なるものは存在せず、新古典学派が構想する理想的な国際分業状態もまだ実現の条件を備えていない。それにもかかわらず、各国は国際協力と政策協調を通して、国際経済秩序を比較的に良い方向へと向かわせることはできるはずである。そのなかで、援助政策はまさに重要である。対外援助は貿易と投資にはない独特なメリットをもっており、国際経済の構造的問題の解決、合理的な新しい国際経済秩序の形成、そして国際経済における相互依存体制の促進などの面で、積極的な役割を果たせるといえる。

《注釈》

(1)この種の理念は「安全保障理念」とも言われる。松井謙『経済協力』136-137ページ、有斐閣、1983年

(2)M.M.Milikan and W.W.Rostew : A Proposal : key to an Effective Foreign Policy. New York . 1957.

(3)羅元燦、宋河津：『我国の発展途上国への開発援助政策』、14ページ、(韓国)産業研究院、1989年

(4)H.モーガンなどのアメリカ学者たちはこうした推論に反論している。彼らは、経済発展と政治的安定との間に必ずしも必然的関連があるとは言えないとしている。逆に、経済の発展につれて、政治的不安定の度合いが増大する可能性があるとする。ましてや、被援助国は政治的安定を保つとしても、必ずしも外交上アメリカに有利な立場を採るとは限らないと主張している。H.Morgenthau: A Political Theary of Foreign Aid. American Political Science Review. June 1960.

(5)この理念は「国家経済利益理念」とも言われている。松井謙『経済協力』134-136ページ、有斐閣、1983年

(6)G.Ohlin, Foreign Aid Policies Reconsidered. Paris: OECD. 1966.

(7)「資金不足論」によれば、発展途上国の経済開発の所要資金は、高い貯金率と輸出とによって賄われる。もしこれら二つの条件とも実現できない場

合、「貯蓄不足」と「貿易不足」が出てくるが、それらを補うのが先進国の援助資金である。浅沼信爾『国際開発援助——その経済的側面』29 - 32ページ、東洋経済新報社、1974年

# 第２章　戦後日本のODAの歴史

# 第2章 戦後日本のODAの歴史

第二次大戦後、日本はアメリカや国際機関の援助によって経済復興を果たし、早い時期に援助国への転換を成し遂げていった。1946年から1951年までの6年間、日本はアメリカの「占領地域救済政府基金(GARIOA)」と「占領地域経済復興基金(EROA)」から総額約20億ドルの巨額援助を得、その後はまた、世界銀行やアメリカ輸入出銀行および民間銀行から大量の資金を受け入れた。特に1953年から1966年までの14年間、日本は世界銀行から総額8.6億ドルもの融資を受けた[(1)]。日本が世界銀行の債務を全部償還したのは、1990年7月のことである。

日本は被援助国の地位から「卒業」する前に、すでに援助国へと転換を開始し、その後の対外援助の総額は絶えず増加してきた。80年代末と90年代初頭に、日本はとうとう世界首位の援助国の座を占めるようになったのである。このような過程のなかで、日本はより多くを「経済協力」という概念で自らの対外資金と技術協力をとらえ、直接に「経済援助」という概念をあまり使わず、援助に言及する場合でも大抵「政府開発援助」(ODA)という概念を使っている。これは戦後日本の対外経済協力の発展の歴史的背景と日本外交のスタイルという二つの要因によって決定されたのである。

突き詰めていうならば、日本が用いる「経済協力」と「経済援助」との二つの概念の区別は以下のいくつかの面に表れている。

(1) 「経済協力」の持つ意味は「経済援助」よりもっと広く、政府の対外援助だけでなく、民間の経済協力をも含む。そして、DACによって定められた援助基準に達する経済協力だけでなく、この基準に達していない経済協力も含まれている。

(2) 「経済協力」そのものは「開発協力」の範囲に属する概念であるが、「経済援助」は戦略援助の性質を比較的強く持つ用語である。したがって、「経済協力」という概念は開発援助を主要内容とする戦後日本の対外援助の特徴と合致している。

(3) 「経済協力」という概念は、先進国と発展途上国との間で平等に双方向的な協力をする印象をもたらすが、「経済援助」という概念は一方的な支援という印象が強い。だから、日本は一方的な支援という色合いを薄める機能をもつ前者を好んで採ってきたといえよう[(2)]。

(4) 日本の対外援助は、民間協力や戦争賠償、政府借款から発展・変化してきたため、民間貿易や投資を含める経済協力と純粋な政府援助とは最初からはっきりと違うものではなかったのである。

戦後日本の対外援助は、東西関係と南北関係の交叉点から発展してきており、それは戦後日本の対外政治関係と経済関係の重要な構成部分となってきた。国際環境と国内需要の変化につれて、戦後の各時期における日本の対外援助は理念、重心、内容などの面で段階的な変容を見せてきている。

## 第1節 戦後日本の経済外交

戦後日本の外交は、戦前と比べて大きな転換を成し遂げた。その最も大きなものの一つが、軍事外交に代わって経済外交がその重要な柱となったことである（もう一本の柱は「日米基軸」にほかならない[(3)]）。日本の対外援助と経済外交は密接な繋がりをもっている。第一に、対外援助は経済外交の重要な部分であり、経済外交のなかにおいて大変重要な位置を占めている。第二に、経済外交を柱とする戦後日本外交の特徴により、日本型の援助もまた「開発援助」をその主な特徴としている。

経済外交という概念について、日本の学者は様々な定義をしている。ある学者はその内包する特徴を重んじ、経済外交を「対外政策上、一国の経済的諸利益を達成するため、当該政府が自国の可能な資源を動員して遂行する対外交渉の一様式」と定義している(4)。それに対し、ある学者はその外延に着眼しており、「経済外交を貿易、資本、金融、サービス等の市場開放、経済摩擦に伴う輸出規制措置、さらには経済制裁、経済援助等にかかわる日本政府の諸政策と定義しておく」と述べている(5)。

筆者は、狭義と広義の両面から経済外交を全面的に理解しなければ、各時期における日本の経済外交の特徴およびその変化の本質が把握できないと考える。狭い意味からみれば、経済外交とは、各種の経済利益の実現を目指して、経済手段によって行われる外交活動のことで、これは政治外交、軍事外交に対する言い方である。およそ主権国家の外交なら、いずれも経済外交、政治外交と軍事外交などの諸側面を同時に備えているが、戦後日本の経済外交の果たした役割は、以上述べた狭義の経済外交よりも更に広い。日本の経済外交は経済利益の追求の手段としてだけでなく、政治や軍事外交手段の不足を補うのに使われ、政治、安保上の目的の追求に奉仕したのである。だから、戦後日本外交は全体的に経済外交の特徴を色濃く帯びるようになったのである(6)。これは、「経済外交の政治化」とも言えよう。戦後日本の経済外交の変化趨勢は、まさにこのような政治化の更なる進展にある。

経済外交が戦後日本外交においてこのように特殊な重要な地位にあったのは、日本の置かれた歴史的条件と日本自身の外交政策によって決められたのである。

第一には戦後の国内外の環境は、日本が軍事的手段をもちいる可能性を否定していたことである。国際環境から見れば、第二次大戦の終結の前後、主要戦勝国によって構築された「ヤルタ体制」は、日本軍国主義の再起の可能性を永遠に取り除くことをその重要な内容としていた。その後、戦勝国陣営は冷戦の相手と変わり、日本は「サンフランシスコ体制」に入ることにより、「自衛隊」という武力を再建したが、今日まで国際社会が日本の軍事外交の再開に強く反対する状況は変わっていない。

国内環境から見れば、戦後の日本は、新憲法の第九条に「日本国民は……国権の発動たる戦争と、武力による威嚇又は武力の行使は、国際紛争を解決する手段としては、永久にこれを放棄する」ため、「陸海空軍その他の戦力は、これを保持しない。国の交戦権は、これを認めない」と定めている。

こうした国際、国内環境に加え、戦後迅速に湧き上がった平和主義思潮と世論は人々の心に浸透し、日本の軍事外交の再開に対して抑制の機能を果たしてきた。

第二には、敗戦国であるため、戦後日本は政治外交を展開する空間が大変狭まったことがあげられる。戦後の国際社会において、日本は侵略戦争を発動した敗戦国で、同盟軍の旗印を掲げた米軍によって6年間占領された。今の国連は、その当時日本などのファシズム勢力に戦勝した同盟国陣営によって作られたもので、その憲章の第53条は「この敵国における侵略政策の再現に備える地域的取極」として位置づけられており、また第107条「旧敵国に関する行動」という条項では「第二次世界大戦中にこの憲章の署名国の敵国であった国に関する行動」が定められている。日本などの敗戦国を対象に定められたこれらの内容を「旧敵国条項」というが、1952年このような身分で外交権を回復した日本は、再び西側先進国の仲間入りを果たす過程で阻止と「差別」の障害を乗り越えなければならなかった。一方、アジア隣国との関係においては、日本はその侵略の被害を受けた国々からの信頼を簡単に得ることはなかったのである[(7)]。

第三、日米基軸という政策をとった結果、日本は独立自主外交を行う必要性と可能性が少なくなった。

冷戦構造のなかで、アメリカは日本をソ連陣営に対抗する「防波堤」にすることを狙った。日本の指導者もまた進んでアメリカへの一辺倒を選択し、安保上ではアメリカの核の傘を仰ぎ、国際政治ではアメリカの世界戦略への追随を選んだ。その結果、日本の政治外交は自ずと大きな制約を受けざるをえなかった。日本と西ヨーロッパとの関係は日米関係と同じレベルのものにはなりそうもなかった。また、社会主義諸国との関係においては、アメリカの「封じ込め」政策の制約を受けざるをえなかった。そして、その他発展途上国との関係においても、日本はアメリカの制約を受けて受身の立場に陥りやすかった。

第四、戦後の歴史的条件の下で、経済外交は日本の最も得意な外交手段となっていた。

戦後の主観的･客観的な諸条件の下で、日本は経済繁栄を立国の基本とし、経済外交を主要な外交手段とした。吉田内閣以来の歴代内閣はいずれもアメリカとの協調と経済発展を外交の中心にすえ、国際問題では自ら「低姿勢」を取り続けると同時に、経済外交と経済発展によって外交の空間を切り開いていった。それだけでなく、政治外交と軍事外交の能力が非常に制約を受けている状況において、日本は政治、安全問題を処理する上でもよく経済外交を重要な手段として用いた。このようにして、経済外交の機能は、純粋な経済問題の域を超えて、戦後日本外交のひとつの顕著な特徴になったのである。

戦後日本の経済外交の原型は、50年代の前半に形作られた。1957年に日本政府が初めて発表した『外交青書』は、「経済外交」を日本外交の三つの「当面の重要な課題」の一つと位置づけた。その後の日本経済外交の発展と変化は以下のいくつかの段階に分けられる。

50年代初期から70年代初期までは、その形成、発展期である。この時期において、インドネシアに対する戦後賠償交渉をはじめとして、その基本的形態と特徴が形成された(8)。70年代から80年代初期までは、その転換期である。この時期には、中東に対するエネルギー外交と中国に対する円借款などにおいて、日本は自主外交を試みる積極的な姿勢を示した。80年代から90年代初期は、日本がより大きな政治的効果を発揮するようになり、政治大国戦略の軌道に乗りつつある時期と言える。そして、90年代初期になると、冷戦が終わり、多極化が絶えず進展する世界情勢の中で、経済外交の政治的機能の面がますます著しくなると同時に、その機能もだんだん直接的な政治外交によって取って代わられてきている。

その対象と役割から見れば、日本の経済外交は三つの形態に表れている。

(1)西側先進国を対象とする通商外交。

(2)発展途上国を対象とする経済協力外交。

(3)特定の国を対象とする戦略援助(あるいは制裁)外交。

この順番はちょうど、50年代から60年代にかけての日本外交の優先順位の変遷を表している。60年代以降、欧米諸国との経済摩擦が次第にエスカレートするにつれて、日本は上記の第(2)種の類型に対する重視度を高めることになり、政府開発援助が外交政策上の選択できる最も重要な手段の一つとみなされるようになった(9)。また、70年代からは、第(3)種の経済外交がだんだん活発になり、着実に日本外交における比重を増している。

### 1.西側先進国を対象とする通商外交

この種の経済外交の主要な目的は、西側先進国への輸出を拡大し、これら諸国と密接な政治、経済関係を維持することにある。

日米関係を中心として市場を保ち、輸出拡大のための環境作りをする。日本は戦後「集中豪雨」的な輸出貿易によって経済発展を遂げてきた。その主要な方法は、長所を生かし、短所を避け、後発国の利益を充分に享受することである。つまり、敗戦国としての地位とアメリカに頼る立場は、逆に日本がアメリカの支援を得、市場を確保することとなった。また、後発国という不利な出発点は逆に、日本の国内市場保護措置が一定の期間中、批判や牽制を受けずに済んだという有利な機能を果たした。そして、政治、軍事外交の手段の欠如と経済外交を主要手段とする不利な状況は逆に、ひたすら自国の経済利益を追求する、いわゆる「一国繁栄主義」のやり方をアメリカから黙認され保護された。要するに、日本はその外交努力によって、できる限りにこれらの「天佑の好機」を利用したのである。

積極的に各国際機関に加入し、有利な対外経済環境をつくる。日本は1952年4月に外交権を回復し、同年8月に国際通貨基金（ＩＭＦ）と世界銀行に加盟して、一応欧米諸国が主導する「ブレトンウッズ体制」に身を置くようになった。そして1955年9月にはGATTに加入、しかし、GATTへの加盟ないしその後の過程において、日本はイギリス、フランスなどから牽制を受け、不平等な扱いをされた。例えば、1962年までに、未だに14ヵ国が日本に対して最恵国待遇を提供しないというGATT第35条を適用されたのである。日本はこういう「差別」の除去を外交の重点とし、関連諸国に対して積極的な外交活動を行った。そして、1964年

4月には「先進国クラブ」と言われるOECDに加入することになった。

経済摩擦のもたらす不利な影響を減らし、西側諸国との関係の損失を避ける。日本経済の高度成長にしたがい、60年代末期から、日本と欧米諸国との経済摩擦がますます激しくなった。欧米諸国は日本の保護主義をもはや容認せず、日本に関税および非関税障壁を減少ないし撤廃し、輸入を拡大し、国内市場を開放するよう要求してきた。経済摩擦は貿易から投資、文化ないし安保などの広範な分野にまで広がっていった[10]。

外国の圧力を前にして、日本政府は経済摩擦の国内経済への衝撃の減らし、西側諸国との関係の維持のため外交努力に傾注した。

## 2. 発展途上国を対象とする経済協力外交

この種の経済外交の主な目的は、経済協力を提供することによって市場と原料を確保し、またこれによってアジア隣国との関係を処理することによって、自国の国際地位を高めることにある。

戦後日本は経済協力と賠償を一体化させることによって、隣国との戦争遺留問題を解決した。そして『サンフランシスコ協定』第14条によって、1955年から1977年までの間アジア諸国に一定の戦争賠償および準賠償を支払った。日本はアメリカの庇護と被害国の寛容な扱いによって、本当の規模による戦争賠償から逃れ、小額の賠償を支払うことでことを終わらせたのである[11]。この限られた賠償でさえ、金銭で支払うのではなく、まず日本政府からこの賠償金を日本企業に提供し、それらの企業が賠償を求めた国に商品やサービスを提供するという形をとったのである[12]。こうしたことにより、日本は戦争遺留問題を処理すると同時に、外貨を節約し、輸出をも拡大するという外交的・経済的な二重の目的を達成したのである。賠償の実施につれて、経済を主管する通産省内に「賠償特需室」が設立されたことは、日本の戦後処理と経済目的との密接な関係を如実に反映している。

経済協力によって輸出市場を開発し、エネルギーと原料を確保し、発展途上国における開発の主導権を勝ち取る。1958年から日本がインド、パキスタンなどに円借款を提供したことは、賠償過程で形成された、経済援助を手段とする海外市場開拓方式の確立を示している。この方式は、政府借款を中心とする日本の対外援助の基本的特徴として、経済外交の主要な手段となった。

60年代半ば以来、日本は先進国の姿で、アジア地域における経済主導権を勝ち取るための外交活動を活発に行いはじめた。日本は国際会議を主催し、経済援助を承諾するなどを手段に、東南アジア地域における経済開発主導権をにぎろうと努めた(13)。そのほか、日本は60年代前半には積極的にアジア開発銀行の成立を促進し、最も大きな出資比重によって日本人が歴代総裁を担当することに成功している。

しかし、この時期日本は相次いでアジア諸国から批判を受けるという局面に遭遇した。このなかには、歴史的要因もあれば、現実的な経済要因もあった。すなわち、アジア諸国は日本に対し、援助の量を増やし、その質を改善するだけでなく、対日貿易のアンバランスの是正や累積債務の返還条件の緩和等を要求したのである。

エネルギー危機の発生に際して、積極的な自主的経済外交によってエネルギーを確保する。1973年10月に起こった石油危機は、大部分の資源を輸入に頼る日本経済を直ちに苦境に立たせたが、この危機の際、日本はアメリカの親イスラエル政策への追随から一変し、アラブの石油輸出諸国を支持すると発表した。その結果、1973-1975年の間、日本の中東への政府開発援助は13%も急増した。同時期日本政府開発援助の総額は2.6%しか増えなかった。この行動は、戦後初めてアメリカの政策軌道から離れた日本の自主外交だと評されたのである。

### 3. 特定な国を対象とする戦略援助(或いは制裁)外交

50年代から60年代までの日本の経済外交は、比較的純粋な経済的性質を持っていた。ところが、経済力の増大と国際環境の変化につれて、その目的と内容はだんだんと多元化し、そこに含まれている政治的意味合いが日増しに大きくなった。70年代から、経済協力は「経済安全保障」ないしは「総合安全保障」の有力な手段とみなされるようになった。この状況を反映して、1977年12月には二種の『経済協力青書』が発表された。一つは通産省が毎年発表する『経済協力の現状と問題点』であり、もう一つは、外務省がはじめて発表した『経済協力の現況と展望』であった。

戦略援助には以下の諸形式がある。

アメリカに代わって行う政治的援助:第四次中東戦争の終結後、エジプトはソ連陣営離れをして西側陣営に接近し、西側諸国に援助を求めた。1975年8月に行われた三木・フォード会談では、日本はエジプトへの援助に参加することを表明した。この援助はアメリカの負担を分担する意味合いを持つものである。その後、このような援助は次々と増加していった。そして、援助の質をめぐる日米政策調整もますます深まっていった。

経済協力対象の多元化:石油危機において中東に対し「エネルギー外交」を行ったことは、日本の自主的経済外交が新しい段階に入ったことを表している。それまで、日本はすでに新たな経済外交方式を試みており、その最初の表れが1973年3月にモンゴルへの無償援助を決めたことである。これは日本の社会主義国家に対する初めての援助であった。ベトナム問題については、大平外相は1972年12月に「政治制度の違いを超えて、国際協力を行う」と表明し、1975年10月には北ベトナムへの援助を正式に決定した。

70年代後半からは、日本は国際問題においてもっと大きな役割を果たそうとしはじめた。従来は経済的・社会的効果を重んじていた対外援助も、対外政治機能を強調する軌道に乗り始めた。池田内閣以来の「政経分離」の原則がとうとう修正を迎えるのである。ソ連のアフガニスタン侵攻に象徴される70年代末から80年代前半の「新冷戦」のなかで、日本は、援助を「総合安全保障」の有力な手段と見なした。その際、アメリカの要求にしたがい、日本はパキスタン、トルコ、タイなどの「紛争周辺国」への援助の増加を決定した(14)。外務省の1980年版『外交青書』はこれを「広義上の安全保障の確保」に必要な援助と定義した。そして、政府開発援助を「総合安全保障の確保のために支払う国際秩序の形成のための代価」と位置づけた。

以上に述べたように、経済を主要な目的と手段とする戦後日本の経済外交は、戦後日本外交の一つの柱となったのである。

戦後日本の経済外交には、相互補完関係のある二つの側面がある。一つは国際政治の中での「低姿勢」であり、もう一つは平和発展路線である。前者は、政治外交能力の受けている制約の反映で、後者は軍事外交手段を放棄した結果である。この二つと経済外交とは互いに因果関係にあり、また両方とも日米基軸路線を前提としている。この二つに基づいてこそ、経済外交は戦後日本外交で特別な地位を占めることができるのである。もし政治外交が経済外交より遥かに目立つようになったり、あるいは軍事外交が最終的に導入されるという事態になるとすれば、その時点で日本外交はもはや経済外交を特徴としていなくなるのであろう。

日本外交における「低姿勢」は、戦後日本の外交能力と外交選択の両面によって決められたのである。政治外交と軍事外交の能力が大きく制約される条件の下で、日本が国際社会で積極的な役割を果たす能力には自ずと限界がある。こうしたなかで、日本は専ら経済発展を優先目標として、国際的な政治や安保問題については、慎重な態度をとり続けた。

日本外交の「低姿勢」は主に、重大な国際問題においてはアメリカ追随の姿勢をとり、独自な判断をあまりしないという中小国型の外交方式に表れている。結果から見れば、こういう「低姿勢」外交は、国際政治のリスクを最大限に避け、自国の経済発展を優先させるという効果を見ることとなった。一方で、こうした「低姿勢」外交は、国際社会に日本外交が理念と信念に乏しいという印象を与えた。

戦後日本の平和主義路線とは、他の国の発展政策と比較しての概念ではなく、日本の戦前における発展路線と比較したものであるが、それは主に、以下のいくつかの意味が含まれている。

(1) 戦争終結までの日本の対外侵略拡張路線と比べて、戦後日本は平和競争方式によって経済建設を進める政策をとったことは、平和発展路線と言える。

(2) 日本の平和主義は戦後『憲法』の第9条、国内平和主義思潮と勢力、国際社会世論の監督など多重の要因によって維持されている。

(3) 日本は実質上再武装をしたが、それは依然として戦後の法的枠組みの制約を受けているため、ほかの諸国の武力とはやはり相当の違いがあるのである。

日本は戦後アメリカの寛大な庇護を受け、自由貿易体制の利点を最大限に享受することによって、戦後の国際市場における安価で豊富な資源とエネルギーを十分に利用し、またいくつかの戦争「特需」において大きく利益を得た。これらの有利な条件は、戦後日本の平和発展路線を成功させる上での必要な条件であった。

《注釈》

(1) 世界銀行の日本に対する融資利息率は4.625%から6.625%まで、返還期間14年から26年までであった。この資金の60%以上は国有公社や公団に、40%は日本開発銀行を通して主要産業に投入され、道路建設や鋼鉄、造船、電力、自動車など中堅産業の設備拡大の面に用いられた。その中の有名なプロジェクトに東海道新幹線、東名と名神高速道路、黒部第四、有峰、御母衣などの大型水力発電所と新小倉などの大型火力発電所、また、八幡製鉄、富士製鉄(その後両会社は合併して新日鉄に)、日本鋼管、住友金属などがある。(西垣昭、下村恭民『開発援助の経済学』134—136ページ、有斐閣、1930)

(2) 日本語の「経済協力」の中国語訳は「経済合作」であるが、後者は双方的な対等な協力という意味合いが強いのに対して、前者は一方的な支援と双方的な協力をともに指す。そのなかで、日本は「経済協力」の言葉を主に一方的支援という意味合いで使っているようだ。

(3) 金熙徳『日米基軸と経済外交』中国社会科学出版社、1998年

(4) 有賀貞他編『講座国際政治第四巻：日本の外交』157ページ、東京大学出版会、1989年

(5) 渡辺昭夫編『戦後日本の対外政策』255ページ、有斐閣、1985年。また、張健『戦後日本の経済外交』1—6ページ、天津人民出版社、1998年

(6) 渡辺昭夫編『戦後日本の対外政策』219ページ、有斐閣、1985年

(7) 渡辺昭夫編『戦後日本の対外政策』、159—160ページ、有斐閣、1985年

(8) アジア経済研究所『アジア経済』50ページ、1994年第4期

(9) 桶口貞夫『政府開発援助』11ページ、勁草書房、1986年

(10) 宮里政玄編『日米構造摩擦の研究』11ページ、日本経済新報社、1990年

(11) 西和夫『経済協力』51—73ページ、中央公論社、1979年

(12) 鷲見一夫『ODA援助の現実』128ページ、岩波書店、1989年

(13) 山影進『アジア太平洋と日本』、渡辺昭夫編『戦後日本の対外政策』 159—160ページ、有斐閣、1985年

(14) D・ヤストモ『戦略援助と日本外交』97—99ページ、同文館、1989年

## 第2節 日本のODAの発足

### 1.日本型対外援助の特徴

戦後西側先進国の対外援助は、三つの基本的な類型を形成した。確かに、いずれの援助国の対外援助にもこれら三つの性質が混在しているはずであるが、その基本的な特徴については、概ね次のような分類をすることができる。

第一の種類はアメリカをはじめとする「戦略援助型」である。これは、一定の外交戦略とイデオロギーなどの対外戦略を目標とし、援助を直接に軍事的・政治的目的や条件と結びつける方法である。

第二の種類は日本をはじめとする「開発援助型」である。この類型には、「中・短期的期待」型と「長期的期待」型との二つのサブ・モデルがある。前者は輸出拡大と資源供与の確保などの中・短期的な対外経済利益を目的に、援助を自国の経済利益と結び付けるものであるのに対して、後者はより長期的な経済利益を狙いとし、援助による発展途上国の経済開発の促進を重んじるタイプである。

第三の種類はいずれの援助国にも一定の比重を占め、特に北ヨーロッパ諸国の対外援助によく見られる「人道主義援助型」である。これは、ほかの国の経済と社会条件の改善を助けるという純粋な「援助」の動機の下で、特定の対外利益を直接追求せず、政治的・経済的条件をつけない方法である。

無論、各国における対外援助の特徴は、永久に変わらないということではなく、国内外の環境の変化にしたがって変わってゆくものである。戦後日本の対外援助は、基本的に「開発援助型」に属するが、その具体的特徴はいくつかの大きな進展と転換を経ており、特に冷戦終了後、著しく「戦略援助型」に変わりつつある。

その前提条件と出発点の違いにより、日本が50—60年代に提供した「資金協力」は、アメリカの対外援助と比べて二つの相違点がある。第一には、政策的意図については、日本の「資金協力」の主要な動機は「戦後処理と輸出の促進」であり、アメリカの対外援助の直接的な目的は安全保障であった(1)。第二に、援助形式からみると、日本の「援助」と「協力」との間の境界線はあまり明瞭ではないのに対し、アメリカの対外援助は明らかに「協力」ではなく、はっきりした「援助」の形を取っているということである。

戦後の日本政府の対外経済協力に関する文献を調べてみると、「対外援助」という言葉はめったになく、その殆どが「経済協力」あるいは「資金協力」と表現されている。日本の言う「経済協力」(economic cooperation)という概念は、「対外援助」(foreign assistance)という概念より内容の範囲が広く、その意味合いもより曖昧である。この概念こそ、戦後の日本型対外援助の基本的特徴を典型的に表すものである。「経済協力」という概念の下で、政府の対外援助と民間貿易投資は一体化され、戦争賠償の受動性と対外援助の能動性とが相互に溶け合い、この広範で曖昧な概念は、以下の二重の互いに逆方向の結果をもたらす。一方では、日本から他国への本来の意味での「対外援助」の部分も全て「資金協力」のカテゴリーに帰せられる。他方では、明らかに「援助」に属しない戦争賠償および輸出延べ払いもまた「資金協力」の構成部分とみなされるのである。

日本のこの種の「経済協力」概念に付着する特徴は、戦後日本の対外政治、経済関係の再出発点のなかで決定され、特に、50年代において日本が対外資金の提供を始めた過程と密接な関わりを持っている。

まず、日本の「経済協力」の概念およびその方式は、それ自身まだ援助国としての経済力を充分に兼ね備えていない時点で、「戦後処理」と「輸出拡大」という二つの緊急な課題の促進によって形作られたのである。これは、戦後初期におけるアメリカと、70年代末期の日本のような経済大国の援助動機とは明らかに違っている。

次に、日本型の「経済協力」の特徴は、最初は50年代初期において政府が民間貿易と投資に金融支援を提供したことや、その後日本企業の海外での始業をバックアップするために、被援助国のインフラ建設を助けたりしているうちに形成されたのである。このような背景によって、日本の対外資金と技術協力の関係において、政府行為と民間行為とは一つに融合していったのである。

そして、これらの要因のため、日本の「経済協力」には、「援助」的性質の部分と商業ベース、義務的なものとの間にははっきりした分類がなされなかった。このように計算された「資金協力」総額のなかで、その絶対的金額がどんなに大きいものであっても、その単位ごとの金額に「グラント・エレメント」(G・E)で計る援助の質は低くならないわけにはいかないのである。

## 2.対外資金協力の三つの形式

50—60年代において、日本政府はほかの国や地域に対し3種類の資金を提供したが、これらが「資金協力」と総称される。その第一は、企業の対外貿易と投資に対する金融支援。第二は、一部の戦争被害国に対する賠償と準賠償。第三番目は、発展途上国に対する政府の直接借款(円借款)である。DACの基準からみれば、この三者のなかのODA成分はその順番によって徐々に増え、その中の円借款は日本ODAの主要な形式となっている。

戦後、日本はまだ充分な経済力を備えていない状況のなかで、被援助国と援助国というの二重の身分を持つようになった。まず、日本はアメリカからの援助により早い段階で経済を回復し、1951年頃からは、まだ借款導入国という身分から抜け出していないうちに、対外資金を提供しはじめた。そして、日本が世界銀行の借款の受入国の行列から「卒業」したのは、1966年のことであったが、この時の日本のODAはすでに相当の規模を持っていた。

1949年12月、日本の民間企業は対外貿易を再開し、50年代初期からは海外投資を再開、政府はそのために延べ払いの輸出信用提供を開始した。1950年1月には「日本輸出銀行」が設立され、主に輸出金融業務を担当した。1952年4月には、輸入金融業務が増加したため、「日本輸出入銀行」と改称、1953年8月からは、海外投資金融業務を増設した。このような歴史過程のなかで、同銀行は最初の対外経済協力を管理する中心的機関となった。

50年代における日本の対外投資は、主に商品輸出の拡大と資源輸入の確保を目的とした。1951年インドのゴア(Goa)地域への鉄鉱開発投資は、戦後日本の対外投資の先駆けとなり、これをきっかけに、日本は次々とマレーシア、フィリピンなどのアジア諸国に投資を開始した。そして、1953年頃には、紡織工業を中心とする日本の製造業は綿花産地と綿製品輸入国を重ねるブラジルなど中南米地域に投資し、その後、鋼鉄や造船、自動車、大型電機の産業部門もこれらの地域に大規模な投資を始めた。日本のアジア諸国への投資は、最初軽工業部門に集中したが、1958年頃から、アジア諸国の工業化が進展するにつれて、日本の造船、鋼鉄、自動車などの投資が増加した。

この時期、日本は輸出拡大の目的で輸出信用貸しを開始した。1952年には、日本政府は輸出入銀行を通して、チリの機関車輸出貿易に初めての「延べ払い輸出信用貸し」を行い、輸出延べ払い業務は日本における対外経済協力の最初の形式となった。円借款という条件がもっと緩和されたODAの形式は、これらの商業ベースの貸付業務から徐々に発展してきたものである。

言うまでもなく、民間企業の対外投資および貿易や投資への政府の金融支援は、いずれも商業ベースの行為に属するため、明らかに「援助」の範囲には属せず、その動機や目的、効果も自国商品の輸出拡大と海外資源の輸入にある。しかしながら、地域経済と二国間経済関係の側面から見れば、日本のこれらの活動は確かにアジア諸国の経済開発を促進する役割を果たした。その意味でこれは「経済協力」の一形式であるといって過言ではない。このような政府行為と民間行為との密接な関わりによる対外資金の提供方式こそ、日本型経済協力の基礎となったのである。

戦争賠償と準賠償は、50―60年代日本が対外資金を提供するための第二の方式であった。賠償とは、道義的にも、また国際条約上からも、日本によって大きな被害を受けたアジア諸国に対して提供すべき無償資金による補償である。それは援助でもなければ、経済協力とも言えないが、被害国に対し経済協力を提供するという形式を取り、しかもほかの援助的性格のある資金協力と結びつけて行ったため、日本の戦後賠償は対外資金協力と変則的な「婚姻関係」を結んだといえる。このような賠償形式を取らずに賠償性の含まれる「資金協力」を「準賠償」という。

第二次大戦終了後、日本は同盟軍である米軍司令部(GHQ)の占領下にあった。アメリカの強い圧力と国内親米派の選択により、日本政府は形成されつつある冷戦構造のなかで、西側一辺倒の外交路線をとった。1951年9月8日、日本は西側各国と、ソ連、中国など主要戦勝国を排除した一方的な『サンフランシスコ条約』(正式名称『日本国との平和条約』)に調印した。そして同条約が1952年4月28日発効したことによって、外交権を回復した。その後、日本が直面した緊急課題の一つは、周辺諸国との国交正常化であり、賠償などの方法によって、侵略戦争の残された問題を処理することは(「戦後処理」)、その最たる課題であった。

日本が起こした侵略戦争は、アジア諸国に多大な被害をもたらした。したがって、これらの被害国に戦争賠償を支払うことは、日本の負うべき責任であった。ところが、日本はアメリカの庇護により、なるべく問題を小さくし、無くしていく方針をとった。その結果、日本にとって最も寛大な内容を『サンフランシスコ条約』の第14条に書き込むことに成功した。この条項は、日本との講和過程を一手に握ったアメリカが日本に気遣いをした結果であり、賠償規模とその方式において日本に最大限に気を配ったものとなった(2)。この条項には、「日本国は、戦争中に生じさせた損害および苦痛に対して、連合国に賠償を支払うべきことを承認される。しかし、また、存立可能な経済を維持すべきものとすれば、日本国の資源は、日本国がすべての前記の損害および苦痛に対して完全な賠償を行い、同時に他の債務を履行するためには現在充分でないことが承認される」と規定されている。これを前提とし、日本は被害国に補償として「役務」を提供することが記され、被害国側に要求された場合、なるべく早く賠償交渉を開始することが規定されている。

『サンフランシスコ条約』の調印後、日本は一部のアジア諸国と「戦後処理」についての交渉を始めた。ビルマ、インドネシア、フィリピンは日本に対しそれぞれ25億ドル、170億ドル、80億ドルの賠償要求をおこなった。これに対し日本は再三にわたって割り引きを主張、1955年12月には東南アジア四カ国のビルマ、フィリピン、インドネシア、南ベトナムに対し、合計で戦争賠償として10.12億ドルを支払ったのである。その中で、フィリピンと南ベトナムに対するものは直接に『サンフランシスコ条約』によるのであったが、ビルマはこの条約に調印せず、また、インドネシアは調印には参加したものの、これを批准しなかった。したがって、この二カ国への賠償は個別に調印された平和条約と賠償協定によるものであり、賠償金額は日本の支払い能力を考慮したうえで決められたものであった。また、賠償請求権を放棄したカンボジア、ラオスには無償資金協力を提供し、これは「準賠償」と言われ、その対象はビルマ、タイ、カンボジア、ラオス、韓国、マレーシア、シンガポール、と南洋群島などとなっている。

『サンフランシスコ条約』および他の二国間平和条約による日本の賠償と準賠償は1977年に実施を終えたが、1955—1976年の間、日本は計3566億円の賠償金を支払い、1955—1977年の間に計1746億円の準賠償をおこなった(3)。

50—60年代におけるアジア諸国の経済レベルと、経済開発資金の急速な需要から見れば、日本の賠償と準賠償はこれらの国々の経済発展に一定の役割を果たしたと言えよう。しかし、これらの国家の資金への需要が切迫したものであったため、また『サンフランシスコ条約』による寛大な規定があったからこそ、日本は最も低いコストでアジア諸国への政府間戦争賠償を終えることができたのである。1977年以来、日本は、諸国政府との間の戦争賠償問題は既に解決済みとの宣言をし、これをいかなる新しい賠償要求をも拒否する根拠としている。日本の戦争賠償の質の低さは、国際社会の定説となっている。賠償金額の面で、日本は戦争損害に相当する規模の賠償を支払ったわけではなく、最小のコストによってそれを済ませた。また、賠償形式においては、自国経済に有利な方式を採用することによって、いわば賠償を自国経済の促進剤としたのである。

日本政府による賠償は現金によるものではなく、商品あるいは労務の提供によるものであった。預け入れ国の政府と日本民間企業との間で直接物資供給契約を締結し、政府は日本企業に資金を支払った。その賠償対象としての物質は、一定金額の米ドルに相当する日本の商品と役務によって提供された。その総額は米ドルで計算するが、提供された物資と役務は日本円で支払える範囲に限られていた。これによって、外貨不足の状況のなかで外貨の流出を防止することができた。賠償と準賠償で提供された物質は主に、機械類、プラント、船舶、下水道、橋梁とダムなどの資本物資であり、戦争賠償の提供を通して、日本は軽工業を中心とする輸出構造から、もっと高い産業レベルによってアジア市場を占領するための地ならしをしたのである(4)。

賠償の心理の面では、日本は巧みに「賠償」を「協力」に変えることによって、受身の義務を能動的な「善行」に変えた。各国との交渉では、日本はなるべく「賠償」の金額を減らすとともに、「賠償」という言葉をなるべく避け、代わりに「資金協力」という概念を使った。この点は韓国との14年ものマラソン的な交渉のなかでフルに活用された。

今から見れば、日本の戦争賠償は、二国間政府条約や協定によって基本的に終わっているとは言えるが(北朝鮮との賠償問題だけがまだ未解決である)、これによって被害国への賠償そのものが終わったとはいえない。日本の「戦後処理」が終わったかどうかは、政府間の賠償に関する条約や協定が完全に履行されたかどうかのみで決められるのではなく、もっと重要なことは、被害国の国民が日本の侵略犯罪行為を追究するかどうかで決められるのである。この面において、日本がアジア諸国の国民から容認されるかどうかの鍵は、日本の侵略歴史への反省が各国の国民に満足感を与えられるかどうかによる。近年来、日本の与党を含める一部の勢力は繰り返し侵略の歴史を否認し、間違った歴史観によってこの問題を処理しようとしている。この傾向は、被害国の国民の間で非常な反感を呼び起こし、また民間賠償を求める運動を助長する結果となっている。

## 3.政府円借款の実施

日本は1954年10月に「コロンボ・プラン」に加盟し、自国独自の資金とプランによる対外技術援助と協力を開始した。これは、日本のODAの本格的な始まりであった。

1957年10月、インド総理ニハロクが日本に訪れたが、この間インドにおける日本からの資本財の輸入について、初歩的に協定がまとまった。日本輸出入銀行は1958—1961年の間にインド政府に対し180億円の貸付を行い、それを日本からの鉄道、発・送電などの設備の輸入に使わせた。これは日本政府による外国政府への直接貸付のはじまりであった。このような貸付金は日本円で行うので円借款という。円借款は日本の対外経済協力の主要形式の一つとなり、1965年以後は日本政府の対外援助において最も大きなウェートを占めるようになった。

日本が、円を経済協力資金の決済貨幣としたことには、以下の三つの原因がある。

(1)賠償を求める諸国が賠償金で日本の商品や役務を買うには、円による決済が一番便利である。

(2)円を経済協力資金とすることで、当時まだ豊富でなかった外貨が節約できる。

(3)円を決済貨幣とすることで、将来の為替変動によるリスクを避けられる。

円借款の提供は、日本と被援助国政府の間での借款協定によるが、借款の提供方には、特定なプロジェクトを建設するプロジェクト借款、商品借款を中心とするノンプロジェクト借款、緊急救援を目的とする債務救済がある。その中で、発電所、埠頭、農業などのインフラ建設に使用されるプロジェクト借款が最も多い。

円借款は、既存の海外投資、戦争賠償と一緒に、輸出拡大のもう一つの有力な手段となった。円借款は戦争賠償の受動的性格とは違い、日本政府の自主決定によって行われる対外経済協力である。普通の商業貸付と輸出信用と比べ、円借款は金利、返還期間、提供手順などの面で、遥かに恵まれたものである。したがって、円借款の提供範囲は早くも東南アジアと中南米諸国に広がり、日本が援助大国へ向かうための基礎となった。

円借款の提供条件は絶えず緩和され、その質も徐々に改善された。最初のうち円借款は「タイド」の条件付きだった。すなわち、受入国は必ず円借款を使って日本製品を購入しなければならないと定めることであるが、これは両方とも有利な方式である。日本は、借款の提供を通して発展途上国に対する機械類製品の輸出を増加させた。受入国からいえば、円借款は延べ払いより輸入条件がずっと恵まれただけでなく、その貸付手順も簡単で、必要の時はすぐに日本から設備を輸入できる。日本の輸出企業としては、円借款を利用すれば輸出入銀行の融資と輸出資金の保険に入る必要がなく、また、為替レートの変化による損害も避けられる。しかし、DAC諸国は、円借款の「タイド」条件は、日本が発展途上国の市場を占領するための手段だとし、日本に対し「タイド」条件を取り除くように働きかけた。そして西側諸国の円借款への非難はだんだんエスカレートし、日本に「タイド」条件を取り除かせる「外圧」となった。

60年代後半に入って、円借款、無償援助、技術協力を内容とする政府開発援助(ODA)が輸出延べ払い信用に代わって日本の対外経済協力の主要形態となった。1961年の二国間円借款総額は0.268億ドルで、その年日本のODA総額の25.9%を占めた。1970年には2.364億ドルになり、総額の54.7%を占め、日本のODAの中で最も重要な援助形式となった。また、日本の各種の国際機関への出資額も年々増え、1961年は0.114億ドルだったのに対し、1970年には0.865億ドルになった。

二国間円借款の対象では、インドに続き、日本は1959年7月パラグアイに13.68億円を、また、1960年11月には南ベトナムに27億円を提供した。そして、60年代前半までは、インドとパキスタンが円借款の主な被援助国であったが、その後、対象国は全アジアの範囲および他の地域の発展途上国へと広がった。

円借款の提供形式もだんだん変化してきた。最初はプロジェクト借款を主としていたが、その後、商品借款、債務救済借款、食糧援助借款を含め多様化してきている。

円借款の管理体制も変化の過程を経てきた。最初は日本輸出入銀行が主管していたが、1966年からは海外経済協力基金(OECF)が外国政府との協議、円借款対象プロジェクトの選定、返還条件の決定などに責任を持つようになった。

## 4.国際援助体系の参加

日本は50年代初期から国際的な多角的経済協力に参加し、1951年は国連技術拡大援助計画(Expanded Program of Technical Assistance=EPTA)に8万ドルを支出した。また、1952年、日本は世界銀行と国際通貨基金に2.5億ドルの出資とともに、これらの国際金融組織に加入した。このような動きは、日本が国際社会に復帰するための努力の一部であり、強い政治外交の色彩が感じられる。

1956年に日本は国連への加盟を果たし、1959年12月には援助国として国際開発協会(IDA)の第I部のメンバー国となった。また、1960年3月、日本は「開発援助グループ」(DAG)に加盟、翌年には直接DACのメンバー国となった。

また、地域経済協力においては、日本は1958年にインドに対する多角的援助活動への参加をきっかけに、60年代初期にはパキスタン、ナイジェリア、コロンビア、スーダンなどの発展途上国への多角的援助活動に参加した。

60年代中期に入ってから、日本は一段とアジア諸国との経済協力の範囲を広げ、1966年3月には東南アジア閣僚会議を主催し、同年12月にはアジア開発銀行の創立を主導した。

# 第3節 日本のODAの発展

## 1. 50年代の対外援助

50年代は日本の対外援助の出発の時期であり、その量と質はまだ低レベルにあったが、徐々に広がりの趨勢を見せはじめた。

50年代前半、日本政府の発展途上国への資金協力は年平均わずか0.1億ドルしかなかったが、1959、1960年にはそれぞれ1.5億ドルとなった。

政府資金協力の形態からみれば、50年代日本政府の資金協力の実績のなかには、延べ払い決済などに含まれる無償援助の要素のほか、主に賠償に関する資金協力であり、それは1957年以後毎年50%を占めた。1959年からは円借款の増加につれて、政府直接借款の比重が政府対外資金協力総額の40―50%に増加した。国際機関への出資は50年代前半はまだ少なかったが、その後、国際開発協会への出資をきっかけに、1960年にはこの部分が0.3億ドルになり、政府資金協力総額の20.7%を占めた。

50年代の日本の対外民間資金協力はほとんど二国間協力に属し、その大部分は輸出延べ払いと海外直接投資であった。海外投資の激増に伴い、1960年の民間資金協力は1.01億ドルとなり、政府と民間資金協力総額の41.1%を占めた。

資金協力の「タイド」の度合いの基準から見れば、50年代日本政府の大部分の資金協力は「タイド」条件をつけたものであり、日本から提供された協力資金を以って日本製の機械、船舶、鉄道列車などの工業製品を買うことが義務づけられたのである。この時期日本政府の資金協力が輸出拡大の目的と密接な関係があったことが窺える。

技術協力の面では、日本の民間技術協力は1952年から始まり、政府レベルの技術協力は1954年「コロンボ・プラン」により開始された。その主な形式は外国の研修生の募集と、海外への専門家の派遣であった。1955年、日本政府は3840万円を支出して、研修生の募集と専門家の派遣を開始した。そして、1960年には、研修生を2732人受け入れ、専門家364人を派遣した。

## 2. 60年代の対外援助

60年代、日本の対外開発援助は急速な発展を遂げた。60年代初期には、毎年のODA総額は約1億ドルで、1960年は0.977億ドル、1961年は1.69億ドルであった。1965年には、2.438億ドルへと増加し、前年と比べて倍増した。また、1970年には4.58億ドルとなった。60年代の年平均増加率は15.7%になった。「その他の政府資金(OOF)」と民間貿易(PF)を含めた経済協力総額は1960年に3.81億ドルで、1970年には18.24億ドルと急速に増加した。

日本がDACメンバー国家のODA総額に占める割合は、1960年にはわずか2.1%であったが、1970年には7.7%になった。そして60年代には米、仏、西独、英に次ぐ第5位の援助国となった。この時期、日本の輸出延べ払いと海外投資の急増から、その他の政府資金と民間資金を含めると、1970年の対外経済協力総額は18.239億ドルとなり、GNPの0.93%を占め、アメリカに次ぐ世界第2位となった。

1968年以後、日本の二国間円借款の提供条件は大きく緩和された。平均金利は60年代初期の5.8%から1970年の3.6%に下がり、平均返還期間も約15年間から20年間以上となり、また、据置期間も5年から6年間以上となった。

しかし、60年代における日本のODAの質は、ほかのDAC諸国と比べて、やはり相当の差があった。日本のODA/GNP比率は1960年にわずか0.2%であり、1967年には0.32%と増加したが、1970年にまた0.23%に減少した。これはDAC各国の平均値の0.34%より低いものであった。60年代において、日本ODAの中の「グラント・エレメント」は40%ほどで、1969年DACの勧告基準の(70%)やDAC平均値の(60%以上)と比べて大変低いものであった。1970年は金利3.6%、返還期間21.6年間、据置期間6.8年間となり、いずれも1965年のDAC勧告基準である3%、25年間と7年間に達しておらず、DAC諸国平均値の2.7%、29.7年間と7.5年間よりも低かった。

援助規模がだんだん大きくなるにつれて、日本政府は援助目標を設定し公表する方法を採用した。そして1968年3月、日本は発展途上国への援助目標を、国民所得の1%から国民総生産(GNP)の1%へと上方調整し、1969年4月には、アジア開発銀行の第2回年次議会で、5年間でアジアへの援助を倍増させる計画を発表した。

## 3. 70年代の対外援助

戦後、軍事的外交手段を失い、政治的外交手段も著しく弱まった日本にとって、経済外交はその主な外交手段となり、対外援助はまた経済外交を進めるうえでの主な手段となった。これらについては受動的に国際環境に適応した50―60年代にはまだ明確ではなかったが、日本が世界的な経済大国と援助大国に飛躍してからは、その対外援助はだんだんと国際環境に強い影響を与えるようになり、国際社会からの日本への期待と要求も年々高まっていった。

そのようななか、70年代に入ると、日本は対外援助という自らの独特で有力な手段を経済外交の分野から政治外交の分野に広げ、積極的に対外影響力を拡大することによって、自国に有利な国際環境を作り出そうとした。

70年代には、「経済安保」が多くの場合、日本の「資金協力」を左右する決定的動機となった。1973年10月に起こった石油危機は、99.7%の石油需要を輸入に頼り、その88%を中東に頼る日本に大きなショックを与えた。アラブ石油輸出諸国閣僚会議が対日石油輸出の減少を決めたことは、日本国内にパニック状態を引き起こし、人々はスーパーに殺到し、トイレット・ペーパーや石鹸などの日常品を争って買い求めたのだった。

このように、石油危機は日本の指導者の安保戦略に大きな影響を与え、安定した石油輸入が確保できるかどうかが、国家安全の次元で再認識されるようになった。その中から「経済安保」という概念が形成されたのである(5)。これを背景に、対外援助は「経済安保」戦略に奉仕する軌道に乗せられた。日本は自らの対中東政策を大きく転換させ、アメリカ追随と親イスラエル路線から一挙に親アラブ路線へと転換し、戦後のアメリカ追従の姿勢から「自主外交」を試みた。そのため、田中内閣は三木副首相などの政府高官を、経済援助を土産に、中東各国につぎつぎと派遣したが、その結果、1973—1975年に日本が中東に供与したODAは13%も急増したものの、同時期における日本のODA総額はわずか2.6%増となった。

こうしたなかで、野村総合研究所は総合研究開発機構の依頼を受けて、1977年12月に『国際環境の変化と日本の対応：21世紀への提案』というレポートを作成し、その中で初めて「総合安全保障」という概念を打ち出した。1978年11月には大平正芳は自民党総裁選で「総合安保」を基本政策の一つとし、殆どの資源と市場を海外に頼る日本にとって、日米安保条約の堅持と節度のある自衛力のほか、経済、教育、文化などの内政面をしっかりさせ、また経済協力や文化外交といった外交努力を通して、総合的に日本の安全を求めるべきであると強調した。

「総合安保」は一時期、政府、政界、学界に広く受け入れられる概念となり、対外援助には総合安保戦略に奉仕するという新たな重要性が付与され、その外交･安保における重要性が改めて認識されるようになった。

## 4. 80年代の対外援助

80年代に入ると、日本は「政治大国」の地位を求める意図を益々明確にし、それによって、対外援助はそれまで以上に意識的に「政治大国」への架け橋のための外交活動に使われるようになった。そのようななかで、「戦略援助」理念は日本の援助理念体系の中で安定した地位を占めるようになり、対外援助の決定と援助額の配分において、政治的色彩の要因が強まった。

日本が「政治大国」の実現のために実施する対外援助には二つの側面がある。ひとつは、「西側の一員」という立場から、積極的にアメリカの冷戦戦略に歩調を合わせ、アメリカに呼応する形で東西両側の争奪の重点にある国や地域に援助を提供することである。もう一つは、「援助大国」の地位を利用して、アジア、アフリカ、中南米の発展途上国のなかで広く援助外交を行い、対外的影響を拡大し、自国の国際的地位を高めようとすることである。

第4回中東戦争の終了後、戦略的色彩を帯びた援助が一層増加した。ソ連がアフガニスタンに侵略したあとの「新冷戦」の中で、日本は「西側の一員」としてアメリカの対ソ戦略への協力を拡大する意図を益々強め、アメリカの要求によって、パキスタン、トルコ、タイなどの「紛争周辺国」への援助を強化した。

70年代末期から、日本は「経済援助の増加」に政治的色彩を加え、積極的に「経済援助の削減や中止」という制裁手段をもちいるようになった。例えば、ベトナム、カンボジア、キューバ、アンゴラ、アフガニスタン、エチオピアなどの国々にこの手段を使ったのであった。

かくして日本の対外援助の理念であった「開発援助」から「戦略援助」への転換は、憲法と平和主義の思潮から反発を受けることになる。衆議院外務委員会は1978年4月と1981年3月にそれぞれ「軍事用途への経済協力は行わない」との決議をしている。したがって、日本の「戦略援助」は、アメリカのように直接的に対外軍事援助に表れるのではなく、アメリカや西側陣営の利益と要求に従う形で特定の国に経済援助を行うことであり、ソ連からのそうした国々への影響を抑制しようとすることである。

自らの国際政治上の地位の向上という目標の下で、日本は主にアジア諸国にODAを提供し続けるほか、次第にアフリカや中南米、そしてほかの地域へも援助を強化している。早くも70年代前半から、日本はすでに援助によって社会主義諸国との国交正常化の道を模索し始めた。1972年12月、大平外相はベトナム問題について、「政治制度の違いを超えて、国際協力を行う」と表明した。そして1973年3月、日本はモンゴルに無償援助の提供を決定した。これは社会主義国家へのはじめての援助であったが1975年5月には、北ベトナムへの援助も決定したのである。

《注釈》

(1) 戦後の冷戦時期に、アメリカの外交理論では、対外援助を安全政策の手段と考え、対外経済の手段とはしなかった。例えば、J・スパーニア(John Spaniel)は外交政策を(1)危機政策、(2)安全政策、(3)内外政策の交差、と分けており、「対外援助」を安全政策に帰属させている。(草野厚『対外政策決定の機関と過程』、有賀貞他編『講座国際政治第4巻：日本の外交』に掲載、東京大学出版会、57ページ、1989年)また、Edward S. Mason,

Foreign Aid and Foreign Policy, 鹿島守之助　日本語訳版『対外援助と外交政策』、鹿島研究所出版、1965年
(2) 金熙徳『日本の対東南アジア外交の転換』、『当代亜太』(中国)、3ページ、1998年第7期
(3) 通産省『経済協力の現状と問題』による、1987年
(4) 賠償と準賠償を輸出拡大の手段とするのは、戦後日本賠償政策の重要な基礎となった。この点は通産省内部で「賠償特需所」を設立した事実からも窺われる。鷲見一夫『ODA援助の事実』による、128―129ページ、岩波書店、1989年
(5) 例えば、福田首相は1977年1月31日の就任直後の施政方針演説において、資源とエネルギーの確保は「安全保障の重要性をもつ」と強調した。

## 第4節　日本のODAの量と質

### 1. 量と質の発展

70年代以来、南北問題の深刻化と日本の経済力の上昇を背景として、国際社会からの日本に対する発展途上国への援助拡大要請が増加してきた。これに対して、日本は円借款の増額と円借款の提供条件緩和といった二つの措置を取った。

円借款の増額については、1971年に日本のODA総額は5.11億ドルであったが、1980年には33.04億ドルに急増、その後は、年平均21.8%という高い増加率を実現した。

貸付条件の緩和の面では、日本政府は1972年5月に『海外経済協力基金法』を改正し、『対外経済関係特別措置法』を制定、「アンタイド」借款の提供に法律的根拠付けを行い、円借款に付けられていたタイド条件を改めるようになった。円借款の「アンタイド」率の高まりにしたがって、被援助国の日本ODA資金を使用する場合における国際自由競争入札による企業選び割合が上昇し、日本企業によるODAプロジェクトの独占状態が抑制されるようになった。改正された『海外経済協力基金法』によると、アンタイド借款は経済開発資金だけでなく、商品借款にも適用されうる。それまでの当該法律には「本邦からの物資輸入のための資金を貸す」と規定されていたが、改正された条項では「本邦から」という言葉が削除され、円借款につけられたタイド規定がなくなった。それと同時に、日本は0.7%というODA/GNP比率の目標を受け入れた。上記法律に基づき、日本は1972年12月に開催された第7回東南アジア閣僚会議において、今後は「低開発国向けアンタイド借款(LDC Untied

Loan)」を提供すると表明した。

1973年10月に行われたDAC上級会議では、国際機関に提供する資金の「アンタイド化」を決定した。また1974年6月のDAC正式会議では、法律的拘束力を持たない「紳士協定」として「LDC(低開発国家)向け借款のアンタイド化に関する覚書」を採択した。この協定に基づき、日本は1975年から「アンタイド・ローン」の円借款における比重を大幅に増やした。そして1978年1月13日の日米共同宣言には「日本政府は資金援助の際一般アンタイド化の基本方針を決定する」旨の内容が盛り込まれ、日本は1978財政年度以後調印される円借款協定については完全な「アンタイド化」を実施することを決定した。それによって、戦後日本の対外援助における「輸出振興に奉仕する」という色彩が薄くなっていった。これは日本の援助政策の大きな転換を意味する。これらの方針によって、円借款の「アンタイド率」は速やかに高まり、1980年円借款の「一般アンタイド率」(65.2%)と「部分的アンタイド率」(34.8%)との合計は100%となった。また、1990年にはすべての日本ODA総額の「一般アンタイド率」と「部分的アンタイド率」の合計が100%となった。(表2—1)

日本ODAの「アンタイド率」がだんだん高まるにつれて、日本企業の円借款プロジェクトにおける落札率が年々下がり、1994年には27%に減少。それに対して、発展途上国の企業による落札率は57%に達し、そ

表2－1 日本ODAの調達条件の変化(交換公文条件)　単位：%

| 年度 | タイド率 | 部分的アンタイド率 | 一般アンタイド率 |
|---|---|---|---|
| 1985 | 2.5 | 44.8 | 52.7 |
| 1990 | 0 | 15.6 | 84.5 |
| 1991 | 0 | 9.6 | 90.4 |
| 1992 | 0 | 8.8 | 91.2 |
| 1993 | 0 | 3.2 | 96.9 |
| 1994 | 0 | 1.7 | 98.3 |
| 1995 | 0 | 2.3 | 97.7 |
| 1996 | 0 | 0 | 100 |

出所:外務省『1997年ODA概要』(英語版)

の他のOECD諸国企業の落札率は約16％となった。

80年代に入り、日本の経済規模と貿易黒字は持続的に膨張し続け、国際社会による日本の援助拡大へのプレッシャーは強まる一方であった。こうした背景の下、日本は1977年に初めてODA中期目標を制定し、その後80年代に相次いで数回の中期目標を制定した。それによって、日本のODAは量と質ともに新しい飛躍を遂げていったのである。

量の面では、80年代に入ると、日本のODAの年平均増加率は12%となり、DACメンバーの中でトップを占める。また、ODAの絶対総額の面では、日本は70年代から1982年までは、米、仏、西独に続いて第4位であったが、1984年からはアメリカに次ぐ世界2位の援助大国となった。その他の政府資金(OOF)と民間資金を含める日本対外経済協力総額は、1987年には225.43億ドルで、GNPの0.95%を占め、世界一位となった。そして1989年、日本の年度ODA総額ははじめてアメリカを抜いて世界一位となった。その後1990年には第二位に戻ったものの、1991年からは連年世界一位を占め続けており、1994年のODA総額は132.39億ドルで、DACメンバー21カ国の援助総額に占める比重は22.9%となった。

しかしながら、質の面から見ると、日本のODA/GNP比率は70年代以来ずっと約0.3%であり、1994年には0.29%で、DACメンバー21カ国のなかで14位である。

80年代における日本ODA総額における「グラント・エレメント(G.E.)」は70年代より著しく高められ、1971年の65%から1983年の79.5%となり、1986年には初めて80%を超えた(81.7%)。しかし、DACメンバーの平均値91.4%とDACの勧告基準の86%と比べると、やはり相当の距離がある。1992年から1993年、日本ODAのG.E.率は76.6%で、DAC平均値の90.6%より遥かに低く、DACメンバー21カ国では最低となった。

日本ODA総額の無償援助の比重は1971年の33%から1983年の55.2%へ増加した。1986年には60.7%となったが、DAC平均値の80.8%の比重よりはるかに低く、DACメンバー21カ国の中では最も低い。また、無償援助の比重の比較的高い国際機関への出資のほか、二国間ODAから見れば、日本の無償援助の援助総額に占める比重は逆に下降し、1980年の56.1%から1985年の49.8%となったが、これは日本の対外援助の総規模の急増とも関係がないわけではない。1992―1993年日本のODAにおける無償援助の平均比重は43.8%で、DAC平均値の77.1%より低く、DACメンバー21カ国の中では最後から二番目である。

そのほかの条件から見れば、円借款の金利は1980年の3%から1985年の3.7%に増え、返済期間は1980年の28.2年間から27.7年間に減り、返済据置期間は9年間から8.8年間に減少した。総じて、1985年の日本のODAの諸指標は、その当時DACの平均値(無償援助比重55.1%、金利は3.7%、返済期間28.5年間、据置期間8.3年間)と比べて、いずれも落差があった。

70年代後半から、日本の多角的経済協力に対する出資が大量に増加し、ODA総額の約30%を占めるようになった。その中で、世界銀行、国際開発協会、国際金融公社などの国際機関への出資は多角的経済協力の47.5%、ほかの地域開発銀行への出資が18.8%をそれぞれ占めるようになった。国際機関への無償援助は日本の無償援助総額において17.8%を占め、その提供対象は主に国連諸機関であった。

## 2. ODAの中期目標

日本経済は60年代に英、仏、西独を追い越し、1968年にはアメリカに次ぐ西側２位の経済大国となった。70年代、日本の経済力は持続的に増大し、世界における主要資金提供国の地位をしっかりと固めた。これはアメリカの援助力の減少と世界的な開発資金の深刻な不足と鮮やかな対照となった。これを背景に、国際社会の日本のODAへの期待は高まる一方で、先進国と発展途上国はともに日本にODAの拡大と質の改善を要求してきた。特にDAC内の各主要先進諸国からの要求は日本にとって「外圧」となった。このような国際環境の中で、日本は世界経済システムにおける有利な地位の確保を最優先課題とし、戦前のような国際社会との敵対を避けることに努め、国際社会の援助拡大の要求に対して積極的な反応を示した。

日本が絶えずODAの規模を拡大させたのは、国際社会の要求への対応という意味だけでなく、日本自らの対外政策上の必要性からのものでもあった。経済力の増強につれて、日本はますます積極的にそれに相応した国際的地位を求めるようになった。「全方位外交」、「戦後政治の総決算」、「政治大国へ向かう」等々の構造は、こうした背景から生まれたのである。その中を貫いている基調というものは、増強された経済力を楯に、敗戦によって形成された国際地位を改め、対外影響力と自主外交能力を強め、名実ともに「政治大国」になろうというものである。資金提供力において屈指の国になりながら、対外的な政治的・軍事的影響力の方が相対的かつ絶対的に不足している日本にとっては、ODAの拡大によって「国際社会に貢献する」ということは、国際的影響力を強めるのに最も良い選択となったのである。

以上述べた国内外の諸要因により、日本政府は70年代末期に初めて「ODA中期目標」を制定し、ODAの拡大方式を「外圧促進型」から「自主拡大型」へと転換させた。これまで日本は５回にわたる「ODA中期計画」を制定し、そのほかに発展途上国を対象とした大規模な「資金還流計画」をも実施した。

### 1. 第1次中期計画

1977年、外務省は初めて『経済協力の現況と展望』(『経済協力白書』)を発表した。そして、同年5月には、パリで行われた「国際経済協力会議(CIEC)」において、1982年までの5年間でそのODAを倍増させることを表明した。このことは、日本が援助大国としての地位を本格的に確立することを表す出来事であった。

1978年5月、日本は正式に「第1次ODA中期目標」を設定し、1980年までに1977年のODA総額実績の14.2億ドルを倍増させ、28.4億ドルにすることを決定した。その前年に表明した5年間倍増という期間を3年間に短縮したのである。そして1980年になると、日本のODA総額実績は実際33.53億ドルとなり、中期目標を超過達成したのである。

ODA中期目標の設定は、日本が世界援助大国の地位を固めた印であり、また日本が国際的責任を世の中に公表したことになる。これは対外援助の新しい段階の始まりだけでなく、日本外交の重要な転換点でもあった。

発展途上国の援助への要求の多様化と、日本国内の財政赤字の増加に伴い、日本は対外援助の効果を従来以上に強調するようになった。そのような目的から、外務省は1980年11月に『経済協力の理念』というレポートを発表し、1982年には「創造的な経済協力」の方針を打ち出しており、それらには援助効果の問題に関する見解が述べられている。また、無償援助と民間援助団体(NGO)との活動を調和させ援助を行うことや、ODAの中心を環境保全分野に転換していく方針を決定した。

### 2. 第2次中期目標

1981年1月25日、日本は「第2次ODA中期目標」を発表した。この「目標」によれば、1981—1985年のODA総額実績を1976—1980年総額実績106.8億ドルの倍増とし、213.6億ドル以上にするというものである。ODAの質の面では、引き続きODA/GNP比率の向上を目指すこととしていた。また、この期間にODAの一般予算を1.24444兆円から2.4888兆円に倍増させると同時に、円借款を増加させることによって、国際開発金融機関の出資要求に応じる、というものであった。

実際の実施状況からみると、1981—1985年の間、日本のODA総額実績は180.7億ドルで、目標の84.6%しか達成できず、ODA予算は2.4307兆円で、基本的に目標に達した。

### 3. 第3次中期目標

1985年9月18日、日本は「第3次ODA中期目標」を発表した。当時日本の財政赤字が大きく増加したため、この目標は財政予算の目標値を提出していなかった。量の面では、1986—1992年の7年間で、ODA総額実績を400億ドル以上にさせ、1991年のODA実績を1985年の実績37.97億ドルより倍増させることであった。また質の面では、1986年以後も引き続き、ODA/GNP比率を高めていくことが表明された。

この時期に、DAC内の先進諸国の日本に対してODA総額の拡大を要求する圧力はますます強まった。日本政府は1986年に発展途上国に向けて100億ドルの黒字還流計画を発表し、1987年5月にはまた、「国際社会に積極的に貢献する」緊急経済対策を発表した。その主な内容は、第一に、第3次ODA中期目標の期限を2年間短縮し、その期限の終了する1990年度のODA実績を76億ドルにすることとする。第二には、200億ドルにのぼる資金還流計画を実施する、という内容だった。実際、1987

表2-2　1995年までの円借款の前10位被援助国の累計額　　単位：百万円

| | 国名 | 円借款累計額 |
|---|---|---|
| 1 | インドネシア | 2,741,602 |
| 2 | 中国 | 1,680,873 |
| 3 | インド | 1,648,353 |
| 4 | フィリピン | 1,345,215 |
| 5 | タイ | 1,293,522 |
| 6 | パキスタン | 730,456 |
| 7 | マレーシア | 646,337 |
| 8 | 韓国 | 645,527 |
| 9 | バングラデシュ | 504,672 |
| 10 | エジプト | 432,625 |

出所：外務省『ＯＤＡ白書』1996年版、156ページ。

年のODA実績はすでに74.54億ドルに達し、以上の倍増計画を期限以前に達成したのである。

### 4. 第4次中期目標

1988年6月14日、日本は西側先進国サミットを前にして、「第4次ODA中期目標」を発表した。この「中期目標」は第3次目標を再び改正し、1988—1992年の5年間におけるODA実績を1983—1987年ODA実績250億ドルを倍増させ、500億ドルにするというものであった。その目標が相当な規模であったため、国際社会から広く重要視された。

### 5. 第5次中期目標

1993年6月25日に、日本は「第5次ODA中期目標」を発表した。1993—1997年の5年間で、ODA実績総額を700—750億ドルにし（「第4次中期目標」より40—50%増加）、ODA/GNP比率をもっと高め、無償援助の拡大などの措置によりODAの質を向上させる、というものであった。

### 6. 資金還流計画

日本はODA中期目標を実施すると同時に、発展途上国へに資金還流計画を実施し、その規模は1986年に公布された100億ドルと1987年に公布された200億ドルを合わせ、合計で300億ドルとなった。これらの措置により、日本は名実ともに世界最大の資金提供国となったのである。

これらの経済協力資金は、ODAやその他の政府資金(OOF)および民間資金(PF)からなっている。その内容は、政府資金により世界銀行に設立された「日本特別基金」と、官民提携による発展途上国への二国間融資の拡大などが含まれるが、これらの借款はほとんど「アンタイド化」を実現した。

## 3 .ODAの地理的配分

援助国として、どのようにその限られた援助資金を最も合理的に配分するかは、その対外政策の重要な課題である。戦後各時期における日本の対外援助の配分は、主にその対外政治的・経済的利益に対する考慮に基づいて行われ、そのうえに地政学的、歴史的、文化的な諸要因が加味されたのである。こうした状況はその他の主要援助国にも多かれ少なかれ存在している。例えば、80年代初期イギリスの援助は70%を英連邦国家に、フランスの援助の40%はフランス語圏に、そして、アメリカの援助の40%はエジプトとイスラエルに投入されたのである。

日本のODAの地理的配分の変化を見ると、日本と被援助国の経済協力の状況がよく分かるだけでなく、日本の対外政策の軌跡そのものもはっきりと見えてくるのである。

50、60年代における日本の対外援助の地理的配分は、その対外政策の二つの柱である「対米調整」と「経済外交」によって決定された。前者の枠組みから社会主義諸国が援助対象から排除され、後者への考慮からその対外援助が主に東アジアと南アジアを中心とするアジア諸国に提供されたのである。その出発から1972年までに、日本のODAはほぼ100%この地域を対象としていたが、その後この比率は徐々に減ってきたとはいえ、依然としてかなり高い配分率を保っている[(1)]。

50年代における日本政府の技術協力も東南アジア地域を中心としており、この地域から募集された研修生は受入総数の94%を占め、派遣された専門家の人数もその86.5%を占めた。また残りの部分は中東、アフリカと中南米地域に向けられた。このような東南アジア特別重視という協力構造が生まれたのは、戦後日本が東南アジアを主な輸出市場と資源輸入先としたことがその大きな原因であった。また、日本が参加した「コロンボ・プラン」や「米日共同プラン」および国連を通して実施した技術協力のほとんどが東南アジアを中心としたものであり、また民間技術協力も同様に主な市場としての東南アジアを重点とした。

60年代、日本の二国間ODAは依然として東アジアと西アジアを中心としており、この地域への二国間ODAはずっとODA総額の92—99%を占めていたが、特にその中でも、東アジアへのODAが最大であった。

70年代に入ると、特に70年代中期以後、日本のODAの地理的配分は次第に多様化へ向けた新たな特徴を表した。総体的には、東南アジアを中心とするアジア諸国がまだ日本の二国間ODAの中心地域だったが、その相対的比重は下がり、中東やアフリカ、中南米などの地域へのODAが増加した。このような地理的配分の多様化をもたらしたことには主に二つの原因がある。一つは、1973年第1次石油危機が起きてから、中東の石油輸入を確保するために、日本はこの地域への援助を強めたからであり、二つ目には、名実ともに経済大国になるにつれて、日本は政治外交の判断から、アフリカと中南米への援助を強めることによって、これらの国家に対し政治的影響力を広げようとしたことが挙げられる。

このような背景により、アジアへのODAのその二国間ODA総額に占めた比重は、1980年に70.5%、1985年には67.7%、1990年になると60.6%、1994年に57.3%と減少した。また、1994年のアフリカへのODAの比重は11.8%、中南米へのODAの比重は8.6%で、中近東へのODAの比重は7.8%、その他の地域が14.6%となっている。

日本のアジアにおける二国間ODAは円借款を中心とするもので、アジア向け円借款の日本円借款総額に占める比重は、1986年には79.7%を占めた。これに対し、アフリカや中南米地域へのODAは、無償援助の比重が高い。なぜならば、アジア諸国へのODAは巨額の経済開発資金を中心としたため、円借款が多いのに対し、アフリカ特にサハラ以南のアフリカへのODAは貧困救済を重要な内容とするため、無償援助が多く、その規模は円借款と比べ物にならず、またほとんどのアフリカの国々は円借款の運用と返済の能力を持っていない。また、中南米の場合はこれとやや異なって、この地域は経済力は相対的に高く、有償資金も流入が多いうえ、累積債務も巨額になるため、大量の円借款を受け入れにくく、使いにくいというのが実状である。

80年代から、日本はアフリカ南部など低所得の国々への援助を強めた。援助の形式では、「プロジェクト借款」を引き続き提供するほか、発展途上国の具体的条件に応じて、財政赤字と国際収支赤字を補う「商品借款」と「経済構造調整借款(Structural Adjustment Loan=SAL)」を大幅に増加し、併せて、基本生活水準を高めるための「基本的人道需要(BHN)」援助を増加した。

1985年外務省は「アフリカ向け総合援助政策」の実施を決定、アフリカへの援助が相対的に遅れていることへの改善に乗り出した。1987年5月に発表された「緊急経済対策」では、アフリカ諸国などの最も発展の遅れた国家に3年間で5億ドル「ノンプロジェクト(non-project)」無償援助を行うことを決定した。

以上のような地理的配分の変化があったとはいえ、80年代になってからも、日本のODAの重点的対象はやはりアジアであった。1984年以後、中国が一躍日本のODAの最大の被援助国となった。1986年日本ODAの上位10位の被援助国のなかで、エジプトを除く9カ国がアジアの国々であり、1993年になってやっと、アジア以外の国が2カ国となったが、1994年のODA総額の57.3%(55.4億ドル)はアジア国家を対象としたものであった。(表2—3参照)

1994年日本のODAは、46カ国においてトップ・ドナーとなった。その中で、上位10位までの被援助国が実際受け入れたODA資金とその内

**表2-3　日本の二国間ODAの地理的配分(実行ベース)** 単位：百万ドル

| 地域＼年 | 1980(比重%) | 1985(比重%) | 1990(比重%) | 1995(比重%) |
|---|---|---|---|---|
| アジア | 1,383(70.5) | 1,732(67.7) | 4,117(59.3) | 5,745(54.4) |
| 北東アジア | 82(4.2) | 392(15.3) | 835(12.0) | 1,606(15.2) |
| 東南アジア | 861(43.9) | 962(37.6) | 2,379(34.3) | 2,592(24.6) |
| (アセアン) | 703(35.8) | 800(31.3) | 2,299(33.1) | 2,229(21.1) |
| 西南アジア | 435(22.2) | 375(14.7) | 898(12.9) | 1,435(13.6) |
| 中央アジア | | | | 67(0.6) |
| コーカサス | | | | 0(0.0) |
| その他 | 5(0.3) | 3(0.1) | 4(0.1) | 44(0.4) |
| 中近東 | 204(10.4) | 201(7.9) | 705(10.2) | 721(6.8) |
| アフリカ | 223(11.4) | 252(9.9) | 792(11.4) | 1,333(12.6) |
| 中南米 | 118(6.0) | 225(8.8) | 561(8.1) | 1,142(10.8) |
| オセアニア | 12(0.6) | 24(0.9) | 114(1.6) | 160(1.5) |
| 欧州 | −2(−) | 1(0.0) | 158(2.3) | 153(1.5) |
| 東欧 | | | 153(2.2) | 138(1.3) |
| 分類できない部分 | 23(1.2) | 122(4.8) | 494(7.1) | 1,303(12.3) |
| 合計 | 1,961(100.0) | 2,557(100.0) | 6,940(100.0) | 10,557(100.0) |

出所：外務省『ODA青書』1.5ページ、1996。

### 表2-4　1994年日本の被援助国主要10カ国への援助とその形態（実行ベース）

単位：百万ドル

| 順序 | 国名 | 二国間ODA合計 | 二国間ODAの具体的形態 | | |
|---|---|---|---|---|---|
| | | | 無償援助 | 技術協力 | 政府貸付金等 |
| 1 | 中国 | 1479.41 | 99.42 | 246.91 | 1133.07 |
| 2 | インド | 886.53 | 34.64 | 23.61 | 828.28 |
| 3 | インドネシア | 886.17 | 72.28 | 177.69 | 636.20 |
| 4 | フィリピン | 591.60 | 138.41 | 110.41 | 342.78 |
| 5 | タイ | 382.55 | 27.36 | 137.36 | 217.84 |
| 6 | シリア | 330.03 | 16.53 | 8.57 | 304.93 |
| 7 | パキスタン | 271.04 | 50.72 | 19.44 | 200.88 |
| 8 | バングラデシュ | 227.60 | 204.71 | 35.93 | －13.05 |
| 9 | スリランカ | 213.75 | 53.59 | 27.51 | 132.66 |
| 10 | エジプト | 1888.99 | 129.51 | 20.85 | 38.63 |
| 合計 | | 5457.68 | 2402.90 | 808.28 | 3822.22 |

出所：外務省『ODA青書』28ページ、1995。

### 表2-5　1994年主要援助国のODA地理的配分の比例（実行ベース）

単位：%

| 地域＼援助国 | 日本 | アメリカ | ドイツ | フランス | オーストラリア | オーストリア | オランダ | その他 |
|---|---|---|---|---|---|---|---|---|
| アジア | 51.8 | 6.3 | 10.9 | | | | | 31.0 |
| 中近東 | 11.6 | 42.5 | | 15.9 | | | | 30.0 |
| アフリカ | 10.1 | 16.1 | 10.5 | 27.7 | | | | 35.6 |
| 中南米 | 18.3 | 29.8 | 9.7 | | | | | 42.2 |
| オセアニア | 7.6 | 20.2 | | 46.9 | 19.4 | | | 5.9 |
| 欧州 | 1.3 | | 20.1 | | | 13.8 | 9.9 | 45.9 |

出所：外務省『ODA青春』28ページ、1996。

訳は表2—4のとおりである(2)。

日本とその他の主要援助国によるODAの地理的配分と比較してみると、各援助国の重点対象がかなり異っていることがわかる。(表2—5参照)

## 4.被援助国の「卒業」の問題

経済の観点から見れば、対外援助は資金が先進国から発展途上国へと流れ、被援助国の経済力が発展するにつれて、援助を受け入れる必要性と可能性が減少し、最後に遅かれ早かれ被援助国の立場から「卒業」するのである。

戦後、日本はアメリカや国際経済組織の援助によって経済を復興し、その後の高度経済成長の基礎を作った。二国間援助の分野でいえば、日本は50年代にすでにアメリカの被援助国のリストから離れ、援助国の行列への仲間入りをしたのである。また、多角的援助の分野からみると、日本は国際機関への出資大国となったが反面、日本は1990年7月になって初めて、世界銀行の債務をすべて返済したのである。したがって、援助国とは必ずしも債務がないとは限らず、またそのことは被援助国から卒業していないことを意味するものではないのである。東アジアは日本のODAの主要対象地域である。東アジア諸国の経済発展テンポはまちまちであり、その経済規模も異なることから、日本のODAへの期待の度合いもそれぞれ違う。それらの国々がODA被援助国から「卒業」する時期も大体このような条件上の差異を反映していくだろう。

日本の高度経済成長に続き、70年代以降、東アジア諸国と地域の経済離陸の順序は、アセアン、中国、その他の東南アジア諸国となっている。そのなかで日本のODAを受け入れる国と地域の被援助国からの「卒業」

順序も大体それと同じものになるだろう。

1996年、韓国は「先進国クラブ」と言われる経済協力開発機構(OECD)に加入したため、日本の被援助国の隊列から正式に卒業するはずである。ところが、1997年後半以降のアジア金融危機の衝撃を受け、韓国は再び日本に救援の声を挙げた。1998年秋、金大中大統領が日本を訪れたとき、「歴史問題」において大きな譲歩をした(3)。それには、外交上の考慮もあっただろうが、日本からの経済援助を勝ち取ろうとしたことも一因だったようである。

これまでの20年間、アセアン諸国の経済開発は大きな進展を見せ、日本はこれら諸国がODAの被援助国から「卒業」する日が近づいたと見ている。アセアンは華やかな経済発展の成果と、冷戦以後の東アジア経済、政治多角的協力の働きによって、対日関係に大きな自信を持つようになった。これらの変化に基づき、日本はアセアン諸国への援助政策を調整し始めた。例えば、日本は1993年に中低所得国となったタイへの無償援助打ち切りを決定、今後は主に円借款と技術協力を行うことにした。また、1994、1995年の急激な円高の際、マレーシア政府は債務減らしのため、しばらくの間円借款を申請しない方針を発表した。また、1995年5月には、DAC高官会議が新しい被援助国の「卒業」基準を決定し、ブルネイ、シンガポールなど6カ国が1996年1月に「発展途上国第I表」から「卒業」して「第II表」にリストアップされることになったが、イスラエル、香港、台湾など8つの国と地域も1996年末にそのリストから「卒業」することとなった。DACの規定によると、「第II表」の諸国への特恵資金はもはやODAに計上されないことになっている。

アセアンの変化に基づき、日本はアセアンとの関係を再定義するようになった。1997年1月、橋本首相はブルネイ、マレーシア、ベトナム、シンガポールなどアセアン4カ国を訪れ、シンガポールで『日本とアセアンの新しい時代を迎えるための改革―より広く深いパートナーシップを打ち立てる―』という講演を行ったが、この際、それまで援助を中心としていた「貢献外交」から、対等な「協調外交」へ転換していくことがその基調となった。しかし、1997年後半発生したアジア金融危機でアセアンの国際的地位が揺らぎ、アセアン諸国の日本ODAへの期待は再び高まってきた。

90年代に入ってから、日中関係の再調整と中国経済の急速な発展により、日本では与党と政府内に、対中ODAについて反対または援助の削減を主張する動きが現れた。しかし、こういう主張はまだ主流とはなっておらず、日本が中国に援助を提供しつづけるという政策はまだ変わっていない。やはり中国を援助の需要のある「低所得(LIC s)」と考えているが、ODAの提供方式、援助の重点などの面では調整が行われてきている。外交関係の要素を除いて、単に経済的視点から見ると、中国の経済発展はまだ被援助国から卒業できるまでに達していないため、今後も長期的に日本のODAを必要とすることに疑問の余地はない。

近年来、日本はベトナム、ラオス、カンボジア、ミャンマーなどの東南アジア諸国(これらの国も次々とアセアンに加盟した)を新興市場と見なすと同時に、「国際貢献」を中心とする政治・外交の重要な対象と見るようになった。これらの国々が日本のODAの被援助国に占める地位はだんだん高くなってきており、これらの諸国にとって、被援助国からの「卒業」をうんぬんするのはまだまだ遠い話だと言えよう。

## 5. 多角的体制の中での協力

多角的援助システムの中で経済協力を提供することは、日本のODAのひとつの重要な側面である。2国間ODAと比べて、多角的ODAは直接自国経済の促進と結び付けにくい特徴があるが、自国の経済に有利だとしても、それは間接的なもので、日本にとっては、多角的ODAの意味は主に政治的な面にある。全体的に見れば、日本の多角的ODA政策を促す要因は主に以下の二つの面にある。

①国際的協調：世界ナンバー2の経済大国として、日本は国際機関や、DACおよび地域組織への援助体系において相当の援助比率を担っている。この点から言えば、日本の多角的ODAは義務と責任の色彩を強くもっており、時には「外圧」の下で「金を出さざるをえない」感もないわけでもない。

②外交的考慮：政治大国になるという目標の下で、日本は多角的ODAを国際貢献と国際的地位の向上のための効果的手段と考えている。国際政治面と軍事面での役割がまだ制約されている状況で、日本は経済外交を最高の手段と見なし、多角的ODAにおいては進んで主導権をめざし、自らの対外政治的影響力を拡大しようとする。

国際機関を通して実施する援助は日本ODAの重要な一部である。近年来、この面での資金比率は絶えず増加しており、1994年度は37.88億ドルに達し、それの日本ODA総額に占める比率は28.1%となった。それは、DACメンバー国の平均値よりやや低いが、日本の国際機関への出資はDACメンバー諸国の同種出資の総額に占める比率は高く、1993年には18.9%に達した。

日本の国際機関への出資のなかで、国連諸機関への出資が大きな比重を占めている。この出資の1993年から1994年の平均値は5.1%だった。また、日本の国連一般経費への出資はアメリカ（分担率25%）に次ぎ第2位（1995年は13.95%）となり、日本は国連の開発計画（UNDP）、児童基金（UNICEF）、人口基金（UNFPA）、薬物統制計画（UNDCP）、婦人開発基金（UNIFEM）および難民高等弁務官（UNHCR）、パレスチナ難民救済事業機関（UNRWA）、世界食糧計画（WFP）、赤十字国際委員会（ICRC）、難民活動など諸機関に援助資金を提供した。そのほか、世界銀行への出資でも、日本はアメリカに次いで第2位となった。1990年、日本は国際復興開発銀行（IBRD）と国際開発協会（IDA）に「開発政策と人材養成基金」を設立しし、1994年は208億円を出資した。また、世界銀行が実施した「サハラ以南のアフリカ低所得債務貧困国への特別支援計画（SPA）」に対して、日本は1988年から最大の出資国となった。

日本の多角的援助活動には、地域開発金融機関への支援も含まれている。1994年末までに、日本のアジア開発銀行（ADB）への出資比率は26.7%で（通常財源）出資国で1位であるだけでなく、そのなかに設立されたアジア開発基金にも最大の出資比率を占めている。1993年に設立されたラテンアメリカとガレービア海地域への多国間投資協定（MIF）で、日本は5年間に毎年1億ドルの出資を行うことを決定した。1991年には中、東欧と旧ソ連地域の経済転換のために設立された欧州開発銀行に対し、日本はアメリカに次いで英、仏、独、伊とほぼ同様に8%を出資した。そして日本の対欧州ODAの比重はもともと単独で分類できないほど少なかったが、1990年には単独に分類できるくらいに増加した。

日本はまた「多角的援助と二国間の混合援助」活動にも積極的に参加している。例えば、UNDPと一緒に実施した「ネパール河川護岸計画」、「ミャンマー看護婦学校」、「カンボジアデルタ地域協力」などである。

多角的協力は、ほかの援助国と共同実施する援助もあり、それは「援助協力」あるいは「共同ODA」といわれるが、例えば、日米共同で行う「ジャマイカ北部地域開発計画」、日英共同の「ザンビア大学獣医学部設立計画」、日仏共同の「コモロ通信設備計画」などがある。また、日本の援助人員の外国語と技術上の不足を補うため、1994年日本政府はカナダ、スウェーデン、南アフリカ、イスラエル、EUなどと一緒にアジア・

アフリカへのODAを実施し、英米と連携するODAプロジェクトを増加した。もう一つの多角的協力方式は「南南協力」への援助で、例えば、東南アジア諸国間の協力への援助などがそれである。

近年来、日本の一部の研究機関は「地方ODA」の実施に関する実行可能性調査を開始した。その中に日米連携による北東アジアへの国際開発協力の研究プロジェクトがあるが、この研究は以下のような意義をもっている。第一に、日本ODAの高度な中央集権の意思決定と実施方式を改める。第二に、日米の北東アジア開発における協力体系を促進するというものであるが、しかし、このような努力は必ずODA大権を握っている政府各省庁の強い抵抗にあうため、現状では、簡単に進展できるものではない。

今まで、日本は国際機関への出資を経済大国による一種の国際貢献と位置づけてきた。しかし、このような出資は二国間ODAのように直接「援助側の顔が見える」わけではないため、被援助国の認可を得ることが難しい。近年来、日本のODA予算は経済不況に何度も削減されているが、特に国際機関への出資分が大きく削減されている。例えば、1998年度のODA予算の総体規模は10%を削減され、その中で二国間ODAは6%減となり、国際機関への出資は30%も減少された(4)。このように、日本の多角的ODA政策は新しい局面に直面しているのである。

# 第5節　冷戦後のODA政策

## 1.政策調整の基本的方向

戦後、日本はODAを自国経済の発展と、対外関係をすすめるうえで最も重要な手段とした。一方で、ODAは東アジア各国の経済発展に無視できない促進作用を果たした(5)。日本外交にとって、ODAはずっと、自らの外交意図を貫くと同時に、諸国からも歓迎される主要な手段であった。

90年代に入り、特に冷戦が終わってから、日本は政治大国への歩みを早め、より一層対外援助という経済外交の有力な手段を重要視するようになった。そして、世界第二の経済大国でありかつ援助総額世界第一という地位は、日本外交にとって大きな誇りとなっている(6)。冷戦後、国内外の新しい環境と新しい外交需要によって、日本政府は対外援助政策に次のような調整をおこなった。

①援助理念の調整と内外への宣伝の強化：近年来、日本は対外援助の面で新しい状況に直面している。世界的な「援助疲れ」の流れの中で、国際社会は経済大国日本の援助にもっと大きな期待を寄せているが、厳しい財政状況で、対外援助を維持ないし増加するかについて、国内世論における賛否の割合が変化しつつある。（表2—6参照）

これらの状況に対し、日本政府は「国際貢献の強化」と「国家利益の確保」によって対外援助を維持・増加させる必要性をアピールしていた。これによって対外援助政策の調整のための国内世論と、国際世論形成への準備をしているのである(7)。これに対し、日本政府は次の理由を提出した。

（1）諸国間の相互依存関係が深まるにつれて、発展途上国の抱える問題は日本にも影響を及ぼす。

（2）発展途上国の発展は、結局のところ日本にも利益をもたらす。

（3）海外資源に高度に依存する国として、日本は、政府開発援助を通して発展途上国との関係を良くしなければならない。

というものである[8]。しかし、近年来日本国民の態度は分化する傾向を表している。1996年に行われた「ODAと国家利益」についての調査では、反対者が25.5%、賛成者20.7%、一般条件による判定への反対者27.8%、「変わらない」と言う者25.6%であった。

現在、外務省から発行されるODAに関する刊行物だけで27種類を数え、JICAは15種類、OECFは17種類を発行している。(表2—8を参照)また、通産省その他の省庁もODAに関する白書と各種の刊行物を発行している。

1999年1月19日に高村外相は衆議院本会議での外交演説で「政府開発援助は日本の最も重要な外交手段である。今のような厳しい財政状況

表2-6　日本総理府の経済協力についての国内世論調査結果　単位：%

| 年度 | 積極的賛成 | 現状維持 | 知らない | 減少すべき | 中止すべき |
|---|---|---|---|---|---|
| 1980 | 39.5 | 40.3 | 14.4 | 5.5 | 0.4 |
| 1985 | 37.5 | 42.1 | 13.3 | 5.6 | 1.0 |
| 1990 | 35.6 | 43.2 | 8.9 | 10.7 | 1.6 |
| 1991 | 41.4 | 41.5 | 7.8 | 8.0 | 1.3 |
| 1992 | 35.2 | 45.1 | 6.6 | 11.2 | 2.0 |
| 1993 | 32.6 | 45.6 | 7.8 | 12.1 | 1.8 |
| 1994 | 32.9 | 46.3 | 6.6 | 12.5 | 1.6 |
| 1995 | 35.6 | 43.1 | 7.2 | 12.5 | 1.6 |
| 1996 | 32.9 | 46.9 | 5.6 | 12.9 | 1.8 |

出所：外務省『1997年ODA概要』(英語版)

のなかで、このような援助を推進するには、国民の理解と支持を得なければならない」とし、情報をもっと公開して、政府開発援助の透明度を高めなくてはならないと述べている[9]。

②厳しい財政状況の中でも、対外援助を維持し続ける：1989年ODA総額は初めてアメリカを抜いて世界一となった。1990年には第2位になったが、1991年以来はずっと世界一の地位を保ってきた。1993年度日本のODA総額は114.74億ドルで、世界のODA総額の20%を超えるようになった。世界的な「援助疲れ」の傾向で、日本のODAは1994年度に7.8%の増加を果たした[10]。1995年度のODA総額は144.9億ドルで、その前の年より9.3%増え、5年連続1位となった[11]。日本に次ぐフランスの場合は84.4億ドルだったが、この数字からも、日本が世界のODAに占める位置の重要さが十分わかる[12]。

しかし、日本経済の長引く不況と財政事情の悪化は、対外援助にとって大きなプレッシャーとなった。近年来、日本のODAは依然として世界一であるが、その金額は定まらず減少の傾向にある。1996年日本のODAは94億ドルに減少し(東欧への援助を含めず)、前年より34.9%減となったが、これは1990年以来初めてのことであった。そして同年のGNPに占める比重は0.20%となり、20年来最も低いものとなった。(表2—6参照)その後、日本ODAの総額は連年減少しつづけ、1997年は－0.9%、1998年は－10%であった。この厳しい財政状況をかんがみ、外務省1998年版の『ODA青書』は、ODA供与の必要性を改めて述べるとともに、ODAの配分面の効率を高めることの重要性を強調した。

③援助を政治外交の目標実現のための手段とする：国連安保理常任理事国となる宿願を果たすため、日本はアジア、アフリカ、ラテン・アメリカ諸国との経済協力外交に力を注いできている。たとえば、当時の池田行彦外相は、1996年5月国連貿易と開発会議に出席した際、南部アフ

リカ12カ国の外相と会談し、積極的に経済外交を行った。橋本首相は1996年8月下旬にラテン・アメリカ5カ国を訪れ、経済協力の約束によって上記要求への支持を取り付けたが、同首相は、閣僚たちにも外国訪問で経済外交を行うよう要求した(13)。このような努力で、日本はアジアに対する「三位一体」の経済協力方式をアフリカ、ラテン・アメリカに対する「二者合　」の方式に転換させた(14)。そして外務省の『1997年のODA概要』(英語版)第13章第10節において、「重要なのは制度のメカニズムの次元から確実にODAを日本外交政策の手段として力を発揮させることである」と強調した。

④ODAの政治的色彩を強め、その外交機能の強化のために根拠付けを行う：宮沢内閣は、1992年6月30日『政府開発援助大綱』(『ODA大綱』)を制定し、「ODA四原則」なるものを策定した。その主要内容は(1)環境と開発を両立させる。(2)軍事的用途および国際紛争助長への使用を回避する。(3)開発途上国の軍事支出、大量破壊兵器・ミサイルの開発・製造、武器の輸出入などの動向に注意を払う。(4)発展途上国における民主化の促進、市場指向型経済導入並びに基本的人権および自由の保障状況に注意を払う(15)というものであったが、この大綱は、これらの原則を被援助国の「良好な統治」を促すための原則であると位置づけている(16)。この大綱の制定は、日本が80年代以来進めてきた政策調整の結果として、「三位一体の開発援助型」から「政治的援助を中心とする開発援助型」への転換を意味する。その中には「戦略援助」の側面が増え、その本質は経済大国型援助から政治・経済大国型援助への転換にあると言えよう。

『ODA大綱』の制定などを通して、日本は一層意識的に援助の提供(「奨励」)あるいはその中止(「制裁」)を行うことによって、被援助国への影響力を強めるようになった。これによって、日本は無償援助、円借款、国際機関への出資などの伝統的なODA方式を保つと同時に、『ODA大綱』に基づいて、援助を増減させるという「奨励」と「制裁」の方式をODAに取り入れることによって他国への影響力行使を強めることになった。その具体的形態は以下のとおりである。

（1）民主化、市場化の支持を前提とした援助：例えば、1992年ベトナムへの援助を再開したのはこの種のものであり、また同じ理由でモンゴルやカンボジア、中央アジア諸国、南アフリカ（1996年4月に初めて円借款を提供）、エクアドル、ニカラグア、ハイチなどの国への二国間援助を開始または再開した。

（2）積極的に国際援助組織に参加し、諸援助国との協調において主導権を握る努力をする：これは、日本が国際機関への援助を通して自らの意図をよりよく反映させるための措置でもある(17)。1992年6月「カンボジア復興閣僚会議」を主催したのをきっかけに、日本は3回にわたって「カンボジア復興国際委員会」を主催した。1996年2月、日本は世界銀行と第5回モンゴル援助国会議を共同主催し、同年7月には「第1回カンボジア援助国会議」を主催した。

（3）紛争国家や焦点地域への援助を強化する：例えば、1993年5月にイランに対し17年間中止していた円借款を回復した。これに対しては、アメリカが反対したが、日本は援助を手段に積極的に中東和平プロセスに介入し、パレスチナ、ヨルダンにも援助を提供した。これは70年代以来の対中東エネルギー外交の継続であると同時に、その中には、自らのイメージ・チェンジ、対外影響力の拡大を中心とする政治外交という新たな意味も込められている。同様の目的から、日本は1995、1996年にボスニアへの各種援助を増加した。

（4）一部の被援助国に対して援助の減少、中止の「制裁」を行う：例えば、1988年以後ミャンマーに対する援助を一度中止し、1995、1996年には一部の対中無償援助を凍結した。援助の減少や中止によって、被援助国に圧力を加えるのは、戦後米ソが行った「戦略援助」の方式である。戦後、中小国家型外交から出発して、「開発援助」を実施してきた日本にとっては、「ODA四原則」による「制裁」の手段を採るかどうかは、日本の援助政策の転換を測る重要な基準である。この面において、『ODA大綱』の制定に参加した政策決定層にも異なる意見が存在している。これは、『大綱』の内容に自己矛盾があることや二種の反対意見が書き込まれていることなどから窺われる[18]。

『大綱』の第2条「原則」の部分の前書きに、ODAは必ず「国連憲章の諸原則(特に主権、平等と内政不干渉)を踏まえて」実施しなければならない、と強調されている[19]。これらの国連原則と「制裁」との間に起こりうる矛盾をいかに解決するか。これに対して、『大綱』そのものは円満足な答えを持ちえない。1996年版『ODA青書』は、「ODA四原則」の柔軟な運用について両面的な解釈をした[20]。これは戦後形成された日本外交の伝統と、世紀末における外交転換要求の矛盾あるいは妥協を反映し、同時に日本外交部門の回旋の余地を保っておこうとする意図が表れている。これらの原則の運用において、日本は、援助を受け入れる発展途上国と、援助を提供する先進国の間のバランスを求めているが、当然ながらより多くは先進国側の方に立っている[21]。

(5)資金の投入方向の面では、日本型援助の特色を生かす:日本は、平和維持、環境保全、人口、農業などグローバルな課題と、人材養成といった発展途上国の向上に繋がる分野に対して、経済大国、援助大国と平和路線といった日本の持ち味の優位を発揮すべく、近年来、援助資金の配分において、これらの分野への比重を高めてきている[22]。

例えば、環境保全分野で、1992年から1996年までの5年間、日本の環境保全ODA総額は9千億円から1兆円に達した。これらは主に住居環境の改善、災害防止、汚染防止、自然保護などの分野に投入されたものであるが、近年来、日本はODAによって、インドネシア、中国などに環境保全センターを建設した。1995年からは、環境保全プロジェクトへの円借款の金利をほかの借款より0.2%低くし、環境保全ODAの日本の二国間ODAに占める比重は1986—1990年の平均値10%から1992—1996年の約20%へと上昇した。1997年、橋本首相は中国訪問の際に、グローバルな環境プロジェクト(森林やエネルギーの保全、新しいエネルギーの開発など)と、汚染防止プロジェクト(大気や水の汚染の緩和、ゴミ処理技術など)に対する円借款の金利を0.75%にし、返還期間を40年に延長する(10年間の据置期間を含む)ことを表明した。これは世界銀行グループに属する国際開発協会(IDA)の無利子貸付金の条件(金利0%、手数料0.75%、返済期は40年間、据置期間は10年間)と同じものである。

(6)地理的配分においては、重点援助対象地域を相対的に調整した:戦後日本の経済外交は、当初よりアジアを主な対象としていたが、現在ではアジア以外の地域への経済外交を強めつつある。1992年に制定された『ODA大綱』では依然として、「引き続きアジアに重点を置く」と強調しているが、近年来、日本政府は、対外援助の重点をだんだんとその他の地域へと転換している(23)。1997年1月、日本政府は対外援助の重点を段階的にアジアからアフリカへと変えていくことを決定した(24)。これは、日本の対外援助がある地域の範囲を超えて、全世界の範囲へと広がっていることを表しており、また、日本の外交目標、利益と視野は既に、アジアを遥かに超えて世界中に広がっていることを証明している。

援助資金の投入方向においては、近年日本はより柔軟性と戦略的志向を表している。この点は明らかに1996年末以来、日本の対ロシア外交の調整に表れている。すなわち、長い間保っていた「政経不可分」の原則を緩め、ロシアへの経済協力と北方領土問題とを平行し、または分けて処理する意向のあることを表明した。1997年秋、日本はまた「ユーラシア外交」を唱え、経済協力を中央アジア地域にまで広げ始めている。

(7)援助を手段として、南北関係における主導権を求める：今日における諸大国の外交能力はそれぞれ違った優位性をもっているが、日本は経済外交という独特な強みと優位性をもっている。1994年以来、日本はアジア太平洋経済協力会議(APEC)で積極的に「前進中のパートナーシップ(PFP)」方式を提唱し、先進諸国が共同で発展途上国を援助し、「南南協力」と「北北協力」を結びつけることを呼びかけた。日本は、戦後の開発協力は援助国を中心とする段階と被援助国を中心とする段階を経て、今やこの両者が結びつく第三段階に入りつつあると見なした。日本はAPEC内に「PFPセンター」を設立し、その専門機関にアジア太平洋地域の開発協力をリードさせることを提案した。

当時外務省の経済協力局長平林博氏は、「首位援助国」から「首脳援助国」に転換していく必要性を説いている(25)。外務省の1996年版『ODA白書』は、「開発援助の分野での日本のリーダーシップは、いまだ緒についたばかりであるが、このような重要な役割を10年、20年、50年と積み重ねていくことこそ、日本が、あるいは日本人が、国際社会に貢献しているという評価を定着させることができる」としている(26)。1997年東南アジア金融危機が発生すると、日本政府は「アジア貨幣基金」の創立を積極的に後押しし、その1000億ドルの基金のうち500億ドルを出資する意向を示した。これらの措置からは、日本が東アジア経済の主導権を握ろうとする意図が見られる。

(8)経済安保の観点からエネルギー外交を一層強める：近年来、日本は依然としてエネルギーの長期的で安定した確保を重要な外交課題としている。1997年11月8日橋本首相はサウジアラビアを訪れ、湾岸国家との関係強化に乗り出し、中東の石油供給の確保を狙いとした。その前の

7月下旬、橋本首相は「ユーラシア外交」なる考え方を打ち出し、日本の新しい地域戦略とエネルギー戦略を発表した。この年、日本政府はまた遠東エネルギーの開発についてロシアに対する経済協力の意向を表明した。

(9)ODAの効果と効率性の向上に力を注ぐ：まず、より一層「申請主義」方式から被援助国と密接に協調する方式への転換を進める。次に、ほかの援助国やUNICEFなどの国際機関との対話と援助協力の強化に努め、これまで約15の主要援助国と対話関係を持てるようになった。日本とアメリカは『共同日程』の枠組みに従い、世界範囲で援助協力を強めている。最後に、無償援助、技術援助など各種のODAプロジェクト間の協調を図る。

1997年9月29日に、日本行政改革会議は政府に、「経済協力庁」の設立を提案した。これは十数の省庁にわたる対外経済協力に対して統括的な管理を行い、現在のODA体制に存在する省庁間で相互牽制する弊害をなくし、対外援助の効率を高めようとしたものであった(27)。実際70年代初期以来現れた構想は、対外援助の政策決定における「四省庁体制」及び外務省の役割などとかかわることから、そう簡単に実現できることではあるまい(28)。

(10)地方自治体、非政府組織(NGO)と国際ボランティアへの支持を強め、日本の影響力を拡大する：近年来、日本は地方自治体への補助金制度を確立し、地方政府の海外向けの技術研修や専門家派遣に使用させている。1989年からは、NGOへの補助金制度を開始したが、1996年度この補助金は計8.17億円だった。日本海外協力隊計画(JOCV)の内容は20—29歳の若者を発展途上国へ派遣するものであるが、1997年までに、この計画によって外国に計17,346人のボランティアが派遣された。

## 2. ODAが直面している問題

### 1.世論の支持を得るための問題

DAC各国が「援助疲れ」の状況にある中で、どのように国内世論からの支持を得続けるかは、日本政府が直面している重要な課題である。

また、ODAの実施過程での弱点と不正現象も取り除かなくてはならない。日本ODAの提供手順は被援助国の申請を前提とするが、実際多くの援助プロジェクトは日本の総合商社あるいは諮問会社が代わりに発掘・立案・実施を行っている。長い間、援助プロジェクトの発掘と実施の過程で多くの腐敗現象が起こった。このような状況は現在でもまだ解決していないことが事例によって立証されている。1998年6月に暴露された事例は、JICAが供与したブータンへの6.4億円の無償援助をある諮問会社が不当な方法によって使用してしまったものである(29)。日本政府はこういう事件に対し、妥当な処置をするとともに、それを根絶させるための課題に直面しているが、もしこれが不可能ならば、国内世論は反発し、ODAに対する支持率はきっと低下するであろう。

### 2.ODAの質と自国利益の関係

80年代以来、日本ODAの質はだんだんと高まっているが、ほかの主要援助国と比べてやはり相当の差がある。例えばODA/GNP比率はまだ低く、ODA中の借款の比重がまだ無償援助より多く、ODAの「グラント・エレメント」は全体的にまだ高くない。しかし、経済の長期不況のなかで、日本政府は厳しい財政の苦境に立たされており、ODAの質を高めることができるかどうかは、日本が直面している重要な課題である。

日本は1988年第4次ODA中期目標の時に、完全な「アンタイド化」

を実現した。その後、日本企業の自国の対外援助プロジェクトにおける

表2-8　日本のODAに関する一部の広報刊行物

| 発行 | 刊行物 | 時期 |
|---|---|---|
| 外務省 | 「我が国の政府開発援助」（上、下巻） | 年刊 |
| | 「我が国の政府開発援助」（概要版、和、英） | 年刊 |
| | 「我が国の政府開発援助の実施状況に関する年次報告」 | 年刊 |
| | 「経済協力評価報告書」（和、英） | 年刊 |
| | 「経済協力に関する基本資料」（和、英） | 随時 |
| | 「Basic Facts on Japan's ODA」（英） | 随時 |
| | 「経済協力参加への手引き」 | 随時 |
| | 「A Guide to Japan's AID」（英） | |
| | 「国際協力プラザ」 | 月刊 |
| | 「我が国の経済協力評価活動」（和、英） | 随時 |
| | 「我が国の環境協力」（和、英） | 随時 |
| | 「日中環境協力」（和、中） | 随時 |
| | 「新たな時代のODAをめざして」（和、英） | 随時 |
| | 「開発と女性」（和、英、仏、西） | 随時 |
| | 「世界の声が聞こえる」 | 随時 |
| | 「社会的公正をめざして」（和、英） | 随時 |
| | 「応援します！国際ボランティア（和、英） | 随時 |
| | 「途上国の女性支援」（和、英、中） | 随時 |
| | 「コモン・アジェンダ」（和、英） | 随時 |
| | 「防災分野における日本の国際協力」（和、英） | 随時 |
| | 「我が国の人口・エイズに関する地球規模問題イニシアティブ」（和、英） | 随時 |
| | 「21世紀への新たな挑戦——開発戦略」 | 随時 |
| | 「国際協力」 | 月刊 |
| | 「クロスロード」 | 月刊 |
| | 「EXPERT」 | 季刊 |

| | | |
|---|---|---|
| J<br>I<br>C<br>A | 「Ken s hu-in」 | 年２期 |
| | 「海外移住」 | 隔月刊 |
| | 「事業団年報」(和、英、仏、西) | 年　刊 |
| | 「JICA NEWS LETTER」(英) | 隔月刊 |
| | 「JOCVニュース」 | 月２回 |
| | 「移住研究」 | 年　刊 |
| | 「国際協力研究」 | 年２回 |
| | 「Technology and Development」 | 年　刊 |
| | 「地球の明日を見つめて」(和、英、西) | 随　時 |
| | 「年次報告書」(和、英、仏、西) | 随　時 |
| | 「OECFを知っていますか」(和、英、仏、西、露) | 随　時 |
| | 「OECFニューズレター」(和、英) | 月刊 |
| | 「ODA LONA TODAY」 | 随　時 |
| | 「開発援助研究」 | 季　刊 |
| | 「開発と環境の調和をめざして」(和、英) | 随　時 |
| | 「Operational Guidance on OECF Loans」(英) | 随　時 |
| | 「OECF Special Assistance Facility」(英) | 随　時 |
| | 「海外投融資パンフレット」(和、英) | 随　時 |
| | 「環境配慮のためのOECFガイドライン」(和、英) | 随　時 |
| | 「WID配慮のためのOECF指針」(和、英) | 随　時 |
| | 「海外経済協力便覧」 | 年　刊 |
| | 「中国円借款の概要」(和、英) | 年　刊 |

落札率はずっと減少し、またこの10年間、日本経済はまだ厳しい不況の中から脱出していない。こうした情勢の下で、日本の経済界は、ODAの実施方式にかなり不満を持ち、政府に圧力をかけ、「タイド」条件の回復を訴えている。これに応えて、通産省も、自国の経済利益を守りうるODA実施方式を考案してきた。報道によると、1998年1月、日本政府は10年ぶりに「タイド」円借款を回復し、この年に起工されたフィリピ

ン水力発電所は初めてこの政策を適用するプロジェクトとなった(30)。1998年11月2日には、与謝野通産相は日本貿易会との会談で、「国際ルールの範囲内でタイド値の問題を検討する」と語った(31)。これは、日本政府が国際社会の理解を得ながら、日本企業に有利なODA実施方式を模索していることを示している。

### 3.被援助国の累積債務の問題

1985年9月先進国蔵相による「プラザ合意」により、日本円は10年近く円高の基調を保ってきた。これは、日本のODAに予想できなかった影響をもたらした。

まず、日本円の米ドルに対する為替相場が連続して上り、ドルで計算された日本ODAの絶対額がどんどん膨らんだことである。例えば、1986年円で計算された日本ODA実績は前の年より4.8%しか上がらなかったが、ドルで計算した場合、48.4%の急増となったのである。これに基づいて、DACが日本の対外援助を審査する際、ドルで計算されたODA実績だけなく、ODA/GNP比率の向上があるかどうかを督促したくらいである。

次は、円高とドル安の基調のなかで、円借款の各被援助国は突然ドルベースの債務が膨張するという状況に直面した。本来円借款の供与は、援助の性格をもって、商業借款より緩和された資金によって発展途上国の経済開発を支援するものである。ところが、円高は円借款の援助性質を減らす結果をもたらした。1994年と1995年に、円の為替相場が史上最高値となり、東南アジア諸国と中国など円借款を最も多く受け入れた国々は、何とかして、円高で増えた債務負担を減らしてくれるよう要請した。これらの要求に対して、日本は全面的には受け入れ難いとしながらも、被援助国の債務負担の解決案を積極的に模索した。

1996年以来、円はまた円安基調となった。これは日本と被援助国との摩擦を大きく緩和させた。しかし、円高の可能性が完全になくなっていない以上、円高による被援助国の債務負担の上昇はまだありうる。したがって、円借款の実施体制からこのような矛盾の再発を防げるかどうかが、日本が直面するもう一つの重要課題となる。

### 4.援助体制の欠陥の問題

日本の援助はその他の西側主要援助国と比べて出発が遅く、発展が早いという特徴をもっている。しかし人員や体制の面で多くの問題を抱えている。人員の面では、援助分野人員の平均仕事量はほかの主要援助国の2—3倍である。例えば、援助に携っている人員は、アメリカは3821人(1994年)、フランスは2488人(1995年)、ドイツは3980人(1995年)である。これに対し、日本の人員1995年には1936人であった。諸国のODA部門の従業員が処理する平均金額から見れば、イタリアは315万ドル(年度未知)、フランスは299万ドル(1995年)、イギリスは296万ドル(1996年)、アメリカは237万ドル(1994年)、ドイツは188万ドル、カナダは162万ドル(1994年)であるが、これに対し、日本の場合は489万ドル(1996年)であった。1995年11月DACの審査報告書も、日本の援助スタッフ不足の問題を指摘した。

「申請主義」の原則の下で、日本のODAは被援助国のプロジェクトの開発面で制約がある。「申請」待ちから被援助国との積極的な協調へ転換するには、量と質両面で専門従業員を増やさなければならないが、日本はこの分野の人員不足で、特にアフリカなどの地域への海外派遣人員は不足である。また、援助プロジェクトの評価体系と評価実施能力の面でも弱点が存在する。1998年6月7日の『朝日新聞』によると、1997年の日本無償援助は1387項目があったのに対して、JICAの従業員はわずか

30人で、申請プロジェクトに対しきちんとした審査はなかなか難しいのが現状である。これはブータンへの無償援助で汚職事件を引き起こした主要な原因でもあった。

以上の問題のほかに、日本ODAはほかの一連の課題に直面している。先進諸国からの批判もあれば、発展途上国からの要求もあり、また日本外交そのものからの要請もある。例えば、アジア地域に偏るODAの地理的配分を改める構造的問題、複雑な実施手順を改革する問題、そして、発展途上国の実情により援助を提供する問題や援助効率を高める問題などである。要するに、日本のODAは50年代から出発して、60年代の発展期と70年代、80年代の成長期と経て、90年代からは新しい転換期に入っている。

## 3. ODAに関する日本各界の提案

近年来、日本の各界は『ODA大綱』について様々な討論を行い、いろいろな見解が出てきた。それらは、総体的に二つの傾向に分かれる。一つは、この大綱を徹底的に実行すべしと主張し、政府が制裁手段において「ダブル・スタンダード」を採っていると非難する(32)。もう一つは、発展途上国の実状に配慮して、柔軟に大綱を運用すべしと主張するものである。

1996年2月、東海大学戦略平和・国際問題研究所(SPIRIT)は外務省の後援を受け、『アジアの共通価値を求めて—日本ODA大綱の再評価』と題する国際シンポジウムを主催した(33)。これは、日本がODA政策について討論を行い、意見を聴取するというものであったが、『ODA大綱』をめぐる討論の行方は、日本ODAの政策の調整に重要な影響をもたらすだろう。

近年来、日本政府と民間の関連機関や団体は援助問題について、盛んに研究レポートをまとめ、政府に対し政策提言を行った。例えば、JICAの分野別援助研究会は1997年3月に『地域の発展と政府の役割』という研究レポートをまとめた。このレポートは発展途上国内の地域間発展格差、地方と中央の関係などの問題について研究し、それに基づいて発展途上国の地域格差の縮小のための考え方とその体制などについて、政策

表2-9　日本ODAの実績と関連人員の比重

| | 1981 | 1993 | 1994 | 1995 |
|---|---|---|---|---|
| (1)職員数 | 1,155人 | 1,754人 | 1,842人 | 1,936人 |
| 外務省経済協力局 | 107人 | 159人 | 165人 | 167人 |
| 在外公館経済協力担当官 | 90人 | 228人 | 240人 | 252人 |
| 国際協力事業団 | 723人 | 1,052人 | 1,110人 | 1,184人 |
| 海外経済協力基金 | 235人 | 315人 | 327人 | 333人 |
| (2)ODA実績 | $31.71億 | $112.59億 | $132.39億 | $144.89億 |
| (3)援助案件数 | 626件 | 1,266件 | 1,353件 | 1,796件 |
| 有償資金協力 | 84件 | 114件 | 99件 | 129件 |
| 無償資金協力 | 212件 | 651件 | 735件 | 1,135件 |
| プロジェクト方式技術協力 | 118件 | 203件 | 216件 | 2,139件 |
| 開発調査 | 212件 | 298件 | 303件 | 319件 |
| 研修員受入 | 377人 | 8,834人 | 95人 | 9,821人 |
| 調査団派遣 | 4,168人 | 7,643人 | 773人 | 8,731人 |
| 専門家遣 | 1,681人 | 2,969人 | 303人 | 2,983人 |
| 海外青年協力隊派遣 | 442人 | 1,025人 | 113人 | 1,205人 |
| (4)職員1人当りODA実績 | $2.745億 | $6.419億 | $7.187億 | $7.484億 |
| (5)職員1人当りODA実績 | 0.542件 | 0.7218件 | 0.7345件 | |

出所：外務省『ODA白書』1995年版91ページ、1996年版61ページ。

提案を行っている[34]。

1998年3月、日本国際問題フォーラムは『21世紀の日本ODA』という政策レポートを政府に提出した。同レポートは、日本のODA問題専門家の草野厚などの4人によって起草され、金森久雄など各界87人の著名人が署名した[35]。このレポートは以下のような提案をしている。

① ODAを徹底的に改革する。

② 日本型ODAを肯定的に評価する。

③ ODAの諸原則を再定義する。

④ 発展途上国への援助効果を高める。

⑤ 国際経済システムの発展に貢献する。

⑥ ODAによって日本の国家利益を守る。

⑦ 外交と戦略目的のためにODAを使う。

⑧ ODAの利益構造を調整する。

⑨ 国別援助計画を制定する。

⑩ ODAの配分内容を調整する。

⑪ アジア諸国と一緒に日本型ODAを世界に広げる。

⑫ ODA組織法を制定する。

⑬ 国際援助機関と透明なODA体系を確立する。

⑭ 援助機関を整え、大衆からもっと深い理解を得る。

このレポートは世紀末の日本ODA政策調整趨勢を理解するうえでの重要な資料であると思われる。このレポートには以下の二つの著しい特徴がある。

第一には、日本型ODAが優れていることを肯定し、積極的に日本型ODAを広げるよう提案している点である。「日本型ODA」とは、円借款を主要方式として、発展途上国の自助開発能力を高めさせることを主旨とする援助方式である。これは欧米諸国の無償援助を主とした、戦略援助と人道主義援助を主旨とする援助とは、対照的である。80年代後半から、日本はDACメンバー諸国の批判に遭い、日本型ODAの自己評価面で自信をなくしていたが、このレポートは自信を持って日本型ODAの優れた面をを強調し、それを世界に広げていくことを主張したのである。

第二には、ODAの政治的意義を強調し、それを積極的に外交と戦略目的に使おうとした主張についてである。日本のODAはもともと「開発援助型」を主な特徴としたが、80年代から「戦略援助型」への比重を増してきた。これによって、ODAを国家利益と対外戦略の目的に使う必要性を指摘したものであるが、これは日本におけるODAの理念の飛躍であった。

今後の日本のODA政策がこの提言が示す方向へ発展していくならば、その政治外交の役割は必ず更に強くなるはずである。そして、この政策調整を実現するには、ODAの理念と方法をめぐって、各援助国と被援助国と多くの政策対話を行っていく必要が生まれてくるだろう。

《注釈》

(1) 日本対外援助の地理配分については、稲田十一『対外援助』、(有賀貞他編『講座国際政治第4巻：日本の外交』による、東京大学出版会、184―185ページ、1989年)と、木村光彦『日本の対外援助の現状と問題:アジアへの二国間政府開発援助について』、(世界経済研究会『世界経済評論』、73―80ページ、1978年10月号)

(2) 外務省『ODA青書』、92ページ、1996年

(3) 金大中大統領の日本に対する大きなな譲歩とは、これからは韓国政府は「歴史問題」を提起しない、日本に対して文化市場を開放するというもの。

(4)『朝日新聞』、1998年11月10日

(5) 日本国際開発センターの推算によると、今までの20年間で日本のODAはインドネシアGNPを2.8%、タイの5.4%を高めさせた。またその就職、消

費、投資、輸出入の調整に促進の働きを発揮した。

(6) 日本のODA総額は１９８９年に初めて世界第一になった。1990年にはこの地位を譲ったが、1991年以来ODA総額(ドル)はずっと世界一だった。その援助対象は161カ国と地域にある。1994年日本は46カ国の中での第一の援助国で、31カ国の第二の援助国だった。しかし、ODA／GNP比率で計ると、1995年日本は開発援助委員会の21カ国の中で第15位だった。(1970年国連大会で提出された目標は0.7%で、日本のこの率は1995年に0.28%、1996年に0.21%と下がった。)日本ODAの中の無償援助の部分は、1995年に46.6%で、(DACの平均値は77.1%)「グラント・エレメント」(G .E.)は1995年に78.7%だった。(DACの平均値は90.8%)

(7) 日本は70年代初期からODA問題について国内宣伝を始めた。経済審議会経済協力委員会1970年春の研究レポートでは「今後経済協力を増加するには、国民にその意義と必要性について理解を深めさせることを前提とする」とした。

(8) 外務省『ODA青書』、13—16ページ、1996年版上巻

(9)『読売新聞』、1999年1月19日

(10)『日本経済新聞』(夕刊)、1993年8月2日

(11) 1988年までは、アメリカは世界一の援助大国で、日本は1989年に初めてアメリカを超えて１位となり、1991年以来、日本は連年１位の援助大国となった。

(12) ドルで換算した場合、1995年のODAの増加は円高の原因もある。(１ドル＝1.2.23—94.07円)。この年日本ODAの日本円総額は13854億円で、その前の年よりわずか0.6%増えた。(外務省『ODA青書』、21—23ページ1996年版上巻)

(13) 例えば、1997年4月18日に、橋本首相は閣僚が訪問する時に、特に、中東、アフリカ、ラテン・アメリカを中心とする。「経済協力によって、日本が国連安理会常任国になるためには他国の支持を勝ち取るべきだと要求した。特に、中東、アフリカ、ラテン・アメリカを中心とする。

(14)「三位一体」とは80年代中期以前の日本の公式概念で、貿易、投資、援助を一体とする経済協力方式を指す。

(15) 日本『政府開発援助大綱』の全文は本書の付録を参照

(16) 外務省『ODA青書』、7ページ、1993年版上巻

(17) 日本は国際機関への出資は日本の「国際貢献」をはっきり表せないと見ている。『ODA大綱』は、「国際機関との協力によって、わが国の政府開発援助の考えをこの活動に反映させようとするものである」とした。

(18) 冷戦後自民党内には、ODAを「制裁」手段にすべきだとの主張が台頭してきたが、外務省の態度はより慎重である。

(19) 外務省『ODA白書』、370ページ、1996年版上巻。

(20) 1996年版の『ODA白書』は、「好ましくない動き」に対して直ちに援助を中止してはならない、と述べている。その理由として、「ODA四原則」(とくにその第3, 4条)には被援助国の安全と内政の内容が含まれている。被援助国の行為は「好ましくない動き」と「好ましい動き」が併存している。被援助国が『大綱』の原則を理解できない状況で、「価値観の押し付け」と受け止められるやり方をとるべきではなく、外交的説得と協議を中心にしたほうがいい。などが強調されている。(外務省『ODA大綱』、42—43ページ、1996年版上巻)

(21) ある日本の学者によると、時に日本は「開発援助委員会」の決定を実行するために「ODA大綱」を実施すると指摘した。(Masahisa Kawabata,Japan's Policy toward Africa,『竜谷法学』、第30巻、第1号、19ページ、竜谷大学法学会)

(22) 例えば、日本は1997年9月に「環境円借款」の創立を決めた。金利は0.75%(第二世界銀行の無利子貸付の手続きに相当する。日本の発展途上国への一般貸付金の金利は約2.5%である)で、返済期間は従来の30年から40年に改められた。

(23) 日本のODAは長い間アジアを中心対象地域としていた。その比重は1970年に98.2%もあったが、その後、この比重はだんだんと減少し、1980年には70.5%となった。近年、アフリカへの援助比重が急に上がり、アジアに次ぐ二番目の対象地域となった。

(24) その理由は(1)アジア経済は発展を遂げた。(2)財政事情の厳しさからみて、アフリカへの援助は少ないコストで、より多い効果を生むというメリットがある。(3)アフリカ諸国の票は、日本の国で外交によって大変有効である。1995年日本のアフリカへのODAはそのODA総額の12.6%を占めた。(『読売新聞』、1997年1月6日)

(25) 平林博『新しい時期おける我国の政府開発援助を求めて—首位援助国から首脳援助国へ』、『外交論壇』6—20ページ、1995年第2期

(26) 外務省『ODA白書』、3ページ、1996年版上巻

(27) 『産経新聞』、1997年9月29日

(28) 早くも1971年に、首相の諮問機関「対外経済協力審議会」(会長永野重雄)は「対外開発協力省」の設立を提案し、1973年には、田中内閣が「対外経済協力担当大臣」の設立を計画した。しかし、外務省が外交一元化を

理由に猛烈に反対し、実現できなかった。1977年秋、福田首相も「経済協力庁」を新設する構想を表してる。

(29) 『朝日新聞』、1998年6月7日

(30) 『日本経済新聞』、1998年1月9日

(31) 『朝日新聞』、1998年11月3日

(32)『朝日新聞』、1998年11月10日

(33)このシンポジウムが終わってから、以下の英語論文集を出版した。Edited by Tatsuro Matsumae and Lincoln C.Chen， In Pursuit of Common Values in Asia ：Japan's ODA Charter Revalued, Tokai University Press, Tokyo, 1997.

(34)この研究会の座長(会長)は村松岐夫で、委員には有河西明、加藤弘之、加納啓良、河村能夫、佐藤宏、庄司仁、神野直彦、鈴木祐司、恒川恵市などがいる。

(35)リストには、伊藤憲一、花井等、飯田経夫、小島朋之、猪口孝、猪口邦子、公文俊平、小此木政夫、坂本正弘、佐藤庄三郎、渡辺昭夫、矢吹晋などの国際問題の専門家、また、有名な評論家田原総一朗、政治家船田元などがいる。

# 第3章　日本におけるODAの政策決定体系

# 第３章　日本におけるODAの政策決定体系

## 第１節　ODAの政策決定環境

戦後、日本が対外援助を実施する過程において、比較的安定した政策決定体系が形成された。各々の具体的援助政策の形成過程は、この比較的に安定した政策決定体系が国内外諸要素の変化に反応していく過程でもある。

日本のODA政策の形成と調整は、多くの政策決定の環境要因と過程的要因に影響されている。環境的要因とはODA政策の政策決定主体に影響を及ぼす要因のことで、国際情勢の激変、各国からの援助増減の要求など国際環境的要因、および国内の圧力団体からの政府への援助増減の要求など国内環境的要因が含まれる。また、過程的要因とは、ODA政策決定の主体が環境的要因の影響に反応して、政策を決定していくメカニズムと過程のことである。

戦後日本の対外援助の国内外の政策決定の環境は、70年代中期を境目にして、大きな変化を生じ、それによって、前期と後期の段階的な相違が表れた。

### 1. 50年代初期から70年代にかけて

国際環境的な要因からみれば、戦後日本のODA政策に影響を与えた国際環境は東西関係、西側陣営における西西関係、および日本と各被援助国の間にある南北関係からなる。60年代の末と70年代初期の国際環境の変化と日本の国力の増強に伴って、この三者が日本のODA政策に与える影響において、次第に変化が見られるようになった。

50年代初期から70年代前半にかけて、日本のODA政策に対して、最大の影響を与えた国際環境の要因として「東西関係」が挙げられるが、東西間の冷戦という環境のもとで、日本のODA政策には次のような特徴が見られた。

(1) 対米協調路線を前提として、援助方針の制定、援助組織への加盟、対外援助の実施など、いずれの面においても、西側「一辺倒」という対応。

(2) アメリカの「封じ込め」政策に追随し、社会主義諸国を援助対象から除外する。

(3) 対外援助を自国の経済発展と結びつけて、最大限に援助国としての利益を得る。

これらを前提として、アメリカを始め西側諸国は日本の対外援助にそれ以上の要求を突きつけなかった。そのため、西西関係の日本のODA政策に対する影響は冷戦需要の範囲に限られていた。西側陣営の援助体系のなかで、日本は「戦後処理」と経済発展の自国需要から出発して、対外援助政策を制定することができた。この時期において、各被援助国は日本の援助体系にそれほど大きな影響力を持たなかったため、この時期の南北関係が日本の援助政策に与えた影響は大きくないと言える。

国内環境の要因からみれば、70年代初期にかけて、日本のODA政策に影響を与えた主な国内要素は財界であるが、財界は政府に対外援助をもって対外貿易と投資の拡大の掛け橋にするよう求めていた。50年代の東南アジア地域に対する援助政策のうち、このような国内環境による影響は特に目立った。それは「投資、貿易、援助の三位一体」という日本型経済協力政策の形成への基礎作りの役割を果たした一方、同援助方式は各国から日本のODAに不満を招いた要因にもなったのである。

## 2. 70年代中期以降

70年代前半にかけて、国際状況の多極化、南北問題の激化、および日本の経済大国化といった新しい状況のもとで、東西関係における日本のODA政策に対する影響の比重が低下し、西西関係と南北関係の影響が次第に増大した。とりわけ60年代後半、日本が西側陣営の中でアメリカに次ぐ第二の経済大国に躍進したことに伴って、アメリカを始め西側援助国グループから日本の援助増額への圧力がますます強くなった。これらの「外圧」と称される要因は70年代後半以降、日本の対外援助政策の形成と調整を大いに推し進めたのである。

国内的要因からみれば、圧力団体としての財界は、依然として政府のODA政策に最大の影響力を持っているが、「大国意識」、「新民族主義」、「国際貢献」などの新たな動きも次第に政府のODA政策への影響力を増大させた。

## 第2節　ODA政策の理念的基礎

援助理念とは、対外援助の意義を論証するために、正当な根拠を提供する価値観念である。日本のODA政策の形成と展開において、援助理念は国内意見を一致させる面において、重要な役割を果たしていると同時に、対外的に宣伝効果を上げるために機能している。戦後日本の対外援助は多次元の価値観念からなる理念体系の上で構築されているが、異なる時期には常にある理念がこの理念体系の中で中心的地位を占めている。それは援助政策の重点および援助資金の構成、量と質、地理的配分などの一連の具体的な指標の中に表れている。

50―60年代の日本の対外援助政策は基本的に「開発援助」を中心理念としており、対外援助を自国の対外経済利益と一致させることがその基本内容であった。その理念の下、この時期の日本の対外援助は「輸出と対外投資に奉仕する」という色彩を色濃く帯びていた。

70年代に入ってから、国際環境と国内条件の変化につれて、日本の対外援助の中心理念は「戦略援助」へと転換するようになった。その基本内容は対外援助を楯にして、対外経済、政治、安全の面における利益を追求することであり、各時期において、その具体的な内容に新たな変化が生じた。具体的に言えば、1973年に第1次石油危機以後、「経済安保」が日本の対外援助の重要な理念になった。国際社会から日本に対する援助増加の期待が高まるに伴って、日本政府は「外圧」を大国外交への原動力に転化させ、「国際貢献」を援助政策の重要な拠り所とするようになった。最初、「国際貢献」は人道主義の次元で開発途上国に対する社会、経済面の援助と理解されていたが、ソ連がアフガニスタンに侵入した後の80年代初期の「新冷戦」という環境において、日本の「国際貢献」に対する解釈は、純粋な社会経済的意義を超えたのであった。そして、対外援助は「総合安保」の手段とされ、「対外政策の手段」として、日本の対外政策体系の中で新たな位置付けをされたのである(1)。

80年代は、日本が政治大国への地位を積極的に追求し始める時期である。それに応じて、多元化の価値傾向が日本の援助理念のなかに見られるようになった。1981年4月に、外務省経済協力局、経済協力研究会が『経済協力の理念――なぜ政府開発援助を行うのか？』というパンフレット(2)を発表したが、これは日本政府が初めて援助理念に対して系統的な見解を表明したものであり、人道的理念と相互信頼理念を強調することが同パンフレットの狙いであった。各年版の外務省の『外交青書』と通産省の『経済協力白書』を総合的に見れば、80年代の日本におけるODAの理念体系が次の三つの面からなっていることがわかる。

(1) 国際平和と繁栄の維持に着目し、開発途上国を支援する面において、国際責任を担う。

(2) 経済安保に着目し、開発途上国との経済連携を強化することによって、資源と原料を確保する。

(3) 人道主義に着目し、開発途上国の福祉と民生に貢献する(3)。

具体的な援助方式において、80年代日本の対外援助は、次の二つを主な柱としていた。第一には、開発途上国の産業育成に協力することで、その国の経済発展を促進するというものであり、第二には、貧困と飢餓への緊急支援(4)であったが、80年代末、次の分野が重点援助対象として提起された。

(1) 環境問題と累積債務問題

(2) 東欧各国の経済改革

(3) アジア太平洋地域との関係を緊密化させること(5)。

日本の通産省1988年版の『経済協力白書』の序言には「援助、直接投資、輸出三位一体の総合的な経済協力によって、開発途上国の経済、社会開発を支援することが必要である。このため、次の重要事項を提起する。第一：直接投資などの民間経済協力を一層進めること。第二：政府資金をより効果的に利用すること。第三：関係国との政策対話を拡大すること。第四：環境保全などのグローバルな問題の解決のために援助を実施すること。第五：援助実施メカニズムを改善すること。」と書かれている。

援助、投資、貿易三位一体の協力方式は、「開発援助」の理念に基づく日本型対外援助の重要な特徴である。これを基礎として、日本の対外援助は、政府援助を民間援助とを緊密に結び付けることによって、欧米と異なる経済協力タイプを形成させた(6)。これによって、日本型援助は多くの開発途上国の経済開発に対して、前向きに働きかけていると同時に、日本にも予期せぬ経済と政治上の利益をもたらしたが、他方、種々の弊害を持っている日本型対外援助は欧米先進国、開発途上国、および日本国内から、多くの批判を受けてきた。その批判は主に次の四つにまとめられる(7)。

(1) 日本の援助の量と質が不十分との指摘：日本援助の総額は年々に高まるにもかかわらず、ＤＡＣの各援助指標から判断すると、その量と質は先進国援助グループの中で、低い水準に留まっている。

(2) 日本が援助の過程で、官民一体となって自国の経済利益を追求するとの批判：日本の援助政策は「商社主導型」と称される。それは援助項目を発掘するにあたって、日本の商社がかつてその主導的役割を果たし、自らの利益を図っていたからである(8)。

(3) 日本の国内世論による政府が援助資金を浪費するとの批判：対外援助の実行機関が援助資金を浪費すれば、国民の税金を無駄にすることに等しいとするものである。

（4）日本の経済協力体制が分化しすぎて、効率が低下するとの批判：

これらの批判によって、日本国内ではしばしば援助理念を巡る論争を引き起こされ、政府は絶えずそれに対して、援助政策を調整せざるを得なかったのである。

## 第3節　日本型ODA政策決定の方式

長年にわたる援助の過程において、日本は比較的安定したODA政策決定の方式を形成した。政策決定の主体と過程から見れば、次の各要因が日本におけるODAの政策決定を制約している。

### 1. 予算配分

大蔵省が援助資金を分配することに対する制約を指す。具体的には二つに分けられる：①ODAの総額と項目別金額の決定、②ODA総額の国別配分。

ODAの事業内容は非常に複雑であり、「四省庁」を始め、18の政府部門に関わっている。日本政府のODA予算は独立の予算項目ではなく、各省庁のODA関係予算部分の合計である。一般会計支出、円借款原資になる財政投融資資金、国際開発金融機構への出資国債、各省庁特別会計予算などがODA予算の財源であるが、これらの項目を合わせることによって、ODA予算ができる。

1987年度のODA予算を例とすれば、その中には、一般会計支出、財政投融資、出資国債がそれぞれ47%、17.2%、16.4%を占める。ODAの形態別財源から見れば、無償資金協力と技術協力などの二国間無償援助と国際機関への出資に必要な資金は、　主に一般会計支出から出すが、国際開発金融機関への出資などは国債から支出する。またOECFの円借款の30%は一般会計に頼り、約60%は財政投融資が負担する。

ODA予算の各省庁における分布の比率からみると、1987年を例とすれば、大蔵省と外務省がそれぞれ65.5%と26.2%を占め、通産省、農林水産省、文部省がそれぞれ約1%を占める。他の省庁が皆1%を下回っている。なぜ大蔵省がこのように高い比重を占めるのかは、一般会計の中の円借款と二国間無償援助の中の食糧援助および食糧増産計画に関わる予算は、大蔵省が主管するからである。外務省が担当するのは二国間無償の中の無償資金協力の部分、国際協力事業団(JICA)に交付する技術協力事業費、および国連など国際機関への出資費用である。その他の各省庁のODA予算は主に技術協力に関わっている。例えば、通産省の海外開発事業と国際研究協力予算、文部省の途上国国費留学生事業予算、農林水産省の熱帯農業研究事業予算、およびこのための民間団体に提供する補助金と委託費用など、また厚生省の世界保険組織(WHO)への分担資金、労働省の国際労働組織(ILO)への分担資金などである。

## 2.「四省庁協議体制」

日本の対外援助の統一窓口は外務省であるが、その国内政策の決定は、それなりの職権を握る各省庁間での協議で決定される。また、ODAの無償援助部分は外務省が担当するに対して、ODAの大半を占める円借款は大蔵省、外務省、通産省、経済企画庁の「四省庁」の協議事項であり、「四省庁」は異なる政策角度からODAの案件提起と政策決定過程に関与し、しかも「否決権体制」あるいは「満場一致型体制」を採用するのである。ほかに、援助対象の分野の違いによって、農林水産省、運輸省、文部省など18もの省庁が対外援助に関与している[(9)]。「四省庁協議体制」の法律的根拠は『海外経済協力基金法』の第36条にあるが、その中には、基金による円借款は経済企画庁長官が事前に通産、外務、大蔵の三省大臣と協議後、決定するとの規定がある。これに対して、日本政府においては従来より、分権と集権との両面からの指摘がある。つまり、四省庁以外の各省庁が、ODA政策の決定にもっと関与すべきとする[(10)]のに対して、多くの人々が一元化の政策決定体系を打ち建て、ODA政策決定の効率を向上させるよう主張している。

戦後日本の内外政策の決定過程は、基本的に「官高政低」型に属する。つまり官僚が主導的地位にあるのに対して、政治家は政策決定における影響力が比較的低いとするものであるが、自民党の長期政権の結果として、政策に精通し、官僚機構を支配できる議員ら（「族議員」とも言う）が登場した。彼らが予算配分などの重大な政策決定において、「官高政低」を「政高官低」(11)に転換した。現在でも、ODAの政策決定については基本的に依然として官僚主導型に属しているが(12)、与党を含む各政党はODA政策決定過程に対する影響力を拡大しようと図っている。

### 3. 国会

国会はODA予算の総額と、各省庁別予算額を含む審議部分にしか関与しない。具体的な対外援助の内容は政府が決定するのである。

### 4. 政府首脳と政治家

「四省庁協議体制」のもとで、特定の援助がいったん決定されれば、容易にこれを変えることができないが、毎年の援助額と国別、地域別の分配において、次第に変化の傾向が見られる。国際環境の激変やその他の「外圧」によって政府の最高政策決定部分が政治的決断を下す場合こそ、援助政策に大幅な変化をもたらすのである。基本政策が決定済みの場合でも、首相または外相は時に、外交会談において相手国の援助請求を引き受け、しかも関係部門に実行させるよう指示したり、また外国訪問の際、場合によって、相手国に援助という絶好の「お土産」を送ることもある。したがって、特定の政治家や与党あるいは国会議員も援助問題に関与していると言える。

## 5. 財界

ODAがもたらした経済利益と密接な関係を有する財界は、様々な方法によって、援助政策に一定の影響力を与えている(13)。

## 6.「外圧」の役割

日本のODAは「申請主義」に従っている。つまり他国政府からの援助申請を受けてから、援助の供与を考慮するのである。ほかに、DACも各国の援助政策に対して要求をするが、他の先進国、とりわけアメリカによる特定の国家への援助要請、あるいは中止要請が見られる(14)。これらの要求は、大部分が広義におけるいわゆる「外圧」を構成したのである。日本ODAの政策決定機関は「外圧」に対して、消極的に抵抗したり、これを積極的に利用したりした。総じて言えば、「外圧」は戦後各時期の日本ODA政策を大いに推進したのである(15)。

## 7. 国内世論の「内圧」

日本援助の増額と日本外交における影響の増大に従って、国内世論に対して説得を強化することが必要となってきた。例えば、経済審議会の経済協力委員会は1970年春の報告の中に、「今後、経済協力を強化するために、その意義と重要さに対する国民の理解を深めることが必要」と指摘し、また1977年12月、通産省が毎年発行する『経済協力白書』のほかに、外務省も初めて『経済協力白書』を発表した。これは、経済協力の日本外交における重要性と、そのための国内認識の一致の必要性が一層高まることを表明すると同時に、日本における経済協力の重要な転換を示している(16)。

そして「外圧」と「内圧」の複雑な関係が、日本型政策決定過程における重要な特徴を構成した。50、60年代の日本は常に受動的に「外圧」に適応し、それによって対外政策を調整したのに対し(17)、70年代に入ってから、日本は進んで「外圧」に適応しようとするようになり、時には、自身の政策決定における地位を強化するために、一部の省庁が「外圧」を利用することもあった(18)。しかしながら、「外圧」は国内世論が分裂する場合にこそ、その効果を表すのである(19)。

90年代に入ると、政界再編や行政改革の結果、日本の政策決定の体系と過程は新たな調整を経験し、これまでと違ったプロセスが登場した。

1993年夏、「55年体制」が崩壊し、自民党長期政権が終焉を迎えた後、連立政権が登場した。不安定な政局のもとで、政治家の政策決定における地位は降下し、「族議員」と官庁の「政高官低」の趨勢が逆転し、官僚の政策決定における主導的影響力が改めて強化されるようになった。

しかしながら、1996年自民党が執政を取り戻したのに伴って、政治家と「族議員」の関係が復活する勢いを見せている。それは、第一には、上から下への政策決定体制が強化される。第二には、省庁腐敗事件の懲罰に力を入れると同時に、省庁の権限を少なくし、また省庁の数を削減したことによるものである。

このような変化によって、日本ODAの政策決定体系も新しい課題に直面している。集権と分権の結合はその趨勢と見られる。まず、政権の中枢が強化される動きのなかで、ODAの政策決定にあっては、「上から下へ」の特徴が一層顕著になり、併せて、よりよい経済外交を実行させるために、ODA政策は次第に政策決定一元化の方向へ変わっていくであろう。

日本ODAの政策決定体系におけるもう一つの課題は第一には、中央政府と地方自治体の間にあるODA分配関係をどうするかということであり、第二には、日本ODAと被援助国の中央と地方との間の関係をいかに調整するかということである。いままで、日本ODA政策の決定は主に日本政府が行い、ODAの実施は被援助国の中央政府を対象としている。これに対し、近年来、日本の各地方自治体により、ODAの運用に対して、もっと柔軟に、効率的にするようにとの提案が日増しに高まっている。これは、地方自治体が自らODA資金によって、他国の地方政府または経済団体と直接経済協力を行うために、中央集権型のODA決定方式を変えようというものであるが、また、学術団体や個人でも積極的に「地方ODA」についての調査研究が行われている[20]。このため、政府は地方政府補助制度によって、地方自治体による対外技術提供や専門家派遣の支援を行っているが、今後、地方自治体の要求や研究成果が日本におけるODA政策決定体系のなかで、一層反映されれば、中央と地方の間で、一部のODAについて分散決定方式を実現させることも可能となってくる。

《注釈》

(1) 稲田十一『開発途上国と日本』、渡辺昭夫編『戦後日本の対外政策』(285－314ページ、有斐閣、1985年

(2) 外務省経済協力局、経済協力研究会『経済協力の理念――なぜ政府開発援助を行うのか？』、財団法人国際協力推進協会、1981年

(3) 外務省『外交青書』と通産省『経済協力の現状と問題』、1980―1989年各年版；および小野五郎の『経済協力「理念」の評価』、アジア経済研究所『アジア経済』19―34ページ1991年6月号

(4) 通産省『経済協力の現状と問題』、78ページ、1988年版の総論

(5) 同上、77－78ページ。

(6) 丸山伸郎『対中経済協力の現状と今後の課題』、中国研究所の『中国年鑑1992年版別冊』、5ページ、1992年

(7) 松井謙『国際協力論演習』、173―181ページ、晃洋書房、1998年

(8)「商社主導型」援助方式は50年代に形成され、その原型の形成過程については、鷲見一夫の『ODA援助の現実』参考130－133ページ、岩波書店、1989年

(9)稲田十一『開発途上国と日本』、渡辺昭夫『戦後日本の対外政策』285－314ページ、有斐閣、1985年

(10)各省庁間の予算を巡る「省庁間戦争」については、川北隆雄：『大蔵省』（講談社現代新書932）と『通産省』（講談社現代新書1046）を参考。

(11)官僚主導から政党地位の上昇への変化について、松村岐夫『戦後日本の官僚制』（東洋経済新報社、137―164ページ）、猪口孝、岩井奉信『「族議員」の研究』1―36、日本経済新聞社、1988年、佐藤誠三郎、松崎哲久『自民党政権』78―79ページ、中央公論社、1986年

(12)日本ODAの政策決定の官僚主導型の特徴に対する分析について、[英] Alan Rix, Japan's Economic Aid: Policy Making and Politics, (Croom Helm Ltd, Lodon, 1980)

(13)有賀貞他『講座国際政治第四巻：日本の外交』、196―201ページ、東京大学出版会、1989年

(14)例えば、1984年10月にDACは日本のODAを審査後に発表した新聞公告において、「DACは日本政府がODAの第三次目標の拡大を確定し、しかも1985年以後も引き続き援助を拡大することを期待している」と書いてある。これに対して、大蔵省の関係者は「これは内政干渉ではないか」と不満をもらしたことがある。欧米から日本のODAの質が低すぎるとの批判に対し、外務省官僚は反発した。（朝日新聞「援助」取材組『援助途上国日本』、35―36ページ、朝日新聞社、1985年）

(15)ラテン・アメリカに対する援助において、アメリカからの日本への外圧が際立っている。1981年春、アメリカが日本のジャマイカへの援助を要求する際、鈴木首相は周辺の人々に「この国はどこにある」と聞いたそうである。にもかかわらず、最終的に、大蔵省が説得され60億円の借款をアメリカ訪問のお土産とした。日本のジャマイカ、エルサルバドル、ホンジュラス、コスタリカなどの国々に供与した援助、およびキューバ、ニカラグアに対する援助中止はみなアメリカの外圧によるものである。

(16)山本剛士『日本の経済援助』、40―43ページ、三省堂、1978年

(17)G.Curtisは、日本の対外政策の変化は政府の戦略によるものではなく、環境の変化への対応であると考える。（Gerald L. Curtis, Domestic Politics and Japanese Foreign Policy, edited by William J, Barnds, P78,Japan and the United States, General Offset Co., Inc. New York, 1979.）

(18)Robert M.Orr, Jr., The Emergency of Japan's Foreign Aid Power. 田辺悟　日本語訳『日本の政策決定の過程――対外援助と外圧』、3－24ページ、東洋経済新報社、1993年

(19)「外圧とは国内において、ある問題を巡る主要対立が存在(公開的あるいは潜在的)している場合、同問題に対して外的影響力をかけようとする企図である。」(田中明彦『日本外交と国内政治の関り――外圧の政治学』、日本国際問題研究所『国際問題』、23―36ページ、1998年3月号)

(20) 筆者はこれまで何度も「地方ODA」問題を研究をする日本の研究機構および大学の学者と接触したことがある。例えば、龍谷大学の河村能夫教授は近年来、インドネシアの地方へのODA問題を研究された。また、「ＮＥＡＲ総合研究機構」と「地域振興ＰＬＡＮＥＴ」などの団体は日、米、中、韓などの国から政府官僚と民間人の参加により「地方ODA研究会」を主催。川口耕一主任研究員らは中国で日中両国における地方ODAの実行性問題についての調査を行った。あるアンケート調査によれば、日本の地方自治体と企業は、現在のODA体制の下で、実施できない各プロジェクトを次々と提起し、しかも新たな体制を作って対応するよう求めている。例えば、環日本海経済圏および図們江地域の開発に対し、どのようにODAを提供するか。また日本の医療機械などを他国に寄贈する場合、ODAによって、輸送費問題を解決できるかどうか。ロシアのような非ODA対象国に対して、いかに協力を行うか、等々である。

# 第４章　日本のODAの実施体系

# 第4章 日本のODAの実施体系

## 第1節 ODAの実施手順

ODA実施のプロセスは、主に日本と被援助国の間の二国間ODAに関わるものであるが、日本の二国間ODAの主要部分は円借款である。二国間円借款の一般実施プロセスは

①被援助国が借款申請を提出。

②日本政府部門が審査決定。

③日本側が援助意向を表明。

④閣議で決定。

⑤双方が交換公文に調印。

⑥双方が借款協定に調印。

⑦借款プロジェクトの入札。

⑧日本側が借款供与。

⑨実施状況に対する評価と事後管理。

などであるが、これらのプロセスにおいて、日本政府、被援助国政府、日本海外経済協力基金(OECF)、援助に関係する企業などがこれらに関与するのである。

## 1. 被援助国の借款申請

これは円借款の実施プロセスの第一歩であるが、円借款を目指す国家はまず、援助項目を選択し、その投資範囲、規模、実施時期など細部にわたって、実行可能性調査(feasibility　study：F／S)を行う。開発途上国で同調査が苦手、あるいは調査を行う能力がない場合、この過程を外国の諮問会社に有償委託するか、または日本国際協力事業団(JICA)から無償協力を提供してもらう。そしてこれらの調査が終わった後、日本の外国駐在大使館などの外交ルートを通して、日本政府に投資プロジェクト計画などの関連材料と一緒に借款申請を提出する。

円借款を含む日本政府のあらゆる資金と技術協力については、被援助国政府からの外交ルートによる正式な申請を前提とする。これは「申請主義」の原則と呼ばれる。ODA の実施にあたっては、被援助国政府が「内資」部分の基本経費を負担し、しかも人力を提供しなければならないので、被援助国政府が、円借款を受け入れる意向を明確に表明することが必要である。

場合によって、借款申請は援助国会議、あるいはその他の国際機関において提出されることもある。円借款の申請は、日本外務省および日本大使館が受付け、そして外務省が審査をする。軍事案件および高利潤率、高消費性を持つプロジェクトは事前に削除され、また、原則的には被援助国の経済発展と生活レベルの向上に役立つ項目が優先されることになっている。

## 2. 日本政府の審査決定

外務省は選出したプロジェクトの供与形態、規模、利率、返済期限などの融資条件、および他の必要事項を決定後、外務省、通産省、大蔵省、経済企画庁からなる「四省庁協議会議」にそれを提出し、この 4 部門がそれぞれの政策角度から、借款プロジェクトを審査する。その際、通産省は通産政策と資源供給の確保の面から、大蔵省は財政の面から、また経済企画庁は総合性経済政策の面から、そして外務省は各省庁の協調および外交の面から、それぞれ見解を表明した後、互いに協議をし、最終的に政府方針を決定する。それを「満場一致型」または「否決権制度」と言い、どんな借款プロジェクトであっても、ある省庁が反対すれば、通過できないことになっている。また、四省庁協議と同時に、借款が被援助国の経済開発と経済安定への貢献の程度、援助プロジェクト計画への適応性や実行性などについて、OECFは客観的、理論的な調査を行う。四省庁協議とOECFの審議結果によって、借款供与が認められた場合、外務省は借入国政府に向けて、借款供与の意向(pledge)を表明する。

そして、日本政府が提起した借款の規模、利率、返済期間、購入条件などの事項について、双方の主管部門によって交渉が行われ、協議達成後、公文が作成される。両国政府が公文を批准し、調印し、それを交換することを交換公文(Exchange of Notes:E/N)と呼ぶ。その内容は、(1)借款金額、供与主体、借入国、対象プロジェクト。(2)借款契約の調印と借款条件。(3)借款の実施方法と対象。(4)借款の元金と利子、機械物資材料輸入関税の免除。(5)借款返済についての財政保証であるが、そのうちの第(3)条には、被援助国が借款で物資とサービスを購入する場合、購買対象国の確定は日本政府からの認可が必要とされる。このプロセスが完了した後、借款項目の実施責務は政府官庁からOECFに渡される。

## 3. 援助双方の借款契約

公文調印後、OECFは借款プロジェクトの事前研究と現場審査によって、項目の妥当性に関して、改めて評価(appraisal)を行う。借款契約を起草する前に、OECFは借入国に対し、その国の外国借款の利用についての法律制度について「法律調査状(legal　questionnaire)」を提出して、借入国政府の権威人士から回答を得るのである。その結果として、OECFが借款の妥当性を認めれば、借入国と借款契約(loan agreement：L/A)に調印することになるが、契約の中には、借款金額と条件、プロジェクト概要、借款の実施に必要な基本約束、購入プロセス、借款交付の手順、およびその他の必要なプロセスが書いてある。

多くの途上国においては、プロジェクト建立、入札書類設計、起草、入札結果評価、借款実施過程監督などの業務を行う国内の諮問会社がないため、これらのプロセスを外国の諮問会社に委託する場合がある。このような場合、交換公文と借款契約には諮問会社雇用のプロセス、そしてOECFからの認可が必要という規定がある。

### 4. 物資とサービスの調達方式

借款契約の調印後、プロジェクトに必要な物資とサービスの調達対象国、供給者を確定しなければならない。円借款の条件が緩和されるにしたがって、この調達(procurement)は基本的には公開入札によって決定するが、十分な理由がある場合、指名入札や随意契約を採用してもよいことになっている。

円借款の調達条件には主に次の三種類がある。

1. 日本、APEC諸国、途上国がすべて、入札に参加できる「アンタイド」条件。

2. 日本と途上国が入札に参加できる「開発途上国アンタイド」条件。

3. 日本の物資とサービスのみ調達できる「タイド」条件である。

OECFの借款は、1974年以前の大部分が3に属するが、その後、2の提供が始められ、1978年度から、1の条件は基本方針になった。

## 5. 日本側の相手国への借款供与

調達契約が調印された後、プロジェクトの実施段階に入り、借款の提供が始まる。借款契約はOECFと借入国の間に調印されたものであるが、借款の供与は、OECFが調達契約で規定される物資とサービスの供給者に交付することである。これと同時に、OECFと借入国の間に債権、債務関係が生じるが、OECF借款は一般的に建設項目の資金の外貨部分を負担し、借入国通貨部分の費用も借款対象になる。その中の外貨部分の契約は主に円を基準とするが、借款の「アンタイド」の進展に伴って、米ドルなどの非円通貨を基準とする契約も認められるようになった。

## 6. 借款実行効果への監督

借款プロジェクトの実施は、借入国とその実行部門が担当するが、プロジェクトが円滑に実施されるように、OECFも項目を監督し、必要な時、技術、実施体制、経営、財務などの面について諮問と勧告を行い、しかも借入国にプロジェクトの進展状況について報告書の提出を求めるのであるが、場合によっては、借入国に監理代表団を派遣することもある。

## 7. 効果評価と事後管理

借款プロジェクトが完成した後、目標によって、OECFがプロジェクトの実施に対して、検査と評価を行う。このため、OECFは借入国にプロジェクト完成報告書の提出を求め、そして必要がある場合、借入国に調査団を派遣することもある。また、運営、操作、維持、管理などの要因により、目標の達成に影響を与えないように、監理を行うことも必要なことである。

## 第2節　ODAの組織体系

### 1. ODAの主管部門

戦後日本の対外援助は、戦争賠償の延長と変身から発足したが、この間、対外経済協力を主管する政府管理体系が次第に形成された。

戦争賠償に対して、日本政府は1948年2月、戦後賠償事務の専門管理を務める「賠償庁」を設立し、その後、ビルマに対する賠償問題が間近に迫るにつれて、1955年、外務省アジア局の中に、「臨時賠償連絡室」が設立され、翌年「賠償部」に昇格した。

1952年、日本が対外技術協力を開始してから、はじめは外務省アジア局がこの業務を担当し、ほかの主管機関は設立されなかったが、その後、アジア局に、政府対外協力を主管する「経済協力室」が設けられ、1958年には、円借款の実施を契機に、さらに下に「経済協力課」と「技術協力課」をもつ「経済協力部」が設立された。1964年には同部を中心に、「経済協力局」が単独で設立されたが同時期、より効果的に円借款などの対外経済協力を実施するために、通産省などの他の政府部門においても、続々と経済技術協力を主管する機構が設立されたのである。

50年代初期において、日本政府は統一した対外経済技術協力政策の必要性から、外務省アジア局を中心に、同法案の制定に着手した。1953年6月、外務省諮問機関としての「アジア経済懇談会」が設立されたが、その機能は対アジア経済協力問題について、広い範囲で検討することにあった。その結果として、同年12月、日本政府は初めての「対外経済協力政策」を発表した。その中で、経済協力は民間の創意によって行うべきであり、政府はこれに対して必要な支援を提供すべきであると指摘したが、そこから、日本が発足段階において、既に民間主導型の対外経済協力方針を策定していたことがわかる。

1961年6月に、官民双方人士からなる首相の諮問機関「対外経済協力審議会」が設立された。その機能は対外経済協力に関する基本的、総合的な政策およびその他の重要事項を審議することにあったが、同審議会は成立初期において、非常に活発な活動をし、「海外技術協力団」設立のための提案をするなど、一定の効果を上げた。1862年5月以後、同審議会は活動を中止したが、1969年9月には、民間人からなる新しい審議会が設立された。これは正式な経済協力政策諮問機関として、日本政府の対外援助の政策決定の過程の中で重要な役割を果たしたのである。

70年代に入ると、政府内部において、組織と思想の両面から経済協力政策を統一しようという動きが見られるようになり、そこから一連の考え方と法案が誕生した。1971年には、首相の諮問機関「対外経済協力審議会」(永野重雄会長)は政府に対して、「対外開発協力省」の新設を提案し、1973年末、田中内閣において「対外経済協力大臣」の職位を新設する案が出されたが、外務省は外交一元化の維持を理由にそれに猛反対し、この提案は棚上げにされた。1975年7月、内閣は対外経済協力閣僚協議会を設立、1977年秋、福田首相も一度は「経済協力庁」を設置する考えを示したが、これらは結局、どれも実現されずに終わった。

1984年6月、OECFは「国際経済協力懇談会」を発足させた。OECFはしかも同懇談会およびその他の諸機構、経済団体、世論調査などのルートを通して、社会各界の意見を適時に対外援助に反映させようとするものである。

## 2. ODAの実施機構

戦後日本の対外経済協力体系は幾度の変遷を経、その対外協力資金は次第に、無償援助、技術協力、円借款の三種類の形態を持つようになり、資金に対する管理も三種類の機構からなる専門化分業体系が形成された。

### 1. 資金協力機関

戦後最初に、対外経済協力を主管した金融機関は「日本輸出入銀行」であった。日本政府は最初、同銀行に各種類の対外資金協力業務を全面的に主管させるよう考えていた。しかし、同銀行は設立以来、主に輸出支援の役割を果たしていたが、対外経済協力を総合的に行う機能を持ち合わせなかったため、大規模な対外援助を行うことは不可能であった。それによって、1958年7月に日本政府は同銀行に、独立採算の54.44億円規模の「東南アジア開発基金」を設立した。しかし、当時適切な融資対象を見つけることができなかったので、同基金は実際に使用されなかったのである。1961年3月に、日本は「東南アジア開発開発基金」を撤回し、新たに「海外経済協力基金」(Oversess Economic Cooperation Fund = OECF)[(1)]が設立されたため、「東南アジア開発基金」の資金は新しく設立された基金に移された。

OECFの業務は経済企画庁に属し、その組織設置や業務計画などは経済企画庁長官の了解が必要であり、また、その具体項目を実施するにあたっては、内容によって、外務省、通産省、大蔵省などの省庁がこれに関与しているのである。

成立初期のOECFの役目は「日本輸出入銀行」が提供する資金よりもっと有利な対外経済協力資金を管理することであったが、円借款は依然として輸出入銀行が主管し、実施している。この両機構の役目、分業が明確ではないため、相互に揉め事が起こったのもおかしくない。したがって、1963年4月以来、両者の間に幾度か業務上の変更が行れたが、最初に、OECFは海外の日本法人に対して借款と出資を引き受けるほかはなかった。1966年から、OECFは外国政府への円借款の実施に関与するようになった。両機構の初歩分担について、4%の年間利率を基準として、それ以上の借款は輸出入銀行が担当するのに対して、それ以下の借款はOECFが担当したが、1975年6月20日、輸出入銀行とOECFは再び業務分担を行い、最終法案が確定された。その中に、「グラント・エレメント(G. E.)」が25%以上に達する政府対外協力資金はOECFが主管し、ほかの対外協力資金は輸出入銀行が管理する、との規定がある(2)。

OECFの元金(政府出資金額)は、最初は僅か約54億円であったが、その後毎年増え続け、例えば1988年3月末に至っては、1.9832兆円に達し、1987会計年度の事業予算は6900億円であった。一般会計出資、資金運用部等の部門からの借金、自己資金などの三部分はOECFの財源を構成し、1987年を例とすれば、5673億円の投融資実績の中で、この三部門の比例はそれぞれ34.2 %、41.7 %、24.1 %であった。また、1988年3月の借入金などの残高は2.5584兆円にのぼり、元金対借金の比率は1:1.29であった。1978年以前では、元金の比率は高かったが、ODA中間目標を推進して以来、1979年から借金の比率が元金より高くなってきたのである。

OECFの業務が絶えず拡大するに伴って、1965年には日本は「基金法」を改正し、それによって、OECFの財源は一般会計の政府出資に留まることなく、借金を大量に運用するようになった。借入金の比率の増大が融資条件の悪化を引き起こす可能性があるため、借入金は元金と準備金の限度を超えることのないよう、必要な場合、政府資金の提供が可能であるという規定がある。しかし、OECFの業務の拡大と政府財政の困難のため、1979年に「基金法」は再び改正され、借金は元金と準備金の3倍を超えることができるようになり、そして「基金」は長期貸借を行い、あるいは債権を発行する場合、政府は債務の保証人になる、と同法は規定している。借入金の拡大と援助条件の改善によって、1980年度から、資金調達のコストは資金運用利率を超え、1981年から毎年純欠損を出している。80年代後半以降、長期にわたって、「米英に追いつき、追い越す」過程を支えていた諸体制は、明らかに「制度疲労」という症状が表れ、日本は活気を取り戻すために、現在の政治と行政に対する改革が必要となってきた。そして90年代中期には、あらゆる改革任務は「六大改革」としてまとめられた。その重要な内容のひとつとして、各省庁およびその外郭の「特殊法人」の機構簡素化の一環として、1995年3 月の閣議において、1999年にOECFと日本輸出入銀行を合併させることを決定した。

## 2、技術協力機関

戦後日本の対外技術協力は1952年から発足したが、最初は技術協力についてそれぞれ異なる機構と法人団体が実施していた。1953年12月の閣議において、「アジア諸国に対する経済協力方針」が通過し、同方針に沿って、1954年4月、外務省と通産省の指導の下、現有の35個の団体は合併され、それらによって財団法人「アジア協会」が設立された。同協会は研修生の受け入れ、専門家派遣など、技術協力事業の大部分の業務を担当しているが、そのほかに、「ラテンアメリカ協会」、「メコン河総合開発調査会」などいくつかの政府と民間部門が同様な形で各種の対外技術協力を行っている。技術協力に対する指導を強化し、統一するために、日本政府は1962年6月、これらの主要機構を合併し、「海外技術協力事業団(Overseas Technical Cooperation Agency＝OTCA)を設立した。そして1963年7月には、さらに「海外移住事業団」(Japan Emigration Service＝JES)を設立、JESは海外移住事業に関する業務を主管している。また1965年4 月、OTCAのうち、日本青年海外協力隊が設立された。同組織は日本の青年を開発途上国に派遣し、技術協力事業を展開していくものである。

また1974年8月には、「海外技術協力事業団」と「海外移住事業団」が合併し、「国際協力事業団」(Janpan International Coorpation Agency=JICA)が設立された。1995年末まで、JICAは53個の海外駐在事務所を有したが、その中で、10カ所はスタッフがわずか2人以下である。

こうして、資金協力面で「海外経済協力基金」と「日本輸出入銀行」、および技術協力面での「国際協力事業団」という三大実施機関によって、日本政府の対外経済協力体系が形成されたのである。

### 3.各機構の間の協調

日本政府においては、18の省庁の予算がODAに関わっており、外務省はこれらの部門の間の調整を担当している。例えば、被援助国への綜合調査団や援助計画事前調査団の派遣や、ODA年度報告の編纂などの活動は、外務省をはじめ、その他の省庁の協力によって行われる。

また、援助実施機関JICAとOECFの間に、相互の調整を進め、そして人事交流を強化するために、定期的に各分野、各地域の連絡会が行われている。OECFのスタッフがJICAの開発調査作業管理委員会に参加するのに対して、JICAのスタッフもOECFの円借款事前調査団に参加し、また円借款のプロジェクトにJICA専門家を派遣している。

### 4.ODAの評価活動

70年代中期において、米・英・西独などの先進国と世界銀行、アジア開発銀行などの国際金融機構は早くも、援助事業に対して、積極的に評価活動を展開した。欧米に比べて、日本はこの面において立ち遅れており、日本の海外技術協力事業団(OTCA)は60年代において、評価活動を展開したものの、その規模はまだまだ小さかった。

80年代に入ってから、日本政府は援助事業の評価活動に対して、これを重要視するようになった。1981年1月、外務省経済協力局に、「経済協力評価委員会」が設立され、そして『経済協力評価報告諸』が出版された。また、外務省、経済企画庁、通産省などの部門もアジア経済研究所、国際開発センターなどの民間機構に委託して、援助評価報告書を発表した。1984年7月には、外務省経済協力局に、「調査協力課」が新設され、その業務内容に、外交政策の角度から経済協力に対する評価活動が含まれた。そして1990年6月、評価活動を専門に管理する「評価室」が設立された。またOECFも1985年に「評価課」(のちに評価組と改称)を設立し、JICAも1990年に「評価監理課」を設立した。

日本の援助評価活動は当初、主に日本援助の被援助国における効果を分析対象としていたが、財政赤字の拡大につれて、国民の援助への関心が高まり、援助効率を向上させる必要性が増大したため、援助評価活動は一層重要視された。

政策部門として、外務省は主に外交の観点とマクロの角度から評価調査を行うが、その具体的なやり方は(1)国別評価、(2)分野または特定主題への評価、(3)海外駐在使館評価、(4)ほかの援助国、機関との共同評価、(5)各界人士または団体による第三者評価、(6)被援助国関連人員の評価、等々であるが、これらの評価プロジェクトは毎年、約50カ国140件あり、1982年以来、毎年『経済協力評価報告諸』によって発表されている。

援助実施機構も相応の評価活動を行っており、JICAの評価は各種のプロジェクトの進展状況を確認することや、援助追加、また期限延長の必要性を調査することを主としており、併せて、国別評価と被援助国との共同事後評価などを実施し、OECFは円借款プロジェクトに対して、事後評価を行っている。近年来、JICAとOECFもそれぞれ『年度評価報告書』を発表している。

《注釈》

(1) 基金の概況について、海外経済協力基金編『海外経済協力基金三十年史』(1992年版)を参考。

(2) 同方案の概要は次の通り：(1) 1975年7月1日から、途上国政府(政府関係機関、地方公共団体を含む)に借款を提供する業務は「基金」が主管し、ただし「グラント・エレメント」が25%足らずの借款は除外；(2) 上述の業務以外の借款はみな、輸出入銀行が主管；(3) ここでいわゆる開発途上国は目下、ＤＡＣ目録にある国家と地域、および国連の経済分類表の中にある中央計画経済各国の中の開発途上国という。

日本のＯＤＡの重点事例

# 第5章 東南アジアに対するODA

# 第5章　東南アジアに対するODA

第二次世界大戦後、東南アジアは日本の重要な輸出市場であり、エネルギーと原材料供給地であり、また投資相手国であると同時に、「アジアの一員」と位置付けられる日本外交の主な対象地域でもある。日本へのエネルギーと原材料の出所が拡大するのに伴い、東南アジアにある諸海峡は、日本が中東石油と豪州鉄鉱石などの海外資源を輸入する際、必ず通らなければならない道となった。日本が経済大国となってから、東南アジアは、日本が西側陣営で「負担分担」および「国際貢献」を拡大する際の重要な対象地域になるのである[(1)]。

戦後日本のODAにとって、東南アジアは次のような特殊な意義を持っている。一つは、同地域は南アジアと同様に、戦後日本の二国間ODAの発祥地であること。次には、同地域は日本型援助方式が形成され、かつ進展変化が起こったところであること。そして三つ目には、同地域は日本の二国間ODAを最も多く受け入れた地域であるということである。

経済と外交の二重の目的に駆られて、日本は終始、東南アジアをODAの最優先地域としている。1994年末に、日本の二国間ODAの受け入れ総額では、10大被援助国のうち、東南アジア諸国が5カ国を占めており、その順位は1位がインドネシア(116.04億米ドル)、第3位フィリピン(69.79億米ドル)、第4位タイ(52.20億ドル)、第9位ミャンマー(24.49億ドル)、第10位マレーシア(21.4億ドル)ということになる[(2)]。

東南アジアへの日本のODAの経過は、日本の二国間ODAのなかで、最も典型的で、また代表的な例である。したがって、戦後日本の二国間

ODAの事例研究のなかで、それは最も重要な地位を占めている。

## 第1節 対東南アジアODAの縁起

### 1. 賠償から発足

第二次世界大戦中、日本は東南アジアを侵略した。戦後、日本の侵略によって、大きな被害をこうむったアジア各国は次々と賠償を請求した。そして、日本が東南アジアと国交を回復するためには、それらの国々に対する賠償問題の解決がその前提とされた。ところが、日本は賠償を支払う経過を対東南アジアODAの前奏曲とさせた。第一に、大規模の巨額な戦争賠償を避けようとした。第二には、実際に支払った一部の賠償資金を経済協力資金と結びつける。第三に、賠償済みの場合、引き続いて経済協力資金を供与する。そして第四には、賠償と経済協力を、日本企業の東南アジア市場を開拓するための有利な手段とすることである。

戦後、アメリカは日本問題における独占的な地位とその対日賠償方針によって、日本の東南アジアに対する賠償とODA政策の決定を働きかけた。日本が降伏する前に、アメリカは既に次の対日賠償請求方針を立てたのであった。第一は対独賠償請求の方式に倣い、「実物賠償」の方式を採ること、第二には、賠償を通して、日本の軍備を抑える目的を達成させることであった。1945年7月26日の『ポツダム宣言』のなかで、同方針は初めて公表され、同年9月22日の『降伏初期のアメリカの対日方針』において、具体化された。これは日本の軍事潜在力を打ち破ることを主とし、次に日本経済を復興させること、三番目にアジア被害国に対する賠償を置いたことは同方針の特徴である。

1945年11月13日、アメリカ大統領特使ポリが来日し、賠償請求問題について、調査を行ったが、その後、トルーマン大統領に提出した「中間報告」において、日本の工業設備を取り外して、賠償請求国に提供し、それによって日本の工業力を1930年頃のレベルにとどめるべきだと提案した。しかし、米ソ冷戦が始まると、アメリカは対日態度を厳罰から扶助へと転向させるようになった。1950年11月24日に、ダレスが提出した『対日講和七原則』の第六条において、対日講和の参加国に「賠償放棄」をさせることを規定し、1951年3月23日の対日講和条約草案においては、アメリカは各賠償請求国が日本の海外財産を没収すべきだが、賠償については放棄すべきだと主張した。これに対し中国、フィリピン、オーストラリア、シンガポール、インドネシアなどの国が反発したため、ダレスは同方案を撤回せざるをえなかったのである。

日本は占領初期からアメリカの対日賠償請求政策の動向に、特に強い関心を寄せ、アメリカに対して、経済難を繰り返して述べることによって、賠償減免を要求していた。アメリカは、日本と賠償請求国の間の仲裁役を務め、1951年1月と4月のダレス訪日の際、賠償請求国の原料で製品を生産し、その製品で賠償することを吉田首相に提案した。これによって、同年6月25日、日本は対フィリピン役務賠償案を提起し、日本側は毎年フィリピンから輸入した原料の10%を加工して、生産された製品をフィリピンに提供することになった。それによって、対フィリピン賠償方式を巡って根回しをする間に「役務賠償」方式が生じた。同方式は最終的に同年9月8日の『サンフランシスコ講和条約』に盛り込まれ、それによって、日本の東南アジアに対する賠償の基本が定められた(3)。

アメリカが「役務賠償」の方式を受け入れたのは、「無賠償」方式がアジア各国から反発されるという理由以外に、次の戦略的配慮も理由とされている。

（1）賠償をもって、日本と東南アジアの関係再建を進める、

（2）賠償をもって、日本の東南アジアに対する貿易を促進する、

（3）日本を中国市場への依存から東南アジア市場に転換させる。

日本はアメリカの案を全般的に受け入れ、そして積極的に利用した[4]。『サンフランシスコ講和条約』は単独講和の所産であり、講和に参加すべき主要戦勝国の一部が会議の外に排除された。例えば、中国、朝鮮、韓国等は会議に出席できなかった。ビルマは講和条約草案の賠償条項に不満を持ち、出席を拒否した。また、インドネシアとフィリピンは会議において、日本の賠償責任を厳しく追及し、講和条約に調印はしたが、賠償問題の未解決を理由に講和条約を批准しなかった。また、南ベトナムは分裂国家の一方として会議に参加した。講和会議前後、吉田首相らは、ビルマ、フィリピン、インドネシアが主な賠償請求国になることや、賠償問題を解決しなければ、日本は講和条約に調印しても、「アジアの孤児」になる可能性があることを意識した[5]。

『サンフランシスコ講和条約』調印後の1951年9月末、日本は外務省、経済安定本部、大蔵省、通産省などの関係部門の幹部からなる賠償連絡会を設立し、そして東南アジア各国と「戦後処理」の交渉に乗り出した。東南アジア各被害国は、賠償問題の解決を対日関係正常化の前提として、ビルマ25億ドル、インドネシア170億ドル、フィリピン80億ドル、南ベトナム20億ドルの賠償請求を行い、ベトナム、カンボジア、ラオスも賠償を請求したのである。その後、カンボジア、ラオス両国は賠償請求の放棄を表明したことから、東南アジアの賠償請求国には、ビルマ、インドネシア、フィリピン、ベトナムの4カ国しか残らなかった。『サンフランシスコ講和条約』発効前後、日本はそれらの国との賠償問題について、南ベトナムと接触したが、日本の東南アジア各国に対する内定賠償総額は数億ドルにすぎなかったため、それらの国々の賠償請求との間に、大きな開きが出て、双方の交渉は一度行き詰まった。この時期において、日本経済は朝鮮戦争の「特需」に支えられたため、日本は東南アジア市場の重要性を十分認識しなかったが、「特需」が消えるに伴って、日本は東南アジア市場の経済的価値を見直すようになった。1953年9—10月の間に、岡崎勝男外相を長とする代表団がフィリピン、インドネシア、ビルマの3カ国を訪問、賠償問題を巡って、講和後の新たな交渉に入ったが、日本のこれらの国への内定賠償総額はわずか7億ドル(フィリピン4億、インドネシア2億、ビルマ1億)であった。その後、日本は賠償請求国との間に、何回も政府間交渉を行い、また財界の知名人もいろいろな方法で斡旋に乗り出したが、最後に、東南アジアの4カ国との賠償問題は、妥結に至ったのである。

ビルマはサンフランシスコ会議に出席しなかったが、1952年4月に日本との戦争状態の終結を表明し、1954年8月17日、ビルマ代表団が来日、賠償と講和条約事項について、日本との交渉に入った。そして同年11月5日、ラングーンにおいて、両国代表は『日本・ビルマ賠償及び経済協力協定』と『日ビ講和条約』(ともに1955年4月16日に発効)に調印した。『協定』の中には、「役務と製品の形式で、日本はビルマに2億ドルの賠償を支払う以外に、日ビ共同企業の名で、5千万ドルの労務と製品を供与することとし、両者の期限はともに10年間とする。将来、日本は他国と賠償協定を締結する際に、対ビルマ賠償問題を考え直す」という規定もある。また同協定の「附属文書」のなかで、水力発電所、製鋼所、化学肥料工場、鉄道、造船所、セメント製造所、砂糖製造場、港、病院などの建設、機械工業と有色金属工業の振興、電話通信、河川の水運と鉄道の回復、塩田の開発、および他の製品と役務の供与、など19の日本対ビルマ経済協力プロジェクトがあげられている。ほかには、他国の賠償問題が解決された際、状況によって、対ビ賠償額を改めて検討すべきであるとも規定しており、1959年4月、日本とビルマは新たな交渉に入り、日本の対ビルマ援助は増額された。日本の経済力が急速に増強するに伴って、日本の対ビルマODAも年ごとに増加している。

日本・ビルマ協定は他の賠償請求国に模範を示した。つまり、なるべく少ない賠償(ビルマの25億ドルの賠償請求は2億ドルに圧縮された)という前例が作られ、併せて、賠償と経済協力を合併する方式の基礎が確立され(6)、そこから日本の東南アジアに対するODA方式の原型が形作られたのである(7)。

日本とフィリピンの賠償交渉には少なからぬ曲折があった。1952年1月、元の東久邇内閣の大蔵相津島寿一は外務省顧問として、フィリピンで賠償協定を行った。この際、フィリピン側は80億ドルの賠償を要求したが、日本はそれを拒否した。同年12月、外務省倭島英二アジア局長はフィリピンに赴いて、再び交渉を行ったが、成果を得ることができなかった。そして1953年3月22日、日本とフィリピンは『日フィ臨時賠償協定』に調印し、これによって、日本は対フィ役務賠償を使い、フィリピン海域での沈没船を引き上げたのである。そして同年9月に岡崎外相がフィリピン訪問の際、フィリピンは80億ドルの賠償請求を放棄し、1954年4月には、日本公使大野勝己がフィリピン外相ガシアと25年の期間で4億ドルの賠償を行うことを内容とする協定に調印したが、フィリピン国会はそれを批准しなかったのである。この間、日本商工会議所の藤山愛一郎会頭は首相特使として、斡旋を試みたが、1956年5月9日に、双方はついに、『日フィ賠償協定』と『日フィ経済開発借款についての交換文書』に調印した。前者では、日本は20年中に役務と製品で、5.5億ドルの賠償を支払うと規定し、後者では、日本はフィリピンに2.5億ドルの借款を供与することを規定しているが、両者はともに同年の7月23日に発効し、フィリピンは同日に『サンフランシスコ講和条約』を批准した。

1951年12月、インドネシアは早くも代表団を日本に派遣し、賠償交渉を行った。日本側は津島寿一を外務省顧問に任命し、対インドネシア交渉を担当させたが、双方の案では賠償額における開きが大きく、交渉は行き詰まった。そして1952年1月、双方は『賠償に関する臨時協定』を結んだが、その中では賠償額にさえも触れなかったのであった。その間に、インドネシア内閣の更迭が頻繁におこなわれ、交渉は一度中断された。1957年9月、日本の小林中大使はスカルノ大統領などインドネシア高官と接触し、2億ドルの賠償、2億ドルの経済協力贈金、4億ドルの商業借款という提案を提出したが、インドネシアは債権と勘定相殺貿易の債務の返済を求めたため、交渉は再び行き詰まった。そして同年10月、インドネシア前副大統領ハターが訪日した際、インドネシアの賠償請求額は4億ドルに下がり、双方の立場は相当に近づいたのだった。そして翌月27日、岸信介首相がインドネシアにて、スカルノ大統領と会談をした際、インドネシアは、1.7億ドルの貿易債務を差し引きにする以外に、さらに2.23億ドルの賠償を支払うように求めた。両項目を合わせて、総額は約4億ドルになったが、日本はそれを受け入れ、1958年1月20日、日本外相藤山愛一郎はインドネシア側と『日本・インドネシア平和条約』、『日本・インドネシア賠償協定』、『日・インドネシア経済開発借款についての交換文書』および『日本・インドネシア清算済みの勘定講座および他の勘定口座残高の請求権の処理についての議定書』(ともに同年4月15日に発効)に調印した。『条約』と『協定』には、12年間以内に日本は2.23億ドルに当たる労務および製品の賠償を支払うべきであると規定している。『交換文書』では、日本は20年以内にインドネシアに4億ドルの借款を供与すべきであると規定し、そして『議定書』では、日本はインドネシアに対する1.769億ドルの貿易債務の請求権を放棄することを規定しているのである。

ベトナムに対する「戦後処理」について、日本は南ベトナム政権を交渉相手にしていたが、サンフランシスコ講和後、南ベトナムは日本に対し20億ドルの賠償請求を提起した。1953年9月、日本と南ベトナムは沈没船引き上げについての臨時賠償協定を結ぼうとしたが、南ベトナムは終始これにサインをせず、しかも1955年に同協定を否定した。また1956年1月、南ベトナムは賠償請求額を2.5億ドルの労務まで引き下げたが、日本はそれを拒否し、同年8月30日に、次の法案を提起した。それは一つの発電所の建設を援助し(3000万ドルに当たる)、若干の役務と生産財を提供し、その一部は賠償にまわし、一部は経済協力にまわされるというものであった。しかし、同案は南ベトナムに拒否され、それに対し、1957年9—10月と12月に、経団連副会長植村甲武郎は二度代表団を率いて、サイゴンで交渉を行った。これまでの対ビルマ、フィリピンの賠償と異なり、植村方案の特徴は具体的な開発計画を基礎とし、開発資金を賠償とするものであった。その拠り所は南ベトナムは直接に日本軍の侵略を受けなかったからとされる。1958年2月、対ベトナム賠償問題を巡っては、国会において、激しい論争が展開された。南ベトナムは、日本の世論が自国に不利な方向へ向くことを恐れ、1958年3月3日、日本側に植村方案を受け入れたいと表明した(8)。5月の総選挙後、第2次岸内閣は久保田貫一郎をベトナム(南)大使に任命し、引続き南ベトナムと交渉することを命じた。しかし、具体的な条件について、双方はまだ一致しなかったので、日本政府は再び代表団を派遣し、久保田大使と協力して、9月27日から3週間にわたる交渉を行った。そして1959年5月13日に、双方はついに、『賠償協定』を締結した(1960年1月12日から発効)が、その中で、日本は5年以内に3900万ドルの役務と製品を賠償として支払うべきであると規定し、同時に調印された『借款協定』については、日本が3年以内に南ベトナムに750万ドルの借款を供与し、3年の据置期間、10年以内に返済すべきであると規定した。そして、『経済開発借款についての交換文書』では、さらに910万ドルの借款の供与が規定された。

以上の内容を総括して言えば、「純賠償」において、日本は日本軍に占領されていた東南アジア4カ国に対して、最終的に10.12億ドルの戦争賠償を支払った。具体的には（1）10年間にビルマに2億ドル（2）20年間にフィリピンに5.5億ドル（3）12年間にインドネシアに2.23億ドル（4）5年間に南ベトナムに3900万ドルということになる(9)。しかし、日本はそれらの「純賠償」を供与すると同時に、一定の借款を経済開発協力資金として供与することを承諾した。このように、賠償と経済協力を一括にするやり方は、その後の東南アジアに対するODAの基礎となった。

また、その他の東南アジア諸国に対して、日本は賠償の性格を帯びる「準賠償」を交付した。第一種類の国は戦争賠償を放棄したラオスとシンガポールとし、(ともに準賠償の実施時点)1959年からの3年間にラオスに10億円(278万ドルにあたる)を供与する。また第二種類の国は被害国なのに、賠償請求権を持たないタイ、マレーシアとシンガポールであるが、その額は1962年にタイに2700万ドル、また1968年にマレーシアとシンガポールにそれぞれ2500万マレーシアドルと5000万シンガポールドルを供与した(10)。その後、1965年、1975年、1977年は、日本はそれぞれ韓国、北ベトナム、モンゴルに対して、無償援助と政府借款を供与したが、それも準賠償の性格を持っていたのである。

日本は「役務賠償」の方針を実施すると同時に、それに「実物賠償」を盛り込んだ。つまり生産財を提供するという内容であるが、これを通して、吉田首相は賠償を東南アジア市場打開の契機にしようとしていた。その「実物賠償」の標準は「特別な外貨負担は要らない」そして「将来の日本経済に役立てる」というものであった(11)。

賠償の経過は、日本と東南アジアに大きな影響を与えた。外交の面から見れば、賠償経過において、アメリカの仲介のもとで、日本と東南アジアの国交回復が進められ、そこから戦後、比較的緊密な米、日、東南アジア関係が形成された。また経済面から見れば、賠償の経過が日本と東南アジアとその関係に与えた影響は主に次のようなものである。

⑴賠償は日本経済に重い負担をもたらさなかった。日本の東南アジアに対する賠償は額が少ないばかりではなく、現金支払いの方式を採らなかった。そしてアメリカが前に提案した日本の生産施設を取り除いて賠償に当てる方式も採られなかった。代わりに、役務と製品を供与する方式が採られた。1955年に、日本経済はすでに戦前の最高レベルにまで回復し、その後、高度成長は軌道に乗ったので、東南アジアに対する賠償は日本の財政に重い負担をもたらさなかった。例えば、1956年に始まったビルマへの賠償額は年度予算のわずか0.06%であった。そして賠償がピーク期を迎える1962—1965年においても、平均年間支払い額は年度予算の2％以内にとどまった。

⑵賠償は、日本の東南アジア市場占領への障害を取り除いた。日本の賠償において、役務と製品を供与する賠償方式が採られたが、このやり方は、日本企業の製品の販路を広げる一方、日本が提供した生産設備が東南アジアで操業を開始した後、絶えず日本の重工業と化学工業製品に対する需要を生んだ。

賠償と借款の働きかけによって、日本がフィリピンに対する賠償を開始した1957年の日本のフィリピンに対する輸出は前年より60%急増し、同様に、1958年には日本の対インドネシア賠償支払いが開始され、日本の対インドネシア輸出は前年より48%も急増した。また1960年に至っては、1958年より、さらに126%急増し、1964年、日本とインドネシア、マレーシア、シンガポール、タイ、フィリピンの5カ国との貿易総額は1954年の貿易総額の2.8倍に達した。日本は、1955年から1960年にかけて、アジアへの賠償を効果的に利用し、アメリカの資金に頼り、東南アジアの資源を利用し、東南アジア市場の開拓に成功したのである(12)。

受取国の経済復興において、賠償はそれなりの役割を果たした。特に東南アジア各国は経済規模が小さく、開発のレベルが低かったので、日本の賠償は賠償受取国の経済開発進展を推進した。日本の賠償は毎年フィリピンのインフラ整備費用の20—25%を占めていたと予測される。また、ビルマが受け取った各国の政府資金のうち、日本の賠償額は1956—1957年には39.8%、1957-1958年には53.6%、そして1960—1961年には75.2%、1961—1962年には65.8%を占めていた。消費品を除けば、日本賠償の製品には、相当の工業、発電、および運輸などの分野のプラントを含み、その設備はちょうど1955年以降東南アジア各国の経済建設の需要を満たした(13)。（詳細は表５－１）

表５－１　日本の東南アジア各国に対する賠償

| 国名 | 賠償総額（百万ドル） | 提供期間（年） | 賠償発効年月日 | 協定終了年月日 | 主要提供項目 |
|---|---|---|---|---|---|
| ビルマ | ２００ | １０ | 1955 4.16 | 1965 4.15 | 発電機、ポンプ、耕耘機、家庭用電機器具、バス、トラック組立工場、機械類、鋼材、亜鉛鍍金鉄板など |
| フィリピン | ５５０ | ２０ | 1956 7.23 | 1976 7.22 | 農用機械、道路建設設備、小学校用組立校舎、医療設備、基礎資料（電気、通信施設計画） |

| 国　名 | 賠償総額（百万ドル） | 提供期間（年） | 賠償発効年月日 | 協定終了年月日 | 主要提供項目 |
|---|---|---|---|---|---|
| インドネシア | 223 | 12 | 1958<br>4.15 | 1970<br>4.14 | ブランタス河などの河川計画、ヌサンダラビル等の建設プロジェクト、造紙工場、紡績工場などの設備セット、船舶、土木、農用などの機械類 |
| 南ベトナム | 39 | 5 | 1960<br>1.12 | 1965<br>1.11 | 発電所、厚紙工場、ベニヤ板工場などの設備セット類の関連資材 |
| 合計 | 1012 | | | | |

出所：亜細亜経済研究所『経済協力便覧』18 ページ、1981。

## 2.「三位一体」方式の形成

日本の賠償、また準賠償は製品と役務の形式で提供される(14)。その方法は日本政府が賠償金額を日本企業に支払い、その企業は賠償請求国に製品と役務を提供することである。これによって、日本は外貨交付の負担を避けられる一方、東南アジアとの政治、経済関係を建て直すための目的を達成させ、しかも賠償によって、日本経済の復興を促進したのである。

東南アジアの不満の除去と、日本経済の振興という二重の目的から、日本は賠償と準賠償を支払うと同時に、資金協力の実施に着手した。その中には、ODA の要素が含まれ、日本と東南アジア各国が、賠償協定を締結する際に承諾した借款は資金協力の始まりであった。その借款のうち、一部は輸出延べ払いであり、供与された借款は日本の製品の輸入に当てられる。一部は開発資金に属し、それには「タイド」条件がついており、借入国はこの借款で、日本のプラントやその他の重化学工業製品を買わなければいけないということである。

1954年10月、日本は援助国の資格で「コロンボ・プラン」に参加した。それによって、東南アジア各国との経済、技術交流が増強された。1957年、日本はインドに向けて政府円借款の供与を決定した。その後、円借款および他の援助は次第に賠償に取って代わり、民間貿易と投資を促進する手段となった。

1950年、日本は輸出銀行を設立した(1952年に日本輸出入銀行と改称)が、同銀行は対外貿易の促進に従事した。また、1951年には対東南アジアへの投資が始まり、その主な目的は資源の「開発輸入」であった。そして60年代初期にかけて、フィリピンから鉄鋼鉱石の輸入、マレーシアから鉄鉱石とアルミニウムの輸入に際して、対東南アジア投資は役に立ったのであった。

50年代中期から60年代初期まで、資金と技術協力を含む経済協力と援助は、日本の貿易と投資を促進する力強い手段となっており、通産省は経済協力政策決定において、重要な役割を果した。特に「経済協力」に関する日本通産省の方針は「輸出市場の拡大、貴重原材料の輸入市場の確保のために、貢献すべきである」とされている(15)。

このような方針のもとで、東南アジアおよびその他のアジア諸国に向けて、政府開発援助を実施するなかで、日本は貿易、投資、援助「三位一体」の日本型対外経済協力方式を次第に確立した。同方式には、日本型「開発援助」の烙印が深々と押されている。その特徴は主に次の4点にある。

(1)援助理念から言えば、それは政治・安全の戦略的配慮から出発したのではなく、被援助国の経済開発を推進することや、日本と被援助国の経済関係を促進することが基本となる。

(2)資金的形式から言えば、無償援助を主とすることではなく、金利の低い長期借款を主とする。

(3)実施方式から言えば、単なる政府資金協力を提供することではなく、ODAを民間貿易、投資と結びつけて実施する。

(4)その特徴は、「戦略援助」理念を中心とする米国型援助とは異なり、元植民地の宗主国がその元植民地に対して実施した西欧型「開発援助」、「人道援助」理念を中心とする北欧型援助とも異なるのである。

「三位一体」方式は日本型援助を代表するもので、同方式をいかに評価するかは、戦後の日本における対外援助の全体的な評価にかかわっている。いままで、「三位一体」方式に対する評価は諸説紛々だと言えるが、総括して言えば、各種の見解には、日本自身の解釈、欧米先進国からの評価、および被援助国からの評価の三種類に分けることができる。

日本としては、被援助国が一定の国内資金と実施能力を備えることを前提とすれば、無償援助、あるいは単独な援助方式より、「三位一体」方式のほうが援助国と被援助国の間の産業協力にはより役立ち、被援助国の生産「自助」能力の養成にはより有利である、と主張している。

一方、欧米先進国は「三位一体」方式に対して、一般的に批判する態度をとってきた。同方式を有力な手段として、日本は自国の民間企業の被援助国市場への独占を働きかけており、それはエゴイズムそのものと思われていたのである。したがって、これらの国々は、終始日本の無償援助の増額を呼びかけ、できれば、援助と貿易、投資の間に線を引くことを求めているのである。

ODAの被援助国から見れば、各国によって日本のODAに対する消化能力および日本との関係がそれぞれ異なるため、「三位一体」方式に対する評価に対しては、否定、肯定、可否を言わないといった三つの見解がある。

日本の「三位一体」経済協力方式に対する評価がそれほど異なるのは、各国また個人が同方式を評価する際に、異なる立場に物差しがあるからであると思われる。総括して、同方式に対する批判は主に次の二つの見解による。

(1) ODAの質を考える見解:つまり、一定の時期に国際的に通用する援助標準により、日本を他の援助国と比較することで、日本のODAの欠陥を指摘すること。

(2) 援助国の市場に基づく見解:つまり、先進国が被援助国の市場を巡っての競争と、被援助国における経済の自主性を維持するという見方から出発して、日本による被援助国市場の独占に反対すること。被援助国の立場からみれば、日本のODAには該当国の利益を損なう政治、経済的条件がなければ、「三位一体」方式はつまるところ、日本と被援助国の両方に利益をもたらし、積極的な役割を果たすことができるのである。

《注釈》

(1) 張光『日本対外援助政策研究』、204—205ページ、天津人民出版社、1996年。郭召烈『日本とアセアン』第2、3章、知識出版社、1984年

(2) 他の5カ国は2位中国(92.76億ドル)、第5位インド(43.11億ドル)、第6位バングラデシュ(38.23億ドル)、第7位パキスタン(26.94億ドル)、第8位エジプト(26.34億ドル)。

(3)『サンフラシスコ講和条約』第14条の中で、「日本国は、戦争中に生じさせた損害及び苦痛に対して、連合国に賠償を支払うべきことが承認される。しかし、また、存立可能な経済を維持すべきものとすれば、日本国の資源は、日本国がすべての前記の損害及び苦痛に対して完全な賠償を行いかつ同時に他の債務を履行するためには現在充分でないことが承認される。

　よって、(1)日本国は、現在の領域が日本国軍隊によつて占領され、か

つ日本国によつて損害を与えられた連合国が希望するときは、生産、沈船引揚げその他の作業における日本人の役務を当該連合国の利用に供することによって、与えた損害を修復する費用をこれらの国に補償することに資するために、当該連合国とすみやかに交渉を開始するものとする。その取極は、他の連合国に追加負担を課することを避けなければならない。また、原材料からの製造が必要とされる場合には、外国為替上の負担を日本国に課さないために、原材料は、当該連合国が供給しなければならない。」と規定されている。同条項の第2項において、日本の海外財産の没収について、規定されている。

(4) 1954年対ビルマ賠償協定を下書き調印した際に、吉田首相は中国市場を失った後、日本にとって、東南アジア市場は極めて重要になる、と述べた。同年11月訪米する際、彼はダレス国務長官との共同声明において、日本の東南アジアに対する賠償政策は「日米両国の共通利益」であると表明した。(郭召烈『日本とアセアン』6ページ、知識出版社、1984年)

(5) 吉田茂『回想十年』第三巻、196ページ、中央公論社、1998年

(6)「このビルマとに対する賠償解決はおのずから他の求償諸国への刺激となったのみならず、その金額並びに方式が、先例または雛型のようなものになって、賠償問題の進展に貢献するようにもなったように思われる。」、とのちに吉田茂は追憶した。(吉田茂『回想十年』第三巻、200ページ、中央公論社、1998年)

(7) 日本の東南アジアに対する賠償の特徴と役割について、周永生『経済外交』、馮昭奎他『戦後日本外交』、416—421ページ、中国社会科学出版社、1996年

(8) 吉沢清次郎編『戦後日本とアジア各国の関係』、(中国訳本)、16ページ、上海人民出版社、1976年

(9) 日本と東南アジア各国の賠償協定の交渉と調印の過程について、吉沢清次郎『戦後日本とアジア各国の関係』(中国訳)上海人民出版社、1976年

(10) マレーシアとシンガポールは「サンフランシスコ講和会議」の際、イギリスの植民地であったため、この両国に対する賠償問題は日英の間で解決された。「準賠償」は戦時、中国系人が殺害された問題に対する一定の賠償である。

(11) 吉田茂『回想十年』第三巻、202ページ、中央公論社、1998年

(12) 郭召烈『日本とアセアン』、9ページ、知識出版社、1984年

(13) 郭召烈『日本とアセアン』、8ページ、知識出版社、1984年

(14) 例えば、1956年5月9日に調印された『日比賠償協定』第1条に「日本国は、現在において1980億円に換算される5億5千万合衆国ドルに等しい円

の価値の日本人の役務及び資本財たる日本の生産物を、以下の定める期間内に、及び以下に定める方法により、賠償としてフィリピン共和国に提供するもととする」と規定している。(増田弘、木村昌人『日本外交史ハンドブック』、151ページ、有信堂、1996年)

(15) 山影進『アジア太平洋と日本』、渡辺昭夫『戦後日本の対外政策』、141ページ、有斐閣、1985年

## 第2節 対東南アジア外交の中の援助

### 1. 対東南アジア外交の展開

日本の東南アジアに対する外交は、賠償から経済協力に転じ、そして次第に政治、安全協力の分野に入った。東南アジアへの経済協力においてリーダーシップを握るのは、50年代以来日本が追求してきた重要な目標である。80年代以降、日本は東南アジアに対する地域協力を「環太平洋協力」というより広い概念のなかに位置付けると同時に、それを日本の「政治大国」への軌道に乗せようとした。この過程の中で、ODAは終始、日本の強力な外交手段とされていたのである。

1957年5月20日から6月4日にかけて、岸信介は戦後日本の首相として、初めてビルマ、インド、パキスタン、シッキム、タイ、台湾を訪問した。訪問の際、岸首相は日米共同での「東南アジア開発基金」の設立を提起した。同提案は実現されなかったが、「対アジア関係を背景に対米関係を促進する」、「対米関係を背景に対アジア関係を主導する」という方式はその後の歴代の首相に継承された。

東南アジアを訪問した岸首相は1957年11月18日から12月8日まで南ベトナム、カンボジア、ラオス、マレーシア、シンガポール、インドネシア、ニュージランド、オーストラリア、フィリピンを訪問、主に賠償と経済協力について話し合った。また、1961年11月16日から30日まで、池田首相はパキスタン、インド、ビルマ、タイを訪問したが、経済協力問題が依然として主要議題であった。同地域に対する「戦後処理」が進むにつれて、日本はアジア外交の新たな思案を探求し始めた。1963年9月23日から10月6まで、池田首相はフィリピン、インドネシア、オーストラリア、ニュージランドを訪問し、同地域との政治経済関係を一層強化させた。

日本は1961年にDACに加盟し、1964年にOECDの一員となり、同年に外貨規制緩和を旨とするＩＭＦ第8条国家となった。この年、DAC加盟国において、日本のGNPが第４位を占め、シェアは6.6%であった。経済力の拡大と国際的地位の向上によって、日本はより積極的にODAを主要手段とする外交を展開するようになった。

1964年11月に発足した佐藤内閣は、池田内閣の経済中心主義の「アジア外交」において、「貿易市場」方針を「自由と平和の維持」に転換させようと提起した。佐藤内閣の新しい「アジア外交」の特徴は次の両面にある。

（１）ベトナム戦争、対中国封じ込めの意味から、アメリカの冷戦政策により積極的に協力する。

（２）東南アジア経済開発と地域事業における主導権を得る。

1966年4月6日、日本は東京で第１回東南アジア経済開発閣僚会議を主催した。その後は毎年にわたり、同会議は東南アジア諸国で順番に行われているが、これは戦後、日本政府が初めて主催した国際会議であり、これには日本が東南アジアにおいての主導権を握ろうとする重要な狙いがあった。会議において、日本は大幅に対東南アジア援助を増加させることを承諾した。会議に参加した国には、日本、インドネシア（第１回会議ではオブザーバー）、カンボジア（第5回会議まではオブザーバー）、ラオス、マレーシア、フィリピン、シンガポール、タイ、南ベトナムがあった。そして第8回会議から、ビルマ、オーストリア、ニュージランドがこれに加入した。参加国は経済協力を促進する共同声明を発表したが、同会議は日本が東南アジア経済開発における主導的役割を果たすのに、最良の場所となった。

経済協力が本格的に出発すると、日本の対東南アジア外交は次第に政治、安全保障の分野に拡大し、併せて経済援助によって、アメリカのアジア戦略に補足的な役割を果たした。例えば、1966年6月14日にアジア太平洋協議会(ASPAC)(メンバーは日本、韓国、台湾、マレーシア、フィリピン、タイ、南ベトナム、オーストラリア、ニュージランド)はソウルで第1回目の会議を開催し、日本は経済協力を積極的に進める姿勢を示した。アメリカのベトナム戦争政策に対しても、日本は終始支持を示していた。1967年9月20日から30日まで、佐藤首相はビルマ、マレーシア、シンガポール、タイ、ラオス、そして10月8日から21日まで、インドネシア、オーストラリア、ニュージランド、フィリピン、南ベトナムを訪問したが、2回ともベトナムの平和と経済協力問題をその中心議題としたのである。

1966年11月24日、アジア開発銀行(ADB)が設立された。本部はマニラに設けられたが、同行にはアジアの29カ国、欧米の14カ国と地域が参加し、資本金は27億万ドルであった。日本の出資額が最も多いため、歴代の総裁には日本人が就任していた(最初の総裁は大蔵省顧問の渡辺武)。それによって、日本はアジア経済開発において、自己の意図を実行させる重要なルートをしっかりと手にした。同行が設立された年の12月、日本は東京で東南アジア農業開発会議を開催し、同会議において、日本の出資により、農業開発特別基金と漁業開発センターの設立が決定された。

1967年8月8日、インドネシア、マレーシア、フィリピン、シンガポール、タイはバンコクで外相会議を開催し、『バンコク宣言』に調印し、「東南アジア諸国連合(ASEAN)」の成立を宣言した(1)。最初のうちは、アセアンは全体としての役割が充分に発揮されず、日本と東南アジアの基本的な枠組においても大きな変化が起こらなかった。同年の秋、佐藤首相は2回連続で東南アジアを訪問した。第1回はビルマ、マレーシア、シンガポール、タイ、ラオス、第2回はインド、オーストラリア、ニュージランド、フィリピン、南ベトナムであった。

1972年から1973年にかけて、日本は中国、ベトナムと相次いで、関係正常化を実現させた[2]。それは日本の「アジア外交」の政治、安全環境を根本から変えた。ASPACは1973年から活動が停止され、日本の対東南アジア外交も次第に東西関係の色彩を脱却した。また日本が主導権を握る東南アジア経済閣僚会議は、1972年(第7回会議)から活動を停止した。

1971年11月の外相会議以来、アセアン5カ国は足並みをそろえることで、中立化を求め(『東南アジア中立化宣言』を発表)、「合成ゴム懇談会」などの対日外交においても、同調性と自立性を強化させた。これによって日本は対東南アジア外交において、転換点を迎えるが、一方では、これによって東西冷戦に対しての影響力が薄まった。また、日本とアセアンの関係は強化され、日本の対東南アジア外交は、アセアンを主要対象とするという新たな段階に入った[3]。しかし一方では、日本の対インドシナ外交は後退した。

いかに東南アジア諸国の反日感情を除去するかは、戦後日本外交が直面する重要な課題であった。アセアンの結束が固まるにつれて、いかにアセアンとの相互信頼関係を確立させるかが、日本外交の新しい課題となってきた。

戦後、東南アジア諸国は、『サンフランシスコ講和条約』における日本に対しての寛大な処理の仕方、また日本の賠償をいい加減にするやり方に対して大きな不満を抱いていた。これらの国々は日本の侵略の歴史に対して、いまだに記憶が新しく、日本の再軍備の動きに対しても終始警戒を抱いていた。そのため、日本はマレーシア連邦、フィリピン、インドネシアなどの国々と経済貿易関係を樹立する過程でも、これらの国の反日感情により、進展が遅れた。例えば、日本とフィリピン政府が調印した『通商航海条約』はフィリピンの国会において反発を受け、1974年に至って、ようやく批准されたのである。

日本は東南アジア諸国の反日感情と、日本の軍事大国化への警戒心を解消するのに力を尽くさざるを得ない情況となった。1957年、岸信介は初の東南アジア訪問の際、日本が平和発展路線を堅持することを強調し、同時に、留学生の受け入れ、文化交流の強化、特に政府開発援助の提供を表明、これによって、東南アジア諸国の信頼を獲得するために努力が払われた。

しかしながら、日本からの経済協力は、東南アジアで新たな警戒心を引き起こした。第一には、日本の経済協力によって、日本企業と対象国の特権階級が結託し、腐敗の温床となった。第二に、日本の援助の大半は、日本の物資しか買えない「タイド」資金であった。(最初の「アンタイド」資金は1971年の対ミャンマー援助から始まる)第三には、日本は援助によって、東南アジアで主導権を確立しようと企図しているというものであった。そのほかに、日本の東南アジアにおける急速な経済拡張は同地域で警戒心を喚起し、日本に対しボイコット運動を引き起こした。これらにより、東南アジア諸国は蔵相会議において、日本が決定した援助法案に対して、消極的な反応を示した。そしてアジア開発銀行の設立を計画する際にも、本部を東京に置くことに強く反対した。

1974年1月7日から17日まで、田中首相はアセアン5カ国を訪問した。この際、タイ、マレーシア、インドネシアでは反日ブームが沸き起こった。これは東南アジア地域で、反日感情が集中して爆発した典型的な事例である。田中は日本政府の対東南アジア関係を発展させる5原則を提起した。その核心の内容は、東南アジア諸国の自主性を尊重し、日本と東南アジア国家の間の相互理解を促進し、東南アジア経済の発展に貢献することであった。この事件を契機に、日本は対東南アジア政策を一歩進め、経済協力における政府の主導的役割と同地域に対する首脳外交を強化した。

1977年8月6日、福田首相はクアラルンプールに於いて、第2回アセアン首脳会議に出席した。福田首相はアセアン首脳と会談後『共同宣言』を発表し、双方は「特殊かつ密接な経済関係」の樹立で一致した。その後、福田はマレーシア、ビルマ、インドネシア、シンガポール、タイ、フィリピンを訪問した。8月18日、訪問の最終地のマニラで、福田は『我が国の東南アジア政策』について講演し、日本の東南アジア政策を系統的に述べた。同講演は「福田ドクトリン」と通称されるが、そのポイントは（1）軍事大国にならない（2）相互信頼関係の樹立（3）積極的に協力を提供する、というものであった。この三つの点は、50年代以来日本の対東南アジア外交の経験と教訓の総括であり、70年代の国内外環境の変化による政策調整の結果でもあった。

これらの首脳会議において、福田首相はアセアンが提出した総額10億ドルの援助要求に対して、前向きの態度を示した。1979年5月9日から11日、大平首相はフィリピンで開催された国連貿易開発会議に出席、その後フィリピン大統領マルコスと会談を行った。

80年代において、日本とアセアンの関係は順調な発展を遂げた。鈴木、中曽根、竹下など歴代の首相および閣僚は、アセアンを尊重する主導的精神、平和発展路線の堅持、軍事大国にならないという方針を繰り返し表明した。経済関係において、アセアンは日本に対して第2位の貿易パートナーになり、双務貿易額は1985年に635億ドルに達した。しかし、双方の関係発展においては紆余曲折もあった。例えば、1984年4月に日本が決定した対フィリピン円借款は国内外から非難を受けた。

70年代以来、日中関係が迅速に発展するのに伴って、日本外交は対中外交と対アセアン外交をいかに位置付けるか、という課題に直面していた。それはODAの国別分配の面に表れているが、この両者の間にバランスを取るため、日本は十分に注意を払い、1979年に同方針を対中援助の「三原則」のひとつと決めた。

80年代初期、ソ連がアフガニスタンに、ベトナムがカンボジアに侵入したことを背景に、日本とインドシナ国家との関係は停滞期に入った。1981年1月8日から20日、鈴木首相はアセアン5カ国を訪問し、カンボジア問題が平和解決されなければ、対ベトナム援助を再開させないと表明した。同訪問において、鈴木首相が承諾したアセアン諸国への借款と協力の金額は合計15億ドルで、1972年に福田首相がアセアン訪問した際に承諾した10億ドルを遥かに超えるものであったが、その中で、インドネシアが約5億ドルと最も多く、マレーシア、タイ、フィリピンはそれぞれ2～3億ドルを占めるに至った。また鈴木首相は経済協力の重点として、農業の開発、エネルギーの開発、人造り、中小企業の振興などの4項目を提起した。

80年代以降、日本とインドシナ諸国の外交は新しい局面を迎えた。とりわけカンボジア問題の解決に積極的な取り組みがなされ、日本とラオス、ベトナムの関係は新たな発展を迎えた。

## 2.対東南アジアODAの実施

50年代中期から80年代初期にかけて、東南アジア地域、とりわけアセアン諸国は終始、日本ODA供与の優先的な相手であった。80年代以降、同地域は引き続き日本におけるODAの主要対象の一つとなった。日本が東南アジアをODA供与の重点地域としたのは、主に次の原因があると考えられる。

## 1. 歴史的原因

50年代、日本は単独講和によって外交権を取り戻した後、冷戦という国際環境に制約され、そしてエゴイズムに駆使され、最も大きな被害を被った中国と朝鮮半島双方に対する賠償責任を逃避し、ただ東南アジア諸国に向けて一部の賠償と準賠償を行ったのである。その過程において、日本は賠償と経済協力を併合させ、ODAを中心とする日本と東南アジアの経済関係は次第に確立された。

## 2. 経済の依存

50年代以降、東南アジアは日本にとって、重要なエネルギーと資源の輸入、輸出と投資市場になっている。ODAは日本政府と企業が連携してこの市場を占領、また打開するための強力な方策となった。

日本は、資源とエネルギーの乏しい島国として、必要量の大部分の資源とエネルギーを海外からの輸入に依存している。豊かな資源を持っている東南アジアは、日本の重要な輸入基地になっており、ODAはこれを確保する重要な要素にもなっている。その機能と効果はまず、政治面においては、日本はODAを手段として東南アジアとの関係を改善して、輸入ルートを滞らないように良い雰囲気を作った。また経済面では、日本はODAを運用して、東南アジアの対日輸出を促進した。その具体的な方法は、第一にODAによって、東南アジアの採掘力を増強させること、即ち日本が　同地域国家にODAを供与して資源の開発に使用させ、これによって、　輸出を拡大し、借款を回収することである。第二にはODAの資金と技術を以って、日本企業を東南アジアの資源開発　に取り組ませるよう働きかけることであるが、円借款の「アンタイド率」が絶えず上昇するにつれて、後者の方法は日増しに困難になってくる。ODAで資源輸出を促進するこの方法は「開発輸入」方式と称される。日本が援助したインドネシアのアサハン・アルミニウム製造プロジェクトを例とすれば、日本はODAと民間資本を結びつけて、インドネシアの資源とエネルギーを利用し、産出されたアルミニウムを輸入するということである。この方法によれば、日本は工業原料を獲得でき、また自国のエネルギーを節約できると同時に、汚染を引き起こしやすい労働集約型産業をアセアン地域に移すこともできるのである。

戦後、日本は国際市場に回帰した初期において、東南アジア地域を資源とエネルギーの最も重要な基地としていた。60年代以降、輸入先の多元化によって、東南アジアのエネルギーと資源に対する依存度は低下したものの、依然として比較的高い水準を保っている。豊かな備蓄資源、地理上の利便性、および日本との安定した双務関係などの利点を有する東南アジアは、日本にとって、依然として大きな魅力がある。例えば、2回の石油危機の際、原料と鉱物性燃料の輸入の面において、日本のアセアン諸国への依存度はずっと2ケタに達していた。(表5－2)

表5－2　日本の原料、鉱物性燃料の輸入にアセアンが占める比重(1972―79)

単位：%

| 年度／品種 | 1973 | 1974 | 1975 | 1976 | 1977 | 1978 | 1979 |
|---|---|---|---|---|---|---|---|
| 原料、鉱物性燃料 | 17.8 | 17.1 | 12.6 | 14.5 | 15.8 | 17.1 | 20.2 |

出所：郭召烈『日本とアセアン』、41ページ、知識出版社、1984。

70年代に日本がアセアンから輸入した石油とほかの資源は、日本の資源輸入において20%強の比率を保っていた。その中で、天然ゴム、錫、南洋木の殆どはアセアンからの輸入に依存していた。

貿易面において、70年代末の日本とアセアンの輸出入貿易は日本の対外貿易総額の10%強に達し、対外投資面においては、1951年からアジアに対する投資を回復した。1980年までのアセアン地域への投資額は

70.21億ドルであり、同時期の日本の対外投資総額の19.2%を占めた。

### 3. 経済安全の需要

日本の輸入基地と海外市場の拡大、および国内工業構造の革新によって、東南アジアにおける日本の貿易相手としての地位は降下し、アセアン地域との関係は、新たな意味を持つようになった。つまり海上運輸における「生命ライン」の確保についてである。

日本は島国として、輸出入のほとんどを海上運輸に依存している。例えば、1981年に日本の輸入は5.67億t、輸出は7700万t、同年日本一国だけの海上貿易は世界海上貿易の19%を占めた。言うまでもなく日本経済にとって、海上運輸線を確保できるかどうかは死活にかかわる重要な問題である。その意味では、東南アジア諸国、とりわけインドネシア、シンガポール、マレーシア、フィリピンは二つの「生命ライン」の要所に拠っている。中東からの石油運輸線と豪州からの鉄鉱石運輸線である。同地域のマラッカ海峡とシンガポール海峡を経由する路線は、日本の最も重要な海上運輸線であり、日本が必要とする石油の約80%、銅の約40%、鉄鉱石の約20%はこれらの海峡を経て運輸されるのである。

日本の海上運輸の安全は、地域の平和環境および東南アジア諸国との良好な関係に頼るほかはなく、軍事によってこれらを保護することは難しい(5)。1969年4月から6月の間、日本の政界と財界において、「マラッカ海峡の安全」を巡る議論が起こった(6)。それ以来、「海上自衛隊を強化して、マラッカ海峡生命ラインを守れ」との、「自主防衛論」が度々聞かれた。また、80年代に至っては、これがさらに「シーレーン1000海里」という安全戦略に発展した。1982年にインドネシア副大統領マリクは「日本自衛隊が東南アジア海域でパトロールすることは、日本に対しても、東南アジア諸国に対しても、不利なことである。アセアン諸国の海上防衛力の向上に貢献するほうがいい」と[7]発言した。冷戦時期において、ソ連のアセアン諸国への影響力の拡大に対して、日本は特に警戒していたが、これらの原因によって、日本はODA供与をアセアン諸国の防衛力の強化と、良好な日本とアセアンの友好関係の維持、そして海上運輸の安全の確保のための有効な手段として、重要視している。

### 4.「責任分担」の一環

70年代に入ってから、日米経済の発展趨勢の逆転を背景に、アメリカは日本の対ソ冷戦における「責任分担」を求めはじめ、「紛争の危機にある周辺国家」への援助を増加することによって、東側陣営によるこの国々への浸透を阻止しようとしていたのであった。経済大国として、日本はODAの中で「戦略援助」の意味合いを濃厚にし、アセアン諸国への援助においても、「責任分担」の色彩が色濃く見られるようになった[8]。

アメリカが対アセアン援助を次第に減らしていく中で、日本の同地域へのODAは、日本が同地域の安全面における役割と影響力を果たさせる有力な武器になったと言えよう。

### 5. 政治的支持を得る手段

80年代以来、アセアンが益々勃興するのに伴って、日本はアセアンの国際政治における位置と役割を見直せざるを得なくなった。また、これによってアセアンへのODAも新しい意味を持つようになった。つまり90年代に入ってから、アジア太平洋経済協力機構、アセアン外相拡大会議、アセアン地域フォーラム、アセアンと日中韓首脳会議、亜欧会議などの一連の地域協力活動において、アセアンの「小国が大国をリードする」という優れたパフォーマンスによって、日本は一層アセアンとの政治的パートナーシップの重要性を認識するようになった。このことは、国際的地位の向上をめざす日本にとってODAは政治的支持を得るのに有力な手段であることから、アセアンへのODAは政治的色彩をますます濃厚にした。

この背景には、戦後日本の東南アジアに対するODAの大きな変遷がある。最初、日本は対東南アジア貿易を回復すると同時に、政府経済協力を開始した。その最初の形は輸出信用貸しであった。その後、50年代中期以来の賠償と1958年の対インド政府借款の供与を発端として、無償援助、円借款など一般のODAに広がっていった。発足の段階で、日本のODAのほとんどは、対東南アジアと南アジアのODAから構成されたのであった。日本によるODAの対象地域が次第に広がるにつれて、東南アジアへのODAの絶対額は依然増加したにもかかわらず、ODA総額における比重は減少した。しかし、東南アジアに対する日本のODAは依然として高いレベルを保ち、例えば、1976年の双務協力としてODAの77%はアジアに向けられ、アセアン諸国に向けられた額は双務協力がODA総額の48%を占めた。1960年から1978年の累計数字では、総額35億ドルのうち、アセアン地域は39.3%を占め、同時期に主要援助国または地域集団の対アセアンODAの比重は日本39%、アメリカ29%、欧州共同体21%となった。そして日本のODAのうち、最も大きな比重を占める円借款を例とすれば、1980年12月までの累計額のうち、対インドネシア借款は9004億円で、23.4%のシェアを占め、ODAの被援助国の中で、1位を占めたのをはじめ、シンガポール以外のアセアン諸国はみな、ODA被援助国の10位以内にあった。(表5－3、表5－4)[9]

戦後、東南アジアが日本のODAの重点対象地域になったのは、日本側の原因以外に、アセアン諸国側にも原因もある。それは東南アジアの国家は外資への需要が大きく、しかも消化能力が高いため、日本のODAに対して、歓迎の態度を取ったからである。

### 表5—3　日本の東南アジア10カ国向けのODAの推移

単位：百万米ドル

| 年度項目 | 1979 | 1985 | 1990 | 1994 |
|---|---|---|---|---|
| 無償援助 | 95.21 | 202.29<br>(31.8)＊ | 273.00<br>(19.9) | 494.36<br>(20.6) |
| 技術協力 | 83.38 | 155.61<br>(28.4) | 351.24<br>(21.3) | 591.02<br>(19.6) |
| 政府借款など | 613.15 | 604.25<br>(44.0) | 1755.00<br>(44.8) | 1137.16<br>(26.7) |
| ODA合計 | 791.74 | 962.15 | 2379.24 | 2222.54 |
| (シェア) | | (37.6) | (34.3) | (23.0) |

出所：外務省『外交青書』528、1980年版；外務省『ODA白書』6ページ、1995年半下巻。

＊(　)内は日本の同項目の世界ODA総額でのシェア。

### 表5－4　アセアン諸国が受け入れた外国援助で日本ODAの比重

単位：百万米ドル、%

| | | アセアン合計 | タイ | インドネシア | フィリピン | マレーシア | シンガポール |
|---|---|---|---|---|---|---|---|
| 1974 | 外援総額 | 820 | 64 | 540 | 133 | 63 | 20 |
| | 日本ODA | 360 | 17 | 221 | 73 | 3.6 | 13 |
| | 日本の比重 | 44.0 | 26.6 | 40.9 | 54.9 | 57.1 | 65.3 |
| 1975 | 外援総額 | 860 | 73 | 527 | 160 | 90 | 10 |
| | 日本ODA | 380 | 41 | 198 | 70 | 63 | 8 |
| | 日本の比重 | 44.2 | 56.2 | 37.6 | 43.8 | 70.0 | 80.0 |
| 1976 | 外援総額 | 823 | 71 | 524 | 161 | 57 | 10 |
| | 日本ODA | 359 | 43 | 200 | 76 | 34 | 6 |
| | 日本の比重 | 44.2 | 60.6 | 38.2 | 47.2 | 59.6 | 60.0 |

出所：日本貿易会『アセアンの現状と我が国の対応』127ページ。

90年代以前、日本の対東南アジアへのODAの大半はインフラ建設や中堅産業、および技術研修などの面に使用され、その実施方式においては、双務協力と多角協力の二つのタイプに分けられた。

## 3.インドネシアへのODA

日本は1958年にインドネシアとの国交を回復した。それ以降、日本は終始、インドネシアに対して、特別な対応をとっていたが、80年代初期に至っては、インドネシアは日本のODA被援助国としてずっと1位を占め、その後の各年度においてもずっとその上位にあった(1994年は3位、純交付額は8.86億ドル)。インドネシアが受け入れた外国援助のなかで、日本からのODAはその約60%を占めており、日本の占める割合は他をはるかにしのぐものであった。アセアンではインドネシアは規模が大きい(人口1億8千万人)国であるが、平均GNPが低いという原因のほかに、次の原因を見落としてはならない。

(1)インドネシアは豊かな石油と天然ガス資源を有し、その輸出量の50～60%は日本向けである。最初日本側はずっと赤字であったが、日本の機械類製品輸出の増加、および80年代中期以来の石油価格の下落によって、インドネシアの対日貿易の黒字は持続的に減少し、1993年には64.6億ドルとなった。同年、インドネシアは日本にとって、アメリカ、中国に次いで、第3位の輸入先であった。

(2)インドネシアはマラッカ海峡など日本の海上運輸の「生命ライン」の要所にある。

(3)インドネシアは日本の重点投資対象国であり、日本からの投資はインドネシアが受け入れた外国投資の中で、1位を占めている。1967年から1993年の間、日本のインドネシアへの累計投資額は139.4億ドル(インドネシア側が批准した金額)で、外国のインドネシアへの投資累計額の20%を占める。90年代に入ってから、香港やシンガポールなどの「アジアの四つのドラゴン(N IES)」がインドネシアへの投資を急速に増やすにつれて、日本の年間投資額は絶対額では増えているものの、投資国における順番は下落しており、1994年には第6位に降下した(批准額75件156.3億ドル)。

(4)インドネシアはアセアンにおいて、重要な政治、経済的地位を占めている。

以上の理由から、50年代以来、インドネシアは日本が供与した円借款を使用して、インフラの整備を中心に、大量のプロジェクトを完成した。それらは運輸(鉄道、道路、川筋)、港、電力、通信、冶金、および農業(灌漑、水利などの工事)など多くの分野に及んでいる。

90年代に入ってからは、環境保全、インフラ、人造りなどの分野において、日本はインドネシアへの援助に力を入れ、とりわけ次の分野を援助の際の重点項目とした。

(1)公平性の向上:つまり貧困の除去、農村生活の改善、人口計画の支援、地域格差の縮小などを目的として、インドネシアの東部地域を重点援助する。

(2)人造りと教育:初級、中級教育と技術人材の養成を重点とする。

(3)環境保全:自然資源の保護、都市居住状況の改善、公害の防止、環境対策等を重点とする。

(4)産業構造の調整:インドネシアの農工業のレベルの向上のために協力する。

(5)産業インフラ施設:インドネシアの電力、水資源の開発、運輸、通信などの「ボトルネック」の問題の解決に協力する。また、1988年以来、日本はインドネシアに国際収支の改善と貧困の除去を旨とする専門項目借款(SPL)を提供している。1994年に、日本のインドネシア向けのプロジェクト項目借款と専門項目借款の総額は1579.66億円(交換文書金額)であった。

また、日本はインドネシアに大量の無償援助と技術援助を行った。1994年の無償援助額は70.84億円(交換文書金額)であり、同年の技術援助はプロジェクト項目技術協力25件、開発調査28件、および研修生の受け入れ、専門家派遣などを合わせると、総額は122.23億円(JICA実績)に達した。

1994年まで、日本のインドネシア向けの円借款累計額は26264.28億円で、無償援助は1456.17億円、技術協力は1606.36億円であった[(10)]。

また、二国間援助以外に、国際社会のインドネシアに対する多角的援助においても、日本は主導的役割を果たしており、1995年7月にパリで開かれた第4回対インドネシア援助国会議において[(11)]、各国が承諾した53.6億ドルの援助総額のうち、日本は40%の21.4億ドルを引き受けた。

## 4.タイに対するODA

日本とタイの二国間貿易において、タイ側は赤字続きで、1994年の赤字額は63.2億ドルであった。日本のタイ向けの投資は従来、製造、流通などの輸出取替型投資を主としていたが、1985年の先進国蔵相会議「プラザ合意」以降、円高を背景に、日本企業は1987年から1990年の間、タイを輸出基地として、投資を拡大した。

長い間、タイは日本の主な被援助国であるが、1978年末にベトナムがカンボジアに侵入した後、カンボジアに隣接するタイは東西冷戦のなかで、「紛争周辺国」になっているため、日本のタイへのODAは「戦略援助」の性格を帯びるようになった。それによって、日本は1980年度の円借款を1979年度より28.2%を引き上げ、タイへの援助は500億円に達した。日本はその後も引き続きタイへの援助を増やしていったが、「低収入国家」から「中低収入国家」へと発展するに伴って、一部の援助プロジェクトから「卒業」する時期が来ていると日本は考えた。そして1993年、日本はタイへの無償援助の中止を決定し、そのかわりに援助の重点を、「貧困と地域格差の是正などの社会開発分野にかわりインフラ整備などの有償資金協力とより高い次元の技術協力」などの分野に移行させた(12)。

1994年、日本のタイへの円借款は823.34億円(交換文書金額)、技術援助81.02億円(JICA実績)であり、それは日本の双務ODAの被援助国の中で、第5位の位置にある。タイにとって、日本は最大の援助国で、1993年の日本からのODAは、タイが受け入れた外国二国間ODA総額の62.2%を占め、1994年にかけて、日本のタイへの円借款累計額は12318.69億円、無償資金援助は1537.35億円、技術援助は1252.06億円である(13)。

円借款債務の増加によって、タイ政府は外貨備蓄の構造を調整しようとしており、タイ蔵相のタリン・リンマンシャミンは「われわれの債務は日本円で清算されるので、外貨備蓄は日本円の需要に適応していかざるを得ない」と述べている(14)。

## 5.フィリピンに対するODA

長い間、フィリピンは日本ODAの重点被援助国であった。70、80年代において、日本の経済協力資金がマルコス家族の腐敗に深く関っていた事実が暴露された後、日本国内はもとより、国際社会においても、大きな反響が起こった。日本のフィリピンに対するODAは、開発途上国の腐敗政権を助長した典型的事例になったことによって、いかに正確で効果的に国民の税金であるODA資金を使用すべきかを巡って、日本国内において、大論争が展開されたのである。

長年にわたって、日本とフィリピンの貿易と投資関係は順調に発展している。1989年以来、両国の貿易において日本側は赤字から黒字に転じ、1994年日本のフィリピンへの輸出は51.8億ドル、輸入は20.2億ドルとなり、1994年末まで日本の対フィリピン投資累計額は28.2億ドルとなった。日本の対フィリピン貿易と投資はともにアメリカに次いで第2位にある。

90年代の日本は、重点分野を対フィリピン援助とするなかで、その対象をインフラ建設、産業構造調整、貧困対策および基本生活環境の改善、環境保全等に決定、1987年7月、世界銀行が主催する対フィリピン援助国拡大会議において、対フィリピン多角援助方案(MAI)の実施を決定したが、この中で日本は、同方案の実施のために積極的な働きをした。

1994年日本の対フィリピンへのODAは5.92億ドルとなり、同年日本の双務ODAで第4位を占めるに至った。1994年までの対フィリピンODA累計額は69.79億ドル(純交付額)で、第3位であり、1994年までの対フィリピン有償資金協力の累計額は13427.37億円となった。

報道によると、日本政府は1998年初期10年ぶりに、円借款の「タイド」条件を回復させることを決定し、これによって1998年に着工した援助項目のフィリピン水力発電所は同条件の初の適用項目になったのである(15)。

## 6.マレーシアに対するODA

戦後、マレーシアは日本の主要被援助国であり、第1位の貿易相手国である。長い間、両国の双務貿易面では、日本側は赤字国であるが、特に1984年以降、マレーシアの対日貿易黒字額は大幅に増加し、1987年には26億ドルに達した。しかし、その後の日本によるマレーシアへの直接投資の急増によって、機械類製品と生産肥料のマレーシア向けの輸出が増加したことによって、1990年以降の双務貿易で、日本側が黒字(1994

年は41.3億ドル）に転じた。

近年来、マレーシアは「ルック・ザ・イースト」政策を取り、欧米への批判を展開すると同時に、日本に対しては友好的姿勢を表してきた。あわせて経済と社会発展および環境保全などの分野において、日本に大きな期待を寄せている。そのようなことから、90年代に日本の対マレーシア重点援助分野は環境保全、貧困と地域対策、人造りおよび中小企業となった。

1994年にかけて、日本のマレーシアに対するODAの純交付累計額21.4億ドルになり、日本の二国間ODA被援助国の中では第10位となった。そしてマレーシアは累計債務への配慮によって、暫時円借款の申請を提出しないことを表明した。1994年までの、日本がマレーシアに対して行った円借款累計額は6463.37億円、無償援助は109.98億円、技術援助は666.34億円である。

## 7.シンガポールに対する二国間提携

1965年、シンガポールはマレーシアから分離独立した。経済発展の面において、シンガポールは東南アジアのまさに「優等生」である。1994年の日本とシンガポールの貿易総額は2,42.5億ドルで、日本はシンガポールにとって、第3位の貿易相手国となり、（1位はマレーシア、2位はアメリカ）1990年以来、シンガポールに対する投資では、日本はアメリカに次いで2位を占めている。

70年代初期の数年間、シンガポールは日本からの円借款を受け入れていたが、1994年までの累計額はわずか127.40億円で、無償援助累計額は31.17億円である。シンガポールは主に日本の技術援助を受け入れたのであるが、1994年までのその累計額は201.44億円である。

## 8.ブルネイに対するODA

ブルネイは1984年に独立した国である。ブルネイにとって日本は、1992年に第1位の輸出相手で、第2位の輸入国(1位はシンガポール)である。ブルネイは豊富な石油と天然ガスを有し、産出した石油の約30%、天然ガスの90%強が日本向けに輸出されている。1994年、対日天然ガス輸出の面において、ブルネイはインドネシア、マレーシア、オーストラリアに次いで、第4位にあった。ブルネイの一人当たりのGNP水準は極めて高いので(1994年に一人当たりは8626ドル強)、日本の資金援助をほとんど受けず、ただ一部の技術援助を受け入れたが、1994年までのその累計額は33.45億円である。

## 9.その他の東南アジア諸国に対するODA

### 1.ベトナムに対するODA

日本のベトナムへの援助は4回の変遷を経た。第一期は、ベトナム統一前の旧南ベトナムに対する援助。第二期は、1975年にハノイの大使館の開設から、1978年ベトナムがカンボジアに侵入するまでの間、日本はベトナムに175億円の無償援助と100億円の商品借款を供与した。第三期は、1978年末にベトナムがカンボジアに侵入したことによって、1991年まで、日本とベトナムの関係は停滞状態に陥っていた。この時期において、人道援助と文化協力を除いて、日本は対ベトナム援助を中止したが、1991年10月、パリ平和協定調印後、両国は往来を回復した。そして1992年、西側国として日本は真っ先に対ベトナムへの経済協力を回復させ、455億円の商品借款を供与した。日本とベトナムの経済、政治、安全保障関係が全面的に回復するのに伴って、日本のベトナムに対するODAは順調な発展を遂げた。

## 2. ラオスに対するODA

1974年と1976年、日本はラオスの水力発電所の建設に51.90億円の円借款を供与した。同発電所からの電力は有償でタイの東北部に輸送されるので、ラオスとタイの両国はともに受益者になっている。しかし、日本のラオス向けの円借款はそれだけである。また1994年にかけて、日本はラオスに向けて、386.28億円の無償援助、96.91億円の技術援助を提供したのである。

80年代以来、各援助国と関係国際機関は何度もラオス向けの支援についての会議を行った。例えば、1994年6月、日本を含む13援助国と三つの国際金融機関、11の国際機関はジュネーブにおいて、第5次ラオス問題円卓会議を行った。会議では、日本は引き続きラオスに双務援助と多角資金協力を提供する意向を表明し、1995年5月には、ラオスの水力発電所の建設のために、円借款の供与を考慮に入れることを表明した。

## 3. カンボジアに対するODA

日本のカンボジア向けの円借款は、1968年に供与した15.17億円に留まっている。それは河川の総合開発に用いられた。1974年以後、カンボジアの情勢の変化によって、日本は無償援助を中止したが、国際機関を通してカンボジア難民に救助を提供していた。1989年に日本は対カンボジアの人造りを回復し、1991年から技術協力を開始、1992年から本格的に無償援助の実施した。

十分な援助力を持ち、しかも一層の国際貢献をしようとする日本にとって、カンボジアの平和プロセスと経済回復のための援助活動に取り組むことは、その対外影響力を拡大する契機であった。1992年6月、日本はカンボジア復興閣僚級会議を主催し、主催国として何度もカンボジア復興国際委員会(ICORC)を主催した。1994年末までの、カンボジアへの無償援助は291.44億円で、技術援助は46.71億円である。

1999年2月下旬、24の国と国際機関が参加した国際カンボジア援助会議は日本で行われたが、会議で決定されたカンボジアに提供する4.7億ドルの無償援助のうち、日本は最大の1億ドル(約120億円に相当)の供与を決定し、復員軍人の再就職訓練、地雷排除および森林保護などの分野に提供された。また、高村外相は25日、来日中のフンセン首相に対して、カンボジア南部にあるシアヌーク港の改造工事のために、円借款を供与することを表明した。それは31年ぶりに日本がカンボジアに対して、円借款を回復したことであり、その金額は31億円に達すると見込まれる。

## 4. ミャンマーに対するODA

1988年以前、ミャンマーは日本の主な被援助国であった。1988年、日本のミャンマーに対する純交付額は2.6億ドルで、日本の二国間ODAにおいて第7位を占めた。1988年に起こった政局の激動とその後の軍事クーデター以来、日本はミャンマー向けの援助を基本的に中止したが、特に、1992年に『ODA大綱』が制定された後、ミャンマーは同大綱の「ODA四原則」の中にある民主化条項の制裁対象になった。しかし1995年7月以降、ミャンマーの民主化と人権状況の改善を理由に、日本はミャンマーに対する援助の回復に着手。1994年までの日本のミャンマー向けの円借款累計額は4029.72億円、無償援助は1258.53億円で、技術援助は166.15億円である。

《注釈》

(1)1984年、ブルネイはアセアンの6番目の加盟国になった。

(2)戦前、ベトナムはフランスの植民地であった。1945年9月ホーチミンが独立を宣言した翌年、フランスは南方政権を扶植。1954年5月に仏軍が降伏し、7月21日に「ジュネーブ平和協定」が結ばれ、北緯17度を停戦線とし、1956年7月に統一選挙を行うとの規定があったが、米と南ベトナムにボイコットされた。1973年1月27日、ベトナム平和協定はパリで調印され、日本は9月21日に国交を樹立した。

(3) 1976年2月、アセアンは第1回会議が開催され、福田首相は、これに出席し『東南アジア友好協力条約』などの文書に調印した。

(4) 第3回アセアン首脳会議は1987年にマニラで開催され、各加盟国は経済協力の強化を旨とする『マニラ宣言』と1976年の『友好協力条約』の『修正議定書』に調印した。

(5) アセアン国家の海上通路管理と相互関係の調整について、郭召烈『日本とアセアン』79―80ページ、知識出版社、1984年

(6) 60年代には英国軍の艦隊が海峡周辺海域に拠って守っていた。1971年英国軍が同海域を撤退する日が近くなり、またソ連海軍のインド洋での出没が多くなるのにつれて、日本経済同友会代表幹事木川田一は自民党「三役」との会談において、「マラッカ海峡の安全」への憂慮を表明し、大論議を引き起こした。その結果として、日本の自主防衛の強化を働きかけた。(西和夫『経済協力――政治大国日本への道』182―185ページ、中央公論社、1970年)

(7)『読売新聞』1982年4月6日

(8) 張光『日本対外政策研究』第四章参考、天津人民出版社、1996年

(9) 郭召烈『日本とアセアン』、68ページ、知識出版社、1984年

(10) 外務省『ODA白書』1995年版下巻、30ページ

(11) 1991年までの25年間に、元植民地の宗主国オランダを主席とした「インドネシア援助国政府会議(IGGI)」は毎年会議を行い、対インドネシア援助方針の協調を図った。1992年から、同機能は世界銀行を主席とする「インドネシア援助国会議(CGI)」に移された。

(12) 外務省『ODA白書』、1995年版下巻、15ページ

(13) 同上、87ページ

(14) 香港『極東経済評論(Fareast Economic Review)』週刊誌、1998、12.31 – 1999. 1.7.

(15)『日本経済新聞』1998年1月9日

## 第3節 対東南アジアODAの転換

80年代以降、東南アジア地域の国際環境が大きく変化したことによって、日本は、アセアンにおける自らの地位の見直しを迫られた。国連安保理入りについて、また地域化、グローバル化における自らの役割をどう発揮するか、そして東南アジア地域における主導的地位の確立の必要性など、日本はアセアンからの支持をますます重要視するようになった。

アセアンの変化そのものが、日本の東南アジア政策を変更させる一つの要因となる。そのひとつは、アセアンの拡大と経済力の増強であるが、東南アジア10カ国からなる「大アセアン」の目標の実現をはかるとともに、アセアンが進める地域経済協力も発展しつつあることである。これらによって、日本はアセアンを被援助国から「卒業」できると見ることによって、「援助」に基づく双務関係の形式を越え、そして新たな平等協力パートナーシップを打ち立てようとしている。第二には、アセアンの地域的役割は日増しに強まっているが、冷戦後、中米日露の四大国の関係が新たな調整段階に入ったことにより、アセアンに「小国が大国を主導する」機会を与えたことである。日本は、アセアンを自分の地位を向上させるための重要な勢力と考え、アセアンとの緊密な双務政治関係を築こうとしているのである。

90年代半ばにおける日本の東南アジアに対する貿易、投資、援助政策の基本的な考え方は、第一に、国内の産業調整を東南アジア向けの貿易と投資に結びつけること、第二には、援助政策を調整し、量から質への転換、および経済関係から政治安全関係重視への転換を図ることである。

インドシナ3カ国と協力して、経済の立ち遅れから脱却させることは、90年代における日本とアセアンの経済協力の新たな分野である。1993年

1月、宮沢首相はバンコクで、インドシナ総合開発フォーラムの開催を提案した。中国、タイ、ベトナム、ラオス、カンボジアからなるメコン河流域協力開発計画に対しても、日本は協力の意向を表明した。1994年9月、日本とアセアンのチェンマイ会議において、インドシナ経済協力作業グループが成立し、ベトナム、ラオス、カンボジアの経済発展に対して、共同協力を行うことを決定した。このとき橋本通産相は日本が既に基金を設立し、アセアンとインドシナに投資する企業に対して、資金援助をしたいと表明した。そして1995年2月末、日本はインドシナ総合開発フォーラム閣僚級会議を開催した。

アセアンの国際的地位の向上に伴って、日本は援助を中心とした「貢献外交」から対等の「協調外交」に転向しようと考えたが、池田外相はこれに対して、「今後の課題は東南アジア国家との協調関係を強化すること」(1)と述べた。そして1996年1月に、橋本は首相就任後においても、変わることなく東南アジアとの関係を重要視した。橋本首相は1997年1月7日から14日まで、ブルネイ、マレーシア、インドネシア、ベトナム、シンガポールなどを訪問したが、東京を出発する前、次の考え方を示した。それは「過去、日本とアジア諸国の首脳らは主に経済貿易問題を検討していたが、今は話題を変える時期だ。今度アセアンの指導者らとは主にグローバルな政治問題を検討したい」ということであった(2)。これに対し、外務省官僚は「アセアン成立30周年にあたって、日本の対アセアン政策の転換を表明する絶好のチャンスだ」との考えを示した(3)。

そして1月14日、同訪問の終着地であるシンガポールにおいて、橋本は「日本とアセアンの新時代を迎えるための改革——より広く深いパートナーシップを築き上げよう」と題する講演を行った。同訪問で「福田ドクトリン」に代わる「橋本ドクトリン」を発表することが日本の外務省の狙いであった(4)。橋本は、21世紀を前に、日本とアセアンは経済関係を充実させることを基本に、「日本とアセアンの対等協力関係を、新時代に適応するより広範かつ深い関係に転じる」と述べ、首脳対話、文化協力、グローバルな課題の解決の三つの面において、協力の強化を呼びかけた。

これまでの首相の東南アジア訪問に比べて、橋本の訪問は次のような特徴が見られる。第一には、日本首相として、初めて侵略の歴史に対する反省に言及せず、「軍事大国にならない」とも言明しなかったことである。第二には、日本は「援助を主とした関係」を平等協力の協調関係に転換させようとし(5)、日本政府関係者は、欧州連合とアセアンの関係のパターンに基づいて、日本とアセアンの「平等パートナー」関係を築き上げるつもりだと述べたことである(6)。第三には、日本は、これまでの経済に偏る関係を、政治と安全協力を含む全面的な関係に転じようと考えたことである。

近年来、日本は新興市場としてのベトナムを重要視してきている。橋本首相は1997年1月13日にベトナムを訪問し、ベトナムに800億円余りの経済援助を表明した。

APECにおいて、日本は「開発協力」と「貿易・投資自由化」を同様に重視することを提唱し、前者を優先するアセアン国家と後者を優先するアメリカの間にバランスを求め、しかもそこから、アジアで唯一の先進国の援助大国として自国の優位性を発揮しようとしている。

近年来、アメリカは太いこん棒を振るって、何かすると直ちに制裁を手段として、東南アジア諸国の労働基準、民主化などの内部問題に対して、圧力を加えているが、これに対して、日本は「総論」においてはアメリカの味方であり、「各論」においては、アメリカの制裁方式に完全には賛成できず、だいたいにおいて「二股をかけよう」とする至極滑稽な態度を示している。

対外援助の問題において、日本は1992年6月に『ODA大綱』を制定して以来、両面からの批判を受けた。欧米先進国は、大綱の実行が効果的でないと非難するが、東南アジア国家を含むアジアの国々は日本の援助原則の転換に対して批判を加えている。アメリカの東南アジアへの「人権外交」に対して如何に対処すべきかは、日本外交が答えなければならない重要な課題である。日本の基本的立場は、ミャンマーの軍政府に対して、批判の態度を取っているが、アメリカが非難するその他の東南アジア国家の問題に対しては、言及しないようにしている。1995年5月30日、欧米の圧力を押しのけて、アセアンはミャンマーの加盟を受け入れることを決定した。これに対して、アメリカは「遺憾の意」を表したが、これに対し橋本は、アセアンがミャンマーを受け入れることを、軍政府を許したことと見るべきではないと表明した。1997年1月に橋本首相は東南アジア5カ国を訪問した際、ミャンマーのアセアン加盟は「独裁者の支配に煙幕を提供すべきではない」と再び言明した。しかし、彼は東チモール問題には言及しなかった。また、1995年1月にバンコクで行われた日本・アセアンフォーラム第14回会議において、双方は労働権利、労働者基準、および環境問題を貿易と結びつけることを一致して反対したのである。

1997年後半に起こった東南アジア金融危機は、アセアン国家の国際経済的地位を動揺させた。これによって東南アジア諸国の日本に対する期待値は再び増大し、日本とアセアンとの関係に新たな不確定要素が加わった。新しい情勢のもとで、日本が採った主要方針は1.アメリカとの協調を強化する、2.アセアン国家に対する援助を増やす、3.アセアン国家の改革を進めることであった。

1997年夏、通貨の安定を確保し、金融危機から抜け出すために、アセアン国家は「アジア通貨基金」の設立を提案した。9月下旬バンコクで開かれたアジア欧州会議と、香港での西側7カ国蔵相および世界銀行会議においては、各国が同提案を巡って検討を行った。日本は同案に対して、支持を表明し、総額1000億ドルのうち、500億ドルを出資する意向を表明したが、欧米の反対によって、同案は結局実現されずに終わった。

1997年12月14日、橋本首相はクアラルンプールで日本・アセアン非公式首脳会議に出席した。橋本はアセアンの通貨と金融の安定のために、日本は最大限の協力をし、そしてアセアン諸国の経済構造の改革を支持し、金融部門に援助をおこなうと表明した。会議では、アセアンの金融危機への対処について、幾つかの計画が提案されたが、これらの計画の中に、人材交流、円借款利率の引き下げ、同地域の中小企業とその他の補助的な業種の共同協力、また、日本・アセアン円卓会議の開催が含まれていた。

12月16日、日本とアセアンの首脳らが『共同声明』を発表し、日本は国際通貨基金機関、世界銀行、アジア開発銀行などの現在の枠組みのなかに、引き続き援助の供与を保証し、併せて技術の譲渡や人材の交流を行う意向を表明した。声明は、日本とアセアンの間の関係強化を強調し、指導者がより頻繁に会談を行うことや、経済、政治と安全の分野での協力を強化することなどが含まれた。これは福田首相の1977年のアセアン訪問以来、双方が発表した初めての共同声明であった。

1998年1月、日米は共同でインドネシアに対し、国際通貨基金機関が提出した経済改革を実施するよう迫った。そして1998年1月22日には、外務省高村政務次官がスハルト大統領に対して、1998年度に実施する予定の円借款のうちの500億円を繰り上げて供与することを表明した。

また、1998年12月16日、小渕首相はベトナム国際関係学院で「アジアの明るい未来を創造する」という講演を行い、その中で、アジアに「平和と安定の世紀」をもたらすために、日本は「アジアの再生」、「人類の安全の保障」そして「知識対話の推進」といった三つの面において、貢献することを提起した。そしてそのために、日本はアジアに1万名の産業人員の訓練、6000億円の特別借款、および300億ドルの「宮沢援助計画」資金を供与すると言及したが、その性格からいえば、同講演は日本外交の軌道を変更したわけではなく、基本的には「橋本ドクトリン」の範囲を超えることができず、独自の旗印を掲げる「小渕ドクトリン」とは及びもつかないものとなった。

総括すれば、日本とアセアンの関係は改めて位置付けを必要とする時期にあるが、その未来の基本趨勢は依然として、「援助外交」から「協調外交」に向かって歩んでいるのである。

《注釈》

(1)『世界週報』、1996年9月3日
(2)香港『アジア新聞』、1997年1月24日
(3)『読売新聞』、1997年1月5日
(4)フランス通信社東京1997年1月6日
(5)ロイター通信社東京1997年1月6日
(6)『読売新聞』、1997年1月15日

日本のＯＤＡの重点事例

# 第６章 対中ODAと日中関係

# 第6章 対中ODAと日中関係

1979年12月、日本は西側先進国の中で初めて中国にODAを提供することを決定した。日本は長い間中国に対してODAを最も多く提供した国であるが、日本のODA被援助国の中で、中国は、近年来連続して第一位を占め、日本の無償援助と技術援助は、中国の経済と社会発展および国民生活の改善に関する施設の建設を進めた。特に日本ODAの主要部分を占める円借款は、日中政治·経済関係の重要な構成部分となっている。

日本の二国間ODAの被援助国の中で、対中ODAはその最も重要な二国間ODAのひとつとなり、対東南アジアODAと同様に重要なものとなっている。

1979年以来日本の対中ODA政策の中心的理念は次の内容を含んでいる。それは中国の現代化建設や改革開放を支援し、対中政治·経済関係を促進するとともに、戦争賠償を放棄した中国に対してODAの面において特別な配慮を行うというものであるが、90年代に入ると、国際環境に大きな変化が生じ、日中関係は改めて新しい局面を迎えた。とりわけ日本が1992年6月に『ODA大綱』を制定して以来、対中ODA政策は微妙に変化する趨勢と政治化傾向を呈したが、これは必ず今後の日中関係に一定の影響を及ぼすはずである。日本の対中ODA政策の変遷の過程を遡り、その政策変換の顛末を明らかにすることは、日中関係の現状やその将来の方向を把握する上で必要と言える。

## 第一節 対中ODAの政策決定過程

ODAは政府対外援助の範囲に属し、以下の幾つかの点において民間企業の対外投資と著しい違いを持っている。第一に、政策決定の面で、ODAの供与政策は、企業、銀行あるいは団体によって決められたものではなく、政府によって決められたものであり、ODAの政策決定は政府決定の範囲に属している。第二に、性質の面において、ODAは援助国政府が被援助国政府に資金を譲渡する援助行為に属するので、利潤を目的とする商業行為と違うだけではなく、また、準商業条件をもって提供するその他の政府資金とも違う。第三に、運用の面で、ODAは援助国と被援助国の政府間官辺経済協力関係であって、民間企業はただ援助資金の使用者であるため、ODAは二国間の政治的一面もあり、同時に二国間経済関係の一面とあいまって、一種の政治経済現象に属する。

これらの特性を理解することは、われわれが政策決定の特徴、提供の条件、二国間関係の三つの面から日本の対中ODA政策の形成と変遷、そしてそれが日中関係に与える影響に対して突込んだ考察と分析を行うのに役立つ。日本の対中ODAの中で最大の部分は円借款である。対中円借款の政策決定過程を理解するためのポイントは、その過程における内外の要因と、政策の決定過程にある。

### 1．対中ODA政策に影響を及ぼす内外要因

1979年12月発表された対中円借款の決定は、日本政府が当時の内外環境の変化と日中関係の進展および自国の政治、外交、経済の需要に応じた政治的決断の所産である。

1949年から1972年にかけて、日本が対中経済協力の面において講じたのは、いわゆる「政経分離」を中心とする冷戦型の民間少量交流の方針であった。1972年日中国交正常化以後、日本は対中政府間経済協力政策を策定したが、ODAにおける特定の経済協力分野である対中政策は、1978～1979年の間に形成されたのである。日本政府に対中円借款の決定を促進する内外の要素は主に三つある。

## 1、国際環境の変化

日本の対中ODA政策の策定は、70年代初期における日中関係の重大な転換と70年代全体における日中関係の重要な進展を前提とする。

戦後日中関係に最大の影響を及ぼした国際環境の要因は、アメリカとソ連の二つの超大国、そしてそれによって形成された二極冷戦体制である。米ソ日中4国の関係はずっと複雑に交錯し、お互いに影響し合っている。50年代に、中ソと日米は相互に対立し、明確な形で「二対二」という対立構造を形成した。60年代に中ソ関係が決裂し、二極の対立構造が中米ソ間の大三角形関係になり、その下に日米中、日中ソ、日米ソ等の小三角形の関係が存在している(1)。

戦後の日中関係に最も大きな影響を及ぼした要因は、アメリカであるが、これはアメリカの持つ特有の能力と意思、そしてアメリカに追随する日本の姿勢によって決められたのである。日中関係に対するアメリカの影響には消極的役割から積極的役割に、消極的役割と積極的役割の共存、積極的役割から消極的役割への変遷過程がある(2)。

第二次世界大戦の終結から70年代初頭にかけて、アメリカは日中間の正常な政治･経済関係の確立を妨害する消極的役割を発揮した。この時期、戦後最大の超大国として、アメリカは日中関係に政治的、経済的そして軍事的影響を与える能力を有していただけでなく、中国を「封じ込めよう」という強い意図をも持っていた。

戦前、海外市場の面において、日本は主に中国市場に依存していた[3]。戦後、日中両方とも相互経済関係の発展を切実に望んでいたが[4]、アメリカの中国封じ込め政策の下で、日本は「COCOM」を中心とする西側抑制体制に参加するとともに、東南アジア市場を開拓し、中国市場に取って代わるという対外路線を選んだ。そして日米の主従関係と日本がアメリカに追随する日米関係の下で、日本が対中関係を切り開こうと試みるたびごとにアメリカに牽制されてきた。例えば、日中間民間貿易協定を政府間協定に昇格する問題、対中貿易に輸出延べ払いを提供する問題、戦略物資の対中輸出問題等、すべてがこのような状況の下で進められた[5]。それゆえに、中国問題は戦後の日米関係における重要な問題となったのである[6]。

70年代初頭、アメリカの対中政策に重大な変更が行われた。その原因は第一に、アメリカは自身の力が全面的冷戦の重い負担に堪えられない状態まで消耗したことを意識したため[7]、中ソ抑制政策を中国と連合することによってソ連を抑制する政策に変え[8]、中国とアメリカは歴史的和解を実現した。経済の分野では、アメリカは対中経済封鎖を大幅に緩和させ、対中経済における貿易の往来を回復し、軍事分野を含んだ技術交流においても制限をだんだんと緩和したのであった。70年代初期、アメリカの経済分野における対中政策は、主に二つの点に立脚したものであった。第一には、中国と連合してソ連を抑制するという戦略から出発して、中国の国力の発展を促進する[9]。第二には、経済貿易の解禁を通じて、中国に対し改革開放への転換を進めることであった。中米和解を転機として、中国と西側国家の政治·経済関係は正しい軌道に乗り始め、日中関係もそれまでに例のない良好な時期を迎えた。

70年代末、中国の経済回復と対外開放の進展に伴って、中国市場の将来に対して西側諸国の期待も増大した。これはアメリカの対中政策にもある程度反映され[10]、中国市場に対する現実的な考え方はアメリカの対中政策を推進する第三種の要因となった[11]。

70年代の日本の対中政策は、基本的にアメリカと一致したものであったが、微妙な違いも存在している。

対ソ戦略の面において、日本は中国とソ連に対して「等距離外交」を取ることを標榜し[12]、ソ連を刺激することをできる限り避けている[13]。同様に、中国も日本がソ連と協力してシベリア地域の資源を開発することに非常に関心を持っていた[14]。そこからも分かるように、日中ソ三角関係の存在も70年代日本の対中政策にある程度の影響を与えた[15]。また、中国市場を開拓するにあたって、70年代末に日米競争の局面を打開する糸口はすでに現れ始めた。そしてアメリカは絶えず日本を牽制し、日本が中国市場を独占することに脅威を感じるほどになった。言い換えれば、アメリカは日中間の政治関係を牽制する政策を放棄し、それまで以上にまた日中経済関係に対して警戒を強めたのである。

70年代において日本は、アメリカに追随するよりも、独自で積極的な対中政策を展開した。その最も重要なものとして、第一にアメリカより先に中国と国交を正常化したこと。第二には一番早く中国に対するODAの提供を決定したことがあげられる。西側諸国の中で、日本が対中経済協力において主導的な任務を果たしたのは、70年代における日本経済の興隆とアメリカ経済の衰退と関係がないとは言えない[16]。この時期に、米、中、ソの三角関係が形成されたと同時に、経済分野では日米欧三角鼎立の局面が現れ、この二者を合わせて日、米、中、ソ、欧の多極構造が形成された。70年代の中期頃になると、米ソ緩和により安全保障の重要性は相対的に減少し、西側諸国は続々と視線を経済分野に移し、併せて、60年代後期以来日米欧間に絶えずエスカレートした経済摩擦と、1973年に勃発した石油危機はさらに西側諸国間の「経済政治化」を早めた。

要するに、70年代の国際環境の変化が70年代後半の日本の対中ODA政策の形成過程に対して大きな影響を及ぼしたのである。

## 2、日中間の相互作用

中米和解と、アメリカが日中関係を牽制する方法を変更したことは、日本の対中政策における自由度を一挙に高め、日中関係に対する第三国要因の牽制は相対的に少なくなった。それによって、日中関係は他国の影響を受けることなく、新しい道を歩むことができるようになった。これは日本にとっては、戦後以来の対米関係と対中関係の「プラスサム」という局面で初めて現れたものであり、即ちアメリカに対する協調路線を堅持するとともに、対中関係の改善も図れるというものであった(17)。

日本の対中ODAの政策決定における日中間の相互作用は、両国関係の政治、安全保障、経済の三大分野における転換や発展に反映している。第一に、1972年の日中国交正常化は、国家間における正式関係の構築に最もさし迫った問題を解決し、政治関係の重大な転換を実現した。第二に、1978年の「日中平和友好条約」は、両国の平和共存原則の基礎を定め、日中関係は安全保障の面における重大な転換を実現した。第三に、国交正常化以来、日中経済関係はすでに正常な発展軌道に乗り、70年代の準備期間を経て、70年代後半には経済関係の重大な転換を実現し、ODAを中心とするもっと高いレベルの経済協力段階に入った。

経済関係において重大な転換をする過程で、ODA問題を巡る日中両国のそれぞれの政策変更は決定的な役割を果たした。

中国側から見れば、重大な政策変更は次の二つの面に反映している。第一には、1978年末に「階級闘争を柱とする」路線を経済建設中心の現代化路線に切り換えたこと。第二には、1979年には、それまでの外国からの資本、支援を一切受け入れない政策から積極的にこれを利用する政策に変更したことであった。1977年以来の理論上の大きな変更と対外貿易における資金不足問題は、中国の外資政策の変更を促進する要因となった。

外資問題上の大きな理論変更は、中国の外資・外国支援に関する政策の変更において最も重要な前提である。中国は新中国誕生後、外国からの資金と支援の導入面においては紆余曲折を経た。50年代には外資、外国支援導入の対象を社会主義陣営の内部に限定し、ソ連の援助を受入れ、東欧と一部の合資プロジェクトを実施した。しかし、1960年7月ソ連がいきなり中国支援協定を破棄し、中国の経済建設に多大な困難をもたらせたがこれは(18)、「外国援助」に対する中国の認識に暗い影を投げかけた。第二次大戦後西側資本主義国の外資と援助に対して、60年代の中国はこれと接することもなく、またこれに対する必要な知識も持たず、持っているのは近代以来西側資本が中国市場を分割したという惨めな記憶だけであったが、60年代前半、中国と西ヨーロッパの関係に比較的大きな進展が見られた。その上、アメリカの禁輸政策の下で一部お互いの貿易関係を困難にした。例えば1963年から1965年の間、中国は英仏等の国から2億ドルの品物を輸入したが、すべてに現金取引方式を採用し、西側の輸出延べ払い借款を受取らなかった。これを背景に、60年代以来中国は「外国の借款、投資、援助を受取らない」、「内国公債も外国からの借款もない」という政策を講じた。そして一方で非常に恵まれた条件によって他国に対して援助を行ったのであった(19)。

「極左思想」路線が暴虐をほしいままにした時期、「自力更生」の正当性は制限なしに高く評価され、絶対化され、外資、外国援助の分野においてイデオロギー的タブーの領域が形成された。1973年から1975年の間、周恩来総理と職務を回復した鄧小平は「四人組」からの大きな政治的圧力をよそに、西側諸国からのプラント、技術の導入と石油輸出で支払いの面で大胆な試みを行ったが[20]、「四人組」は対外貿易に赤字が出ることを理由にした攻撃を始めた。このような状況下の下で、外資政策の変更はたいへん困難なことであった。

しかし、1978年末に中国共産党第11期第3回全体会議では路線転換を実現し、ついに外資、外国援助への政策の転換のための政治的前提や必要な思想上の基礎が整った。この会議の歴史的成果は1977年の思想開放運動の基礎の上で実現されたのであるが、「極左」思想を打ち破るこの運動の中で、「自力更生」の問題も初めて論議する対象となったが、その最初の課題は外資利用の名分を正すことであった[21]。1977年夏以来の思想開放運動は中国の外資、外国支援導入政策を取るための思想上の障害を取り除いた。

また、対外貿易上の資金不足は中国に外資、外国支援導入政策を取らせる直接の原因となった。1977年以来、中国において外国からの先進的設備と技術の導入の歩調は一段と早くなったが、導入と支払い能力の間の矛盾が急速に激しくなったことで、その急激な導入計画は「洋躍進」とされて批判を浴びたほどであった。これを背景に、中国は外資、外国援助政策への調整を始めた[22]。これは外資、外国援助に対して絶えず認識を深め、次のような二つの段階に分けて行われる漸進の過程を経た。最初は1978年に外国民間資金(投資と借款)を導入する政策を講じたが1979年ついに外国政府資金(ODAおよびOFF)を受取る政策を取った。そして1979年7月8日には『中国人民共和国合資経営企業法』を公布したが、これは明らかに中国の外資政策調整面の重要な進展であり、思想開放と体制改革が新たな段階に入ったことを示している。

中国側の政策調整過程と相応して、日本の対中経済協力政策も調整過程を経た。70年代後期における中米関係の進展、中国現代化路線の確立、日中経済関係の発展は、日本の対中政策の調整を促進する要因となった。本節第2部分に詳細に述べているように、日本の対中資金協力政策の調整は民間資金協力の推進から政府一般貸付けに、そして対中ODA政策の形成にまで達する漸進の過程を経た。

## 3、経済上の相互需要

日中国交正常化以来、両国の経済関係は急速に発展の勢いを増したが、これは西側諸国の予想しなかったことである[23]。70年代後期、日中の経済上の相互需要が急速に増大したことは日本の対中ODA政策の形成を促進する重要な要素であった。日本側から見れば、70年代日米経済摩擦が逐次進展することは、日本が視線を今まで以上にアジア市場に移し、また2回の石油危機の衝撃によって、日本がエネルギー供給の多元化の実現を求めたことは、中東石油に対する依存度を下げることにつながった。日本にとって、この時期対外開放を始めた中国は、急速に潜在力の大きい輸出市場とエネルギー供給地となった。中国側から見れば、対日経済関係の発展を特に重視したのは、日本の経済力と近くて便利であるという地理的条件を考慮したからであるが、対日エネルギー輸出の決定については、対ソ戦略への考慮も含まれていた[24]。

戦後のある時期において、日中貿易の中で日本側の機械設備輸出と中国側の支払い手段の不足との間の大きな矛盾が長期的に存在した。1952年6月1日の『第1回日中民間貿易協定』は物々交換方式によって、英ポンドだけで価格を計算する方式を用いたが、西側陣営の対中輸出入禁止政策の下で、日中貿易は間もなく信用上の問題によって困難にぶつかった。1962年11月9日『LT貿易協定』締結の際、両国は支払いの猶予と数回の分割支払方式について協議した。1963年1月1日、『LT貿易協定』の下での最初の取引として、日本は中国に対して20トンの化学肥料を輸出し、初めて「予約金なし、1年半延べ払い、その他に5%の利子を加える」という支払方式を採用した。

60年代に日本企業は、政府に対中輸出の中で輸出入銀行の輸出延べ払い条件を提供するよう要請し、これによって中国側の外貨準備不足問題の解決と対中設備輸出の拡大を狙った。これに対しアメリカと台湾は、当該方式が「中共への援助の色彩」を帯びていることを理由にこれを牽制し、日本政府は、アメリカと台湾の反対を理由に終始これに対して慎重な態度を取った。1963年4月26日、日本は中国に農機具と特殊鋼を輸出する際、初めて輸出入銀行が保証する延べ払い方式を採用することによって、農機具は1年半後の支払いとし、また特殊鋼は2年後に支払うことで、いずれも「前例としない」を条件とした。6月24日、アメリカ政府は自国の鉄鋼業界に対し、日本の鉄鋼製品が社会主義国家に輸出される疑いがあれば、アメリカ企業の鉄鋼工業プラントを日本へ輸出禁止する指示を出したが、7月14日、日本の倉敷と中国側はプラント輸出契約に調印した。その条件は中国側がまず契約金額の25%を支払い、残った75%は船積みが終わった日から5年に分けて支払いを済ませることとし、輸出入銀行の輸出貸付けを運用するというものであった。この時、自民党内に輸出入銀行の資金利用に反対する声が上がり、日本政府の批准決定を揺るがした。その時日中両国が8月20日に達成した妥協方案は4.5%の利子を6%に引き上げ、総額を74億円に下げるというものであった。日本の内閣は8月23日にこれを批准したが、同時に中国へのプラント輸出の面において欧米を越えず、輸出入銀行資金の運用の面で過去の規模を越えないことを強調した(25)。しかし、1964年5月、日本は台湾からの圧力の下で、吉田茂元首相は台湾側(張群)へ書簡を出し、同年度再び中国大陸に対して輸出入銀行の輸出貸付けを運用しないことを言明した。当時の池田首相は1965年から当該方式を回復する予定だったが、その後日本政府内部ではこの問題を巡って対立が生じ、1965年2月5日に開かれた通産、外務、大蔵三省主管局長会議で、通産省は中国に対して輸出入銀行資金を運用することを主張し、反対の立場の外務省と対立することとなった。大蔵省も通産省の立場に立ったが、当時の佐藤首相は「吉田書簡」を口実としてその方式の運用を否定した(26)。

70年代初頭、日中関係に新しい転機が訪れ、「吉田書簡」による拘束も、これによって解決された。1970年4月、日本政府は輸出入銀行から援助的色彩を取り除くことに着手し、その性格を商業性貿易金融を主とする銀行に改造するとした(27)。方法は『輸出入銀行法』第18条の「業務範囲」の中で、貸付けの内容を削除して、輸出、輸入、海外投資、海外事業分野等の金融業務だけを残し、援助と関連のある業務は海外経済協力基金(OECF)に集中させ、これをもって「吉田書簡」の輸出入銀行に対する拘束力を失わせるというものであった。この法律の改正は国会審議と批准に待たねばならないが、これ以前に政府もこれをもって、「輸出入銀行はもう援助銀行ではない」ため、対中貿易の中で機動的に運用できると強調した。1970年4月17日、佐藤首相は衆議院予算委員会で、吉田書簡は政府行為ではないため、その拘束を受けないと主張を変えた(28)。また、1971年5月11月、宮沢通産相の発言をきっかけに日本政府は中国に対する輸出入銀行資金の運用禁止政策を変更した(29)。1972年8月日中両国は人民幣と日本円による決算問題について協議し、同年12月に輸出入銀行資金を運用する最初の日本の対中プラント輸出貿易が実現した。

日本の対中資金協力問題は輸出入銀行資金の運用より一歩進んだ措置である。この問題は70年代後期、日中経済問題の早い進展の中で提起されたものであり、その直接の原因は日本の中国に対するプラント輸出と中国からのエネルギー輸入の問題であった。70年代に、日本の対中輸出の中で、化学肥料と鉄鋼の配分が減り、機械類の配分は増加、中国からの輸入の中で、石油の配分は急速に増加した。1975年になると、日本の対中貿易出超は引き続き拡大し、日本側が延べ払い条件の中で、『ワシントン紳士協定』の7.5%の利子率を堅持する問題は日中貿易の「ボトルネック」となった[30]。これに対し、1976年2月日本は、日中貿易における輸出入銀行の官辺融資に対して7.5%の利子率を適用し、民間資金の7.5%以下の利子率に対して黙認する態度を取った。

中国石油の対日輸出問題は、最初は1971年11月に周恩来総理によって東京経済人訪中団に提起されたのであるが、1972年秋に初めて20万トンを輸出し、1973年に急に100万トンに増加、中国の対日輸出総額の3%を占めたが1974年には輸出は一挙に400万トンまで増加、中国対日輸出の32%を占めるようになった。これはその後も増えつづけ、1975年は814万トン、1976年612万トン、1977年は663万トンとなり、中国対日輸出総額の42%を占めるに至った[31]。1973年石油危機の勃発後、日本はエネルギー供給地の多元化によって中東石油に対する過度依存を下げようと求め、中国を長期的に安定したエネルギー供給地と見なした。通産省と石油業界は中国側とこの方面の協定を締結しようと希望したが、日本の鉄鋼業界は石油輸入の増加を通じてプラント輸出を拡大するよう望んでいた。しかし、1976年文革の影響によって石油輸出は大きな制限を受けた。「四人組」が倒された後、1977年3月李強対外貿易部長は経団連の訪中団に対して石油、石炭輸出とプラント輸入に関する長期的協定を締結したいとの希望を伝えた。これによって同年4月、経団連訪中団と中国側は10年前後を期間とする石油、石炭の対日輸出長期協定の締結について協議し、中国側は日本のプラント、鉄鋼、化学肥料を大量に輸入する意向を示した。この際中国側は支払いの猶予期限を現行の5年から6～10年、7.5%の現行利率を一歩進んで下げるように要請した。

1978年に入ってから、日中両国の経済団体は「長期貿易協定」の締結問題について交渉を始めた。2月14日には、稲山嘉寛日中経済協会会長を団長とする日本経済代表団が訪中。メンバーは経団連会長、副会長および鋼鉄、電力、エネルギー、プラント等主要産業界の指導者を含んだものであるが、日本政府も矢野俊比古通産省通商政策局長等の役人4名を派遣して、これへの支持を示した。

1978年2月16日、中国と日本は12箇条で構成される「長期貿易協定」に調印した。その内容は(1)1978年から1985年の間に、日中貿易総額を200億ドルに達成させる。(2)1978年から1982年の間に70億～80億ドルの技術とプラントおよび20億から30億ドルの建築材料と機械の日本の対中輸出と総金額100億ドル前後に達する4,710万トンの石油、515万トンから530万トンの原料石炭、330万トンから390万トンの一般石炭の中国の対日輸出を実現する。(3)そして1983年から1985年の貿易については、1981年に再び協議を行うというものであった。

1978年3月19日から29日、劉希文と稲山嘉寛は東京で会談を行い、協定に対して次のような補足と改正をした。それは(1)日中長期貿易協定の有効期間を1990年に延長する。(2)有効期間内に両国貿易の総額が200億から300億ドルに達するようにするというものであったが、この方案は同年9月に河本通産相が官民代表団を率いて訪中した際、李先念、康世恩、李強等との交渉の中で正式に定められた。

日本政府筋と経済界筋はいずれも日中長期貿易協定を積極的に評価した。これについて通産省の矢野局長は「現在の日中関係または日本の国際環境を考慮に入れれば、これはもとより資源、エネルギー供給地の安全保障の確保に寄与するとともに、資源市場の多元化にも寄与する」、しかも「ある程度広い範囲でプラント輸出の市場も確保できる」と語った

[32]。

そして稲山嘉寛日中経済協会会長は、当該協定の意義は「エネルギー資源不足の日本と、経済発展のためにプラントを少しでも早く必要とする中国は有無相通じる」ことにあると語った。

また土光敏夫経団連会長は「この協定は結果から見ればわが国の経済成長に寄与するものであり、経団連の推測と計算によれば、7%の実際的成長の実現にはなお3兆円ぐらいの需要不足がある。電力工業に1億円を負担するよう頼んだが、(中国の)鉄鋼会社の建設の加速を通じて景気を刺激するために力を尽くしていただけることを願っている。」と語った[33]。

日本側から見れば、『日中長期協定』は民間協定に属するが、その前の協定と異なるのは、条項の中に「日中両国政府の支持を得る」のような言葉を盛り込んだことである[34]。日本政府内部に「政府支持」の内容を巡って議論が行われ、矢野局長はこれについて次のような解釈をした。第一に「政府支持」という言葉の根源については福田首相は訪中団の出発前の衆議院予算委員会で岡田春夫社会党議員の質問に対し、日中長期貿易協定について「政府が協力の提供に大いに力を入れるべきだ」と発言したことがあるとし、第二に「政府支持」の内容については今後政府は各件の協力によって具体的に支持方針を決める予定で、その中に「支払いの猶予」と「重油分解装置」に対して融資支持を行う可能性が比較的に高いと述べた。これによって、この協定は準政府間協定に属すことになり、日中経済関係はこれによって「民間主導型」から「官民提携型」に転換した[35]。

中国石油の輸入に対して、日本の石油業界の態度は積極的だとは言えなかった。その理由は中国の重油は硫黄量を多く含んでいるが、日本の石油化学工業設備は全部中東石油を対象にして設計されたものなので、中国の石油を処理するには、分解加工設備を改めて作らなければならない[36]。というものであったが、これに対し財界としては、政府に輸入の拡大を積極的に要請した[37]。これに対し政府内部では、通産省がこれに対して積極的な態度をとった。河本通産相は1978年2月16日の衆議院予算委員会において「日中貿易の拡大を望む」と述べるとともに、重油分解の調査を早めに終わらせようと考えているとしたが、しかし、彼の打ち出した「重油分解施設付きの大型石油化学会社の建設計画」は石油界の猛烈な反対によって行き詰まった[38]。

「協定」が調印された後、どのように決算の順調な動きを保証するか、特に外貨不足の中国側がプラントの輸入費を円満に支払うことをいかに保証するかが、日中双方の肝要な事項となった。その「協定」の目立った特徴は、中国側の設備輸入は前半期に集中し、石油、石炭の輸出は後半期に集中するとし、即ち後者をもって前者を支払うような色彩を帯びたものであった[39]。この協定をきっかけに、日本の対中貿易は単純に輸入する段階から「開発輸入」の段階に移った。しかし、このような貿易構造も、いったん石油と石炭の貿易が順調でなくなれば、中国側の支払い能力に無理が生じる可能性が大きいことを意味する。また協定第3条は、日本側は中国にプラントを輸出する際、提供する信用条件を延べ払いと規定したが、そのキーポイントは中国向けの延べ払い条件はどのような程度まで優遇できるかということにあった。1977年7月先進国20カ国によって策定された「官辺の支持を受けた輸出信用に関するガイドライン」によると、日本は輸出入銀行の資金で中国との貿易に対して「官辺支持」を提供すれば、「ガイドライン」の中に規定された7.25%以上の利率、支払い期限、手付け金等の規定を守らなければならず[40] 違反があれば、懲罰を受けることはないが、非難を受けることになる。これに対して、日本は「ガイドライン」と抵触しなければ、対中貿易の順調な進行を保証できるための方法の討議に取り掛かった[41]。

「長期貿易協定」が調印された後、日本のプラントに対する中国の輸入需要は激増した。日中双方は決算問題を巡って、繰り返し協議しそのなかで中国側がプラント輸入の延べ払い利率を下げるよう要請するとともに、上海に建てられた鉄鋼工場に対する日本の資源開発輸入低金利融資制度の運用を要求したことに対し、日本の大蔵省および関係部門は、先進国の「ガイドライン」と抵触しない前提の下で、他の方式で資金協力を進めようと考えていることを示した。そのひとつとして、輸出入銀行の低金利融資で中国側に事前に輸入費用を支払うが、中国側はそれに応じて石油、石炭の輸出価格を下げるべきだ主張したが、これは中国側に拒否された。日本の規定によれば、その資源開発輸入低金利融資制度は日本に対して輸出する油田に運用することはできるが、対日輸出と関係のない上海鋼鉄工場に運用することはできないとするものであった[42]。

この過程で、アメリカ政府は、日本の対中経済関係に対して牽制を進めた。1978年10月15日の報道によると、アメリカは日本に「延べ払いの金利についての国際協定に違反しないように」勧告した。この時期、ソ連も日本の対中資金協力の提供方式に対して「極めて強い関心を持つ」と同時にソ連に対しても「対中条件と同様の」特恵資金を提供するように要求する可能性があると発表した。これら「外圧」の下で、日本は輸出融資と異なる方式で開発輸入融資制度を運用する道を討議し始めた[43]。1978年7月、日本石油公団は中国側と渤海湾の石油を共同で開発することについて協議を行い、それによって「開発輸入」が正式に発足した。

日中間の経済関係の進展に伴って、1978年以来日本政府の直接関与の割合が増えている[44]。これと併せて中国は、中国の外資、外国支援政策も段階的な調整を経て、まずは外国の民間貸付けを導入することを決定し、そして援助を含める外国政府資金の導入を決定した。1978年6月14日に至るまで、李強対外貿易部長は記者会見で依然として中国が自分で建設資金を蓄積すべきだと強調した[45]。7月13日李先念副総理は池田芳蔵三井物産会長に次のように語った。「1979年、1980年の2年間において中国は建設期を迎えるため、日本側の預け入れ資金を非常に必要とするが、利率が高すぎれば困ることになる。」とし、もし「四人組」の時代であればこのようなやり方は売国と攻撃されるが、現在では変わったと述べた。このとき中国は国際銀行間の相互預金方式を取り入れることを決定したが、これは貿易決算延べ払い信用と異なる方式であり、中国がすでに外国民間貸付けの導入に対して戸口を開けたことを象徴している[46]。李先念はまた中国が支払い能力を持っている時こそ貸付けを受け入れると補足した[47]。中国の経済主管部門の役員は日本の訪中団に「政府借款、合弁会社、外国会社を除けば、経済発展に有利なことなら全部協力できる。」と語った[48]。以上から分かるように、この時期中国は外国からの援助と直接投資の受取りをまだ決めていなかったが、民間貸付けに対する政策はすでに柔軟になっていた。この時期に起こった中国側の外貨不足による「宝山鋼鉄工場プラント契約書」の履行難航問題は、中国の外資、外国援助政策の調整歩調を速める促進要素となった[49]。

1979年5月15日、日中双方は日本側が輸出入銀行の日本円開発融資4200億円、他の民間協調融資20億ドルを提供することに調印した。6月11日、日中双方は宝山鋼鉄所の決算方式を支払いの猶予と定め、5年の間、年間利息は7.25%とすることについて合意した。

この時期、中国は日本を資金と技術の主な援助国とみなすようになった。1978年9月3日、鄧小平は浜野清吾日中友好議員連盟会長、藤山愛一郎国際貿易促進会会長、岡崎嘉平太日中経済協会顧問等と接見した際、「対日関係は他の国との関係より優先し、生産技術、市場管理等の面において日本の協力を望んでいる。」と発言した(50)。

70年代後期の中国にとっては、外国民間貸付を導入する決定は思想、理論面の重要な突破と政策上の重要な調整である。そして外国政府援助を受け取ると決定したことは、もっと重要な思想、理論突破と政策調整である。

1978年9月、稲山嘉寛日中経済協会会長(新日鉄会長)は訪中の際、日本海外経済協力基金(OECF)の資金(即ち円借款)は中国に向かって門戸を開放すると中国側に提起し、これに対して、中国側は深い興味を示した(51)。これは、日本人がこの時期において初めて中国に日本政府直接貸付け(円借款)問題を提起したからである(52)。日中双方は初めて日本政府直接借款問題を日程にのせ、これに対し中国側も政府借款に対して拒否を示さなかったが、受け入れについても回答を示さなかった。この時期、日本政府はすでに方針を定め、もし中国側が正式に円借款の申し出をすれば、中国にOECFの長期的で、低い金利の政府円借款を提供し、同時にどういうような中国側のプロジェクトを円借款の対象とするかについて検討を始めた(53)。

日本ODAの「申請主義」原則によれば、被援助国がまず貸付けの申請を提起することが円借款交渉に入る前提である。しかし、中国を含めた多くの発展途上国は大部分が事前に円借款の実行手続きを理解していないので、大体において日本側は相手にこれらの手続きを紹介しなければならない。1978年以前の一時期において、中国は外国援助に批判的態度を持ち、日本のODAに真の理解を持たず、それに円借款は返済しなければならない「貸付け」であるので、これに対する中国の理解を深めるためには一つの過程を経ることになる。稲山嘉寛等日本経済界筋は中国に日本ODAに関する基礎知識および建設的な意見を提供して、日中政府間資金協力のために掛け橋の働きを果たした。

1978年10月23日、鄧小平副総理は日本を訪問し、滞在中の記者会見において円借款問題について次のように答えた。「日本政府のわが国に提供する借款の形式についてわれわれはまだ考えなかったが、これからはそれに対して検討を行う予定だ」(54)。これ以前、中国は援助の色彩を帯びたこのような政府資金を受け入れるに際して批判的態度を取った。したがって、鄧小平の前述した答えは中国指導者が日本政府借款について初めて肯定の姿勢を示したのである(55)。その後、中国の関係部門は日本の中国駐在大使館、外務省とOECFを通じて円借款の関連問題を調査し、円借款使用の可能性を討議し始めた。これに対し日本側も積極的に、主導的に中国側にOECFの資金の出所、貸付け手続き、プロジェクトの選択、貸付けの条件、買付方法、支払い手順等を紹介した(56)。12月4日、河本通産相は、記者会見で初めて正式に日本政府が対中貸付け問題に対して検討を進めていることを認めた。

1978年末、中国の対外開放は新たな段階に入り、例えば12月3日には北京に日本企業の事務所の設立を批准した上に、長期ビザを発給し、合弁への歩調を早めた。同年11月26日、鄧小平は佐々木民社党委員長と会見の際、次のように語った。「土光経団連会長は金額の高い貸付けは政府の間で行なうべき、民間のできないことは政府間で解決すべきだと私に訴えた。」佐々木は日中両国の政治体制は異なり、中国は政府貸付けを受け入れることができるのかと聞き、鄧小平はすぐにできると答えた(57)。以上のことから分かるように、中国はこの時期においてすでに外国政府貸付け受け入れの方針を確立したのであった。また1978年12月18日、李強部長は香港で記者会見の際、条件が適当であれば、われわれは政府間貸付けを受け入れることを考えてよいと明確に表明した(58)。この時期李先念副総理も、中国の主権が侵害を受けることさえなければ、われわれはアメリカ、日本、西ヨーロッパ諸国等工業先進国から先進技術と資金を取り入れようと考えていると述べた(59)。そこから分かるように、この時期中国はなお外国政府貸付けに警戒心を持ち、その条件は適当であるかどうか、主権が侵害されるかどうか等の問題に対して非常に関心を持っていたが、ここで明確に、条件を付けて外国政府貸付けを受け取る方針を示したのであった。これは以前の政策と比べてこれは重大な調整だと言わざるを得ない。

70年代後期、中国の資金需要は輸入規模の急激増加に従って急速に膨張しており、この点は中国政策決定層に外国政府貸付けの受け入れを決定させる重要な背景となった。1978年前半期、中国の外貨準備は20億ドルあり、現金決算方式で日本のプラントを輸入したため、同年末12.8億ドルに下がった。同年中国の貿易赤字は129億ドルに達しており、1979年1～9月の貿易赤字は15.8億ドルに達した(60)。1978年5月18日までに、中国が導入した外国貸付けの契約額はすでに170億ドルに達した(61)。したがって、中国は条件がもっと恵まれた外資の出所を必要とし、長期で低金利を条件として提供する円借款は、ちょうどこの資金需要を満たした。円借款の償還手段に関して、中国はこの貸付けで石油、石炭、非鉄金属等資源の生産を拡大し、これら産出の輸出の増加を通じて償還すると考えていた(62)。

日中貿易の中で、中国の対日延べ払いは円で決算するか、またはドルで決算するか、そして利率はどのように定めるか。双方がこれらの問題を巡って交渉する過程も日本の対中円借款の政策決定過程を推し進めた。当初、日本政府は円とドル半分ずつの方式で支払い猶予貸付けを提供すると決定したが、中国側は円高のリスク要素を挙げてドルで決算することを主張した。東京銀行等の都市銀行は、中国に対してドル連合融資を提供すると提案したが、中国側は利率が高すぎることを理由にこれを拒否した。また、日本の法律は、輸出入銀行の資金は円しか単位とすることができないと規制しているため、ドルで決算する方式を運用することは難しいと表明した。日中貿易決算交渉の中でぶつかったこれらの問題で日本政府は、OECFの円借款を使うことを考慮することとなった。1978年12月12日、稲山嘉寛は対中経済協力を推進する措置を取るように首相に進言した。

1978年以来、日中経済関係の急速な拡大は、日本が対中ODA政策を決める直接の要因となった。1978年日中貿易額は50億ドル近くに達し、前年より40%増加した。1979年上半期日本からの輸入は急激な勢いで81%増加、対日輸出も61%増加した(63)。1979年工業生産と資源開発を含めた各種産業の日中間協力は、急速に発展した。例えば、石炭開発の面で、三井石炭鉱業等の会社6社は提携して山東省えん州炭坑と山西省古交炭鉱を開発し、1985年に石炭産出に関する見通しを打ち出し、そのために当面は1500億円の資金を必要とすることを明らかにした。急速に発展をみた経済関係に直面して、日本政府は、1979年度の財政予算案の中で輸出入銀行の2000億円を対中輸出支払い猶予の貸付けと定めた。中国石油の輸入を増やし、中国側の貿易赤字問題を解決するために、日本政府は、また予算の中に重油分解施設の研究製造プロジェクトへの補助金を加えた。1979年初頭、中国は天津、上海、広州、秦皇島等の港建設問題について日本に協力の要請を行った。これに応じて、日本は中国に運輸省、港建設会社、日中経済協会より構成された連合調査団を派遣した(64)。

1979年5月31日、鄧小平は鈴木善幸議員と接見した際、中国側は日本政府貸付けを受け入れようと考えており、日本側がこれに対して検討されることを望むと述べた。これは中国指導者が初めて円借款に対する要請を明確に表したものである(65)。同年5月の日中貿易合同委員会の会議において、中国側は円借款を受け入れる意向を示した。日中双方の事務

表６－１　1979年９月中国の提起した８件のプロジェクト

| 順番 | 建設プロジェクト | 建設期間 | 必要とする資金（単位：億ドル） |
|---|---|---|---|
| 1 | 石臼所港建設（山東） | 3年 | 3.2 |
| 2 | 兗州—石臼所鉄道建設（山東） | 3年 | 3.0 |
| 3 | 龍灘水力発電所建設（広西） | 6年 | 15.5 |
| 4 | 北京—秦皇島鉄道拡充、電気化（北京、河北） | 3年 | 6.5 |
| 5 | 衡陽—広州鉄道拡充（湖南、広東） | 4年 | 9.1 |
| 6 | 秦皇島港拡充 | 3年 | 1.6 |
| 7 | 五強渓発電所建設（湖南） | 6年 | 8.1 |
| 8 | 水口水力発電所建設（福建） | 6年 | 8.4 |

出所：『世界経済評論』1980年1月号、51ページ。

級の協議を経て、1979年9月1日訪日した谷牧副総理は日本側に円借款の申請を正式に行った。その申請総額は1.2兆円（当時の為替相場で換算すれば55.4億ドルになる）で、8件の建設プロジェクトにかかわり、3件の水力発電所プロジェクト、3件の鉄道新築、改築プロジェクトと2件の港建設プロジェクトが含まれた（表6－1）。これらのプロジェクトは全部エネルギーとりわけ石炭の開発や運輸と関係のあるものであった。中国側が正式な申請をした後、日中間の相互影響過程は日本政府内部の政策決定段階に移行した。

## 2.対中ODA政策の決定過程

日本にとって、対中円借款の決定をしたのは次のような二つの特殊な意味を持っている。ひとつは新しい大型の二国間円借款の開始を意味していることである。二つには真っ先に社会主義大国である中国に円借款を供与することについてである。日本政府はODAの政策決定主体として、対中円借款政策を策定するとき、国内と国外に対して調整する課題と直面していた。国内に対する調整は財源の解決、四省庁協議の達成、与党と国内世論の支持および最高政策決定層の決定を含んでおり、国外に対する調整の対象は欧米先進国、ASEAN等本来の被援助国およびソ連その三種類の国を含んでいた。

### 1. 国内に対する均等性

財源から見れば、対中円借款には次のような問題が投げかけられている。第一には、中国側の提起した貸付け申請の金額は比較的に大きいため、一般の事務レベルで決められることではなく、高いレベルにおいて政治判断を求めなければならない。第二には中国はまだDACの被援助国の中に入れられないため、この情況を変えなければ、対中円借款を日本ODAの実績に計上させることはできない。これについて、日本は中国側のプロジェクトを削減して、中国をDAC被援助国のリストに書き入れ、相応の財源を取り出す等の方式で解決した。

政府主管部門の態度から見れば、対中円借款を決定する四省庁の中で、通産、外務、大蔵三省の影響は比較的大きく、経済企画庁の役割はあまり明らかではない。そして各省庁は異なった職責を持っており、見解についてもそれぞれが独自のものを持っていた。

通産省は最も積極的であった。直接の原因について言えば、対中円借款問題は対中貿易を促進する角度から提起されたものであり、通産省の政策課題に最も近いと言える。1973年石油危機の勃発後、同省は「経済安保」の角度から中国の原油や石炭の輸入を積極的に推し進め、政府資金の投入をもって「重油分解施設付きの大型石油化学会社」を建設しようとした。

1978年、石油業界の消極的な態度に直面して、矢野局長は次のように語った。「世界的不景気のため、現にエネルギー需要は極めて下落しているが、長い目で見れば現体制の下で昭和60年代に石油供給を充分に確保できるか。軽油から重油への転換はより一層重要になると思う。」(66)河本通産相から矢野通産政策局局長まで、彼らは政府の角度から中国に資金協力を提供しようと積極的に主張し、このことがエネルギー輸入とプラント輸出の増加に寄与すると考えていた。しかし、具体的な条件となれば、通産省は「タイド」の調達条件を付け加え、これによって自国産業の利益を確保すると主張した。

外務省も対中経済関係の発展を非常に重視していた。日本外交の重要な特徴は「経済外交」にこそある。外務省について言えば、対中経済関係の推進は経済的意義もあれば、対中関係を促進する政治的意義もある。1979年外務省は野村総合研究所に依頼した『日中経済関係の長期的展望』という論文において、日中間のプラントとエネルギー資源の相互補完関係および日本の資金協力を提供する必要性について総括した(67)。この論文は日中経済関係を重視する外務省の姿勢をある程度反映したものであった。

しかし、外交の主管部門として、外務省の視野は経済分野に限定されず、日本における対外関係の総合的判断を自らしなければならないものであった。欧米、ASEAN、ソ連の反応を考慮に入れ(68)、外務省は最初に対中円借款の提供に対して保留する態度をとっていた(69)。例えば、園田外相は1978年10月13日の衆議院外務委員会において次のように述べた。「日本は中国とソ連のいずれにも偏らない。中国の軍事現代化に協力をしない。対中関係の重点は経済にあらず、文化交流にある。」(70) 言うまでもなく、この発言は、ソ連と欧米諸国を落ち着かせる意味を含めていた。彼は衆議院予算委員会においても、中国への円借款に対して慎重な態度を示した(71)。

経済関係を重視する大来佐武郎が外相に就任してから、外務省の姿勢に変化が見られた。1979年11月9日、大来外相は記者会見で、日本経済発展とエネルギー対策の角度から見れば、中国の経済発展はその輸出能力の強化に寄与するとともに、アジア経済の発展も促進できるため、対中円借款を供与すべきだと述べている[72]。提供の条件については、欧米諸国と国際世論を考慮し、大来外相は「アンタイド」の調達条件で提供すべきと主張し、これをもって通産省の主張する「タイド」条件に対して異議を説いた[73]。また彼はアメリカ『フォリン・アフェア』誌に文章を載せ、日米は中国市場において協調を強めるべきだと唱えた[74]。

大蔵省は主に予算主管部門の角度から対中円借款を取り扱い、最初から異議を説いた。その理由は、日本は1978年7月の西側首脳会議(ボン・サミット)において3年間の内にODAを倍増させる計画を示し、仮に対中円借款がODAと統計されることができないとすれば、日本のODA予算に対する相応の圧力が形成されるだろうと考えていたためである[75]。

各主管省庁の他に、各政党も対中円借款の決定過程にある程度の影響を与えた。与党である自民党指導層は全般的に肯定の態度を取り、大平首相、河本自民党政調会長等は対中政府貸付けを積極的な態度を表明した。そして大平首相は1979年1月19日の記者会見において「今まで、日中両国の決算は現金方式を講じたため、これから貸付け政策を増やさなければ、数多くのプロジェクトは推進できないことになる。」と述べた。民間問題はさておいて、政府は輸出入銀行と海外協力基金を後ろ盾として、大規模な協力を推し進めようと考えていた[76]。河本政調会長も、1979年9月4日に訪日する谷牧副総理に自民党は対中政府借款を実現させるように努力するつもりだと言った[77]。もっとも、自民党内部に対外協調の重視を理由として「慎重」を主張する者もいた[78]。しかし、日中の政治、経済関係は良い情況にあり、これに加えて大平正芳をはじめとする指導者層は積極的に活動していたため、このような論調は少数派にとどまった。各主要野党は大きな促進の役割を果たさなかったが、大部分は中国への政府借款の提供を支持した。その中では社会党の態度が特に積極的であった[79]。

経済界について言えば、日中経済協会と経団連を中心として大きな情熱を示し[80]、上層部は日本政府に政治決断を下すように積極的に働きかけた[81]。一方、彼らはまた中国側に様々な提案をし、対中政府借款の実現へ積極的に動いた[82]。

以上のように、各関係団体はみんな決定過程に対して程度こそ異なる影響を及ぼしたが、最後の決定は大平内閣の政治決断にかかっていた。福田内閣の時期にすでに考えられていたこの案は、1978年12月8日に誕生した大平内閣の手で実現された。1979年3月15日大平首相は河本政調会長との会談の中ですでに、もし中国側が申請を出せば、OECF円借款の提供を考えることができると述べたのであった[83]。

### 2、対外協調

対外関係において、日本が真っ先に中国に政府貸付けを行うことは、アメリカ等他の援助国との関係、ASEAN等ODAの古い被援助国との関係およびソ連との関係を考慮する必要があった。

1979年9月3日、大平首相は訪日する谷牧副総理に対中援助三原則を打ち出した。それは①欧米諸国との協調をはかる。②アジアとりわけASEAN諸国とのバランスに配慮する。③軍事協力はしないというものであったが[84]、この三つの原則は、日本が対中関係を発展させるとともに、他の主要な対外関係にも配慮を加えようとしたものであり、このことに外的柔軟性を保つ姿勢が十分に反映されている[85]。第三点について言えば、他の国を慰める意図もあれば、戦後日本の平和主義路線にも適応するものであり、衆議院外務委員会も1978年4月と1981年3月に次々と「軍事用途に用いる経済協力を進めない」決議を下した(86)。

日本はこれらの方針に基づき、関係各国に対して次のような協調活動を行った。

(1)「中国の現代化はアジアの平和と安定に寄与する」と強調し、西側国家の賛成を得る。その調整は次の三つの内容を含んでいる。

①アメリカをはじめとする各援助国を積極的に説得し、1979年11月18日から19日のパリ会議において、DAC統計委員会に中国を「発展途上国」として認めさせ(87)、これによって正式に対中援助をODAプ　ロジェクトに書き入れる(88)。

②「日米欧は中国との経済貿易関係において相互競争を避けるべきだ」と強調した(89)。当時、欧米各国の政府も中国に政府資金を提供しようと考えたが、関連行政措置は相対的に滞ったので、日本が真っ先に一歩を踏み出したことに対して大いに不満であった。日本は単独で他に先立つ印象を極力取り除こうとし、大蔵省はアメリカに対し、各先進国が提携して「中国開発銀行」を成立するよう非公式に提案したほどだった。日本は「世界にはわが国の対中経済協力がわが国の中国市場独占を引き起こす可能性があると心配する人がいる」とし、再三「日中関係は排他的ではない」と強調した(90)。

③欧米諸国は日本の対中円借款は「アンタイド」の調達条件を取るべきだと要求し、アメリカは、国内法の制限と財源緊迫により中国に長期的で、低い金利である貸付金を提供する意図はないものの、日本の動向に十分な関心を持っており、1979年10月18日から19日にワシントンで行われた日米援助政策企画会議においても対中円借款問題を提起した。日本側の梁井新一局長はこれに対して、アメリカ側は「アンタイド」方式を取らなければ新しい日米経済摩擦を招く可能性があると提起した。これに対し、日本の通産省は「タイド」方式の採

用を主張し、外務省は「アンタイド」方式の採用を主張した。これに対し中国側は、円借款を獲得すればその貸付金で日本の物資と器材を購入すると表明した[91]。したがって、「アンタイド」方式を採用するかどうかの問題は、主に欧米諸国との均等上の問題であり、中国との問題ではなかった。大平首相の決断に基づいて、日本政府は最終的に「アンタイド」方式を採用することを決定した[92]。しかし、欧米諸国の要求は「一般アンタイド」方式(即ち被援助国は貸付金を使ってすべての国から物資とサービスを調達できる)であるが、日本は通産省と財界の意見を部分的に取り入れ、「発展途上国(LDC)アンタイド」方式(即ち被援助国は貸付金を使い援助国とすべての発展途上国から物資とサービスを調達できる)を採用した[93]。

(2)「対中経済援助は他の国に対する援助の金額に影響しない」と強調し、これによって従来の主要被援助国、ASEAN 諸国の理解を得る。ASEAN諸国は、日本が中国に数多くの円借款を提供することは、自国に対する援助の削減を招く可能性があると心配し、中国はこれから強い貿易競争ライバルになるかもしれないと懸念していた[94]。日本政府は、1979年11月26日に開かれた日本とASEANの経済閣僚会議等で、引き続きASEANに対する援助を重視する方針を何度も強調した[95]。これに対して、中国側も十分な理解を示した[96]。ASEAN諸国の疑念を解くために、日本は対中円借款の中に年ごとに援助金額を決定する「単年度主義」を採用することを決定、年度貸付金額はインドネシアに対する金額と同額となった。しかし1980年を過ぎると、日本の対中円借款は実際に前例を破って5、6年間を単位として貸付金額を決める「多年度主義」を採用することになる。

(3)「日中関係は第三国を目標としない」と強調して、これによってソ連をの反発を押さえる。対中円借款を決める前に、日本はできるだけソ連を刺激することを避けようとし、決定後は外交ルートを通じて中国に軍事援助を提供しないことをソ連に表明した(97)。

以上の調整を通じて、対中円借款に繋がる主な障害は全部取り除かれた。この過程において、日中双方は円借款の具体的な事項について協議を繰り返した。1979年9月3日、大平首相は、年内に円借款に関連する結論を持って訪中する意向を示した。そして同年10月1日から9日の間、日本政府は中国に梁井新一外務省経済協力局局長を団長とする四省庁調査団を派遣し、中国の提起した8件の建設援助申請プロジェクトに対して実地調査を行い、調査の結果として、中国側が負担すべく労働者の給料およびその他の建設材料等「内資」部分を取り除き、残った35.6億ドルの部分を円借款方案の配慮する対象とした。この調査期間、中国側はまた「日中友好病院」等9件のプロジェクトを追加要求した。

この過程において、日本側は中国側の提出した55億ドルに相当する円借款の要請を完全に満たすことは難しいことを示した。1979年11月21日、中国側は8件の中の二つの水力発電所を削減することができると表明した(98)。援助の内容については、最終的に石炭開発と運輸を重点とする6つのプロジェクトを受け入れることを決定した。これらのプロジェクトは全て中国石炭の対日輸出に関連するだけでなく、日本輸出入銀行貸付金を利用して開発するプロジェクトとも関係がある。結果から見れば、円借款と輸出入銀行貸付の建設援助プロジェクトは、最終的に日本に対する石油と石炭の輸出と緊密な関係にあるプロジェクトにおいて実行された(99)。例えば、石臼所港は中国と日本が提携して開発しようとするえん州炭坑からの石炭輸出に用いられ、秦皇島港は大同地域等からの石炭を日本に輸出することに用いられる。中国は1978年に石炭を300万トン輸出し、1985年に2000万トン輸出することで日本の貸付金を返済する計画であった。この時期、日本は長期的に中国のエネルギーを輸入することに対して大きな期待を寄せた。これは日本の対中円借款の提供を進めるうえでの大きな原因であった(100)。

対中円借款金額に関して、通産省は日中双方の優先プロジェクトとASEANとの関係のバランスに配慮し、6年間のうちに3500億円(15億ドルに換算する)を供与するとした。そして戦争賠償を放棄した中国に積極的に経済協力を進めるべきで、援助金額はインドネシアの円借款と同じにすべきであると主張した。これに対し、大蔵省は財政がきびしいことを理由に、総額を2000億円以内に控えると主張した。外務省は、「単年度主義原則」と他の国とのバランスを保つことを理由に、中国側に一次的に借款総額を提示することには反対した。四省庁は1979年11月28日深夜まで協議したが意見がまとまらず、11月29日に先行して訪中予定の梁井局長に訪中日程を12月初頭に先送りした。

11月27日から29日の間、自民党の「慎重」派が改めて動き出した。しかし大平首相は1979年11月30日の午後最終決定を下した。日本政府の最終的な結論は、第1年目に提供する対中円借款は500億円で、「アンタイド」の調達条件を取り、対象は6件の建設援助プロジェクトとし、利率3%、返済期間は30年で、その中に10年間の据置期間(表6－2参照)が盛り込まれている。借款総額は、大平首相が訪中時中国側に示すと決定した。日本は、その後の数年間に引き続きこの6件のプロジェクトに円借款を供与する予定で、その規模は時価で計算すれば15億ドルに換算できるものであった。病院建設援助プロジェクトは無償援助の対象として、日中双方は別に協議することとした。以上のことから分かるように、このプランは外務省と通産省の意見を総合的に配慮したものであった。12月4日午前の衆議院予算委員会において、大平首相と大来外相はこのプランを披露した。

表６－２　第１次対中円借款プロジェクト及び第１年目の金額

| 順番 | 建設援助プロジェクト | 第一年目提供する金額（単位：億円） |
|---|---|---|
| 1 | 石臼所港建設（山東） | 70.85 |
| 2 | えん州——石臼所鉄道建設（山東） | 101.00 |
| 3 | 北京——秦皇島鉄道拡充（北京、河北） | 25.00 |
| 4 | 秦皇島港拡充（河北） | 49.15 |
| 5 | 広州——衡陽鉄道拡充（湖南、広東）＊ | 114.00 |
| 6 | 五強渓水力発電所建設（湖南）＊ | 140.00 |
| | 合計 | 500.00 |

＊ 1981年広州——衡陽線拡充と五強渓発電所のプロジェクトは中止され、第2次円借款プロジェクトに組み込まれることになった。

1979年12月5日、大平首相は中国を訪問し、当日中国側にこの決定を正式に伝えた。そして鄧小平との会談で、対中円借款の三原則をもう一度示し､鄧小平は日本政府の考え方に理解を示した。

1980年、日本は中国に円借款の提供を開始、1981年からまた中国に政府無償援助の提供を開始した。これによって、日本はいち早く中国に対してODAを承諾したDACメンバーとなり、中国にもっとも多くのODAを供与した国となった[101]。

70年代末に日本が対中円借款の提供を決めたのは、主に次の三つの政策的理由に基づいたものである。

(1) 地域戦略上の必要性：経済の高度成長に伴い、日本はその経済力に相当する国際政治地位を求めようとし、また、日米経済摩擦の激化は日本に絶えず外交的空間を拡大する必要性を意識させた。これに対し日本には、対ソ関係において歴史的に恨みと領土、安保等の問題が存在していた。これらの要素はいずれも日本に対中関係をより発展させることとなった。同時に、対中援助には中国の改革開放を支持し、中国が安定を保ちながら少しずつでも国際協調体系に融合することを望む考えが含まれていた。これに対して、園田外相は第87回通常国会の外交演説の中で、日本は「新たな段階を迎える日中関係が、アジアと世界の平和と安定のために貢献できるように最大の力を尽くそうと考える」と述べた[102]。

(2)対外経済の需要：対中円借款は主に対日石炭輸出に関連する開発と運輸施設のプロジェクトに用いられたが、これは中国側のエネルギー開発と輸入拡大の要求に合致したことによる[103]。したがって日本にとっては、対中円借款は中国の石炭開発と輸入に寄与するだけでなく、両国の経済貿易関係の強化にも寄与するものであった[104]。

(3)友好協力の表示：この根底に、過去に中国を侵略した歴史的負債感と中国の戦争賠償放棄を補償する心理が含まれている[105]。が、併せて日本の対中円借款の規模が比較的大きく、ここに人道主義の角度から人口の多い中国に特別な配慮部分も含まれる[106]。したがって、対中円借款は規模の大きさだけではなく、借款金額に前例を破って「多年度決定方式」を採用したことも中国への特別な配慮によるものであった。

《注釈》

(1)米中ソ三角形関係及びその影響における日中ソ、日米中、日米ソ等小三角形関係については、渡辺昭夫『アジア太平洋国際関係と日本』、東京大学出版会、1992年。田中明彦『米、中、ソの間で』(渡辺昭夫編『戦後日本の対外政策』、220～253ページ、有斐閣、1985年)細谷千博『日、米、中三極関係の歴史的構図』(日本国際問題研究所『国際問題』1981年5月号)

(2)劉世竜『70年代以来日中関係におけるアメリカ要因』、中国社会科学院日本研究所『日本学刊』、1997年第1期、146—148ページ

(3)丸山伸郎『日中経済関係』、岡部達味編『岩波講座：現代中国第6巻——中国を巡る国際環境』、78ページ、岩波書店、1990年

(4)例えば、石山湛山は1956年通産相に就任の際、次のように述べた。日本は中国共産党以外の東南アジア地域、中南米、中近東等の地域に資源供給地と製品輸出市場を開拓する努力を払っているが、実際の状況は残念ながら、

日本国民が中共地域に断念する程度まではまだ達していない(石山湛山『小日本主義』、227ページ、草思社、1984年)
(5)例えば、1954年に就任した鳩山首相は第三次民間貿易協定の交渉過程で、わざとそれを「政府間協定」に昇格させようとしたが、アメリカの反対によってその考えを捨てた。
(6)WarenI.Cohen,China in Japanese - American Relations,edited by Akira Irie and WarrenI.Cohen,The United States and Japan in the Postwar World,The University Press of Kentucky,1989,p.53.
(7)アメリカ学者P.ケネディは『The Rise and Fall of the Great Powers』に大国盛衰の歴史的趨勢を論じたとき、冷戦が米ソにもたらした消耗に対して論述したキシンジャーはその回想録の中で、アメリカが同時に2.5の戦争(ヨーロッパでの対ソ戦争とアジアでの対中戦争にその他の小規模戦争を加える)を勝ち取る戦略を1.5の戦争(即ち対中戦争の必要性を取り除く)を勝ち取る戦略に変更した過程を論述した。
(8)ニクソンは『リーダー(leaders)』に米中和解を論じた中で、微妙な力のバランスを維持することは各国の国家利益に合致するため、これは合意された和解であると述べた。
(9)カーター政権のモンデール副大統領は、アメリカは対ソ戦略において、「より強い、豊かで、近代化した中国」はその利益に合致すると述べたことがある。(船橋洋一『対外開放政策と経済の相互依存』参考、日中経済協会『新時期における中国の対外政策』、59ページ、1984年)
(10)70年代アメリカは中国に対して、社会主義国家の中で格別な政策を取り、中国が迅速に国際復興開発銀行、国際通貨基金、GATTの多角的織物協定と国際原子力機構(IAEA)等国際機構に加入するための条件を作った。
(11)山田康博『米中経済関係の展開』、日本国際問題研究所『国際問題』1981年5月号、28ページ;Robert G.Sutter,The China Quandary:Domestic Determinants of U.S. China Policy 1972～1982,Westview Press/Boulder, Colorado, pp.127—140.
(12)アメリカ学者W.バーンズは以下のように述べた。日本が中国とソ連の間に等距離外交を展開できたことの前提は①中ソ対立の持続な存在②アメリカは東国アジアにソ連に対抗できる軍事的存在を保持する③日米の対中、対ソ政策には根本的な相違がないということなどである。(William J.Barnds,The United States and Japan in Asian Affairs, edited by William J.Barnds,Japan and the United States,General OFFest Co.,Inc.,New York,1978,p.263.)

(13) Robert A.Scalapino,Chinese Foreign Policy in 1979,edited by Robert B.Oxnam and Richard C.Bush,Westview Press/Boulder,Colorade,1980,p.79.

(14) 例えば、1978年3月10日廖承志は日本記者と接見した際、日本の資源開発協力の提供は物資の面でソ連を助けることになると述べた。

(15) 1974年から始まった日中平和友好条約の締結交渉の中で、日本はソ連を刺激することを恐がって、中国側の提案した「覇権条項」を条約に盛り込むことに反対した。その意見の相違は、条約締結が4年間も先延ばされた原因の一つとなった。

(16) 冷戦中の国力衰退を背景に、アメリカは1971年8月に黄金とドルの両替の停止を主な内容とする8項目の新経済政策を発表し、黄金—ドル本位制を柱とする戦後西側国際通貨体制(ブレトンウッズ体制)の崩壊を宣告した。

(17) 緒方貞子著、添谷芳秀訳『戦後日中、米中関係』、87ページ、東京大学出版会、1992年

(18) 1960年7月ソ連はは突然1390人の中国支援の専門家をすべて召還し、343件の専門家派遣協定と257件の科学技術協力プロジェクトの取り消しを発表した。(『人民日報』1963年12月4日)

(19) 武吉次朗『中国改革開放に対する歴史回顧』、中国研究所編集『中国年鑑1992年版別冊』、10ページ、大修館書店。

(20) 70年代初期中国対外経済政策の決定過程は、Kenneth Lieberthal and Michel Oksenberg,Policy Making in China:Leaders,Structures,and Processes, Princeton University Press,1988,pp.197—199参照。鄧小平は1975年8月18日に次のように述べた。「輸入するには、品物をもっと多く輸出しなければならない。ここに輸出政策の問題がある。何を輸出するか？石油の採掘に大いに力を入れ、少しでもできるだけ輸出すべきだ。……石炭の輸出も考えるべきだ。」(『鄧小平文選』第二巻、29ページ)

(21) 羅元錚『自力更生を前提として外国の物を利用する』、『北京週報』日本語版、1977年7月12日；1977年7月26日李先念、余秋里両副総理談話、『北京週報』1977年8月16日、日本語版。

(22) 今井理之『中国の対外経済政策の展開と成果』、アジア経済研究所『アジア経済』、1992年1月号、12ページ。

(23) 例えば、アメリカ学者Cloughは70年代中期に、中国が長期借款を導入しなければ、日中経済関係は大きな発展を得ることはできないと考えた。彼は中国が「自力更生」路線を放棄する可能性に対して疑問を持った。(RalphN.Clough著作、桃井真日翻訳：『アメリカのアジア戦略と日本』、

125—126ページ、東方書房、1976年）

(24) 中国の対日石油輸出は1972年から始まり、この時期の日中石油外交過程については、Kim WoODArd,The International Energy Relations of China,Stanford University Press,1980,pp.108～146;Selig S.harrison,China,Oil,and Asia:Conflict Ahead?Columbia University Press,1977,pp.146～188; Wolf Mendle,Issues in Japan's China Policy,The Royal Institute of International Affairs,1978,pp.84～87参考。1977年になると、中国指導者と新聞雑誌は日ソ資源外交に対して何度もこれを牽制する評論を発表した。

(25) 岡本三郎『日中貿易論』、162—166ページ、東洋経済新報社、1971年。

(26) 当該書簡の通称は「第2次吉田書簡」とされ、講和する過程の中で日本が台湾側に出した「吉田書簡」と区別をつける。池田首相は岡崎嘉平太に次のように語った。「吉田書簡があるから、39年（昭和39年）は輸銀の使用を中止するが、40年から回復方針を講じる」（『朝日新聞』1970年4月7日夕刊）。しかし、佐藤首相は1965年2月8日の衆議院予算委員会において、日本政府は「道義上で吉田書簡の制約を受ける。」と語った。

(27)『朝日新聞』1970年4月23日

(28)『朝日新聞』1970年4月17日夕刊

(29) 宮沢喜一は「吉田書簡」について次のように述べた。：「その内容は、年内に輸銀を使わずとし、だからプロジェクトごとに輸銀問題を討論する時、その拘束を受けない。」（『朝日新聞』1971年5月12日）

(30) 輸出信用競争を防ぐために、日、米、西独、仏等六つの先進国は1984年10月ワシントンに「5年間以上の延べ払いの利息を7.5%以上と定める」について「紳士協定」を結んだ。

(31) 笹本武志『日本貿易の停滞と展開』、嶋本武志、笹倉民生編『日中貿易の展開する過程』、アジア経済研究所、1977年。

(32) 矢野俊比古『日中長期貿易協定の意義と問題』、世界経済研究協会『世界経済評論』、1978年5月号、35—36ページ。

(33) 1977年秋の国際通貨基金と国際復興開発銀行総会において、各先進国は次々に日本の黒字拡大に対し非難を行い、日本に内需を拡大するように促した。そのため、日本政府は1978年度の財政予算案を策定する時、GNPの実際成長率は7%になるという高すぎる目標を打ち出した。土光経団連会長の予測と計算によると、日中長期貿易協定が調印された1年目に対中輸出契約は30億～40億ドルに達しようとし、当時の為替相場で換算すれば1兆円になり、GNPは0.5%増える効果を収めることができた。（森田明彦

『日中経済関係の新たな構築』、『国際問題』、1981年5月号、40—49ページ)

(34)『朝日新聞』1978年2月16日

(35)小林熙直『日中経済協力の課題と展望——貿易拡大に対する態度の積極的な中国とわが国の対立』、世界経済研究協会『世界経済評論』、1978年10月号、25—27ページ。

(36)Selig S.Harrison,China,Oil,and Asia :Conflict Ahead?中原伸之の日本語訳『中国の石油戦略』、150ページ、日本経済新聞社、1978年

(37)例えば、経団連エネルギー政策委員会委員長松根宗一は1976年2月のフォーラムにおいて次のように述べた。「4、5年の内に協議に照らして中国の石油を輸入できれば、日本は中国石油を処理できる。日本は中国石油の使い方に適応する他道がない。この仕事が正しい軌道に乗りさえすれば、日本の需要全体の1/3はアジアの石油で解決することができる。こうすれば、日本はマラッカ海峡を通る必要がなくなり、それによって経済と政治上の安全が得られる。」(Selig S.Harrison,China,Oil,and Asia:Conflict Shead?中野伸之の日本語訳:『中国の石油戦略』、153ページ、日本経済新聞社、1978年)

(38)その「計画」の内容は、国家プロジェクトとして北海道に日産55万バーレル、年産3000万バーレルの分解施設を建設する。石油業界の反対する理由は、これは石油の輸入コストを今の輸入価格より1リットル当たり1万円高くなる可能性があり、操業率は70%だけである有り合わせの設備をもっと過剰にさせるというものであり、石油業界の代案は有り合わせの脱硫黄施設を改造または転用して中国石油を加工することである。

(39)例えば、中国の対日石油輸出はもともと1978年が700万トン、1979年760万トン、1980年800万トン、1981年950万トン、1982年1500万トンと定められた。石炭輸出も同様であり、1978年が15万トン〜30万トン、1980年100万トン、1982年200万トンである。

(40)「ガイドライン」は各国の一人当たりのGNPによって3種に分けられる。中国(低収入国)に対して提供する信用年間利息は、2〜5年7.25%、5年以上は7.5%。(『朝日新聞』1978年2月17日)

(41)その方法は次の4項目を含む:①特別会計外貨を輸出銀行または都市銀行に貯蓄して、またそれを中国側の銀行に委託し、中国側の銀行も同じ金額の外貨を日本側の銀行に貯蓄して、輸入の際はこれで支払う ②日本は石油と石炭の輸出と同じ金額だけのプラントを輸出する ③前述した両者を結び合わせる④一部のプラント輸出は輸出入銀行を使い、もう一部は「ガ

イドライン」の拘束を受けない民間銀行の提供する低金利を運用して、それによって両者を足させて「ガイドライン」の利率よりいっそうの特恵を与える。

(42) 大蔵省は、中国は異なる経済体制の下での日本貿易金融と利率等のやり方に対する理解が乏しいので、基礎からやり始め相互理解を増進する必要があると考える。(『朝日新聞』1978年4月2日)

(43)『日本経済新聞』1978年10月9日夕刊

(44) 外務省アジア局中国課『日中経済関係の長期展望(要約)』、世界経済研究協会『世界経済評論』、1979年11月号、28ページ。

(45)『人民日報』1978年6月14日

(46)『朝日新聞』1978年7月14日

(47) 西本晋、梅村賢二『欧米諸国の対中貸付け』、日中経済協会『日中経済協会会報』1979年5月号、20—25ページ

(48)『朝日新聞』1978年7月14日

(49) 1979年2月23日～26日訪日する唐克冶金部部長は新日鉄等の日本の関係企業に対し、金額は37億ドル(4200億円)に達する宝山鋼鉄工場のプラント輸入契約に対して実行を中止すると通告した。その原因は支払い能力にかげりが出たからである。(『朝日新聞』1979年2月28日)3月20日、劉希文対外貿易部副部長は輸入中止の部分に対して支払いの猶予方式を取ろうと提起した。当該方式を取れば、双方の焦点問題は利率、保険料負担、ドル契約書の為替相場等がある。

(50)『朝日新聞』1978年9月4日

(51)『日本経済新聞』1978年9月29日～31日、稲山嘉寛と劉希文の会談。

(52) 輸出入銀行の対中輸出貸付けが「吉田書簡」によって制限された時期、自民党内部にはOECFの資金を日中貿易に運用する提案が現れた。(『朝日新聞』1970年3月2日)

(53) 河本通産相が1978年9月11～15日の訪中で、中国側は日本側に黄河、長江の水力発電所発電所等のプロジェクトに対して資金協力を提供するように要求し、河本はこれに対して積極的に応じる姿勢を見せた。(『日本経済新聞』1978年11月5日)10月12日、日本のマスメディアはすでに対中円借款問題に対する政府各省庁の反応を報道した。(『朝日新聞』1978年10月12日)

(54)『北京週報』、1978年10月31日

(55) 1978年10月、中国共産党中央は外国資金、外国援助問題を巡って議論を行ない、その中に反対の意見も現れたが、最終的に導入する方針を決め

た。(『日本経済新聞』1978年12月16日)
(56)施用海主編『円借款をいかに使用する』、8ページ、中国対外経済貿易出版社、1996年
(57)『日本経済新聞』1978年11月27日
(58)『北京週報』1979年1月2日、4ページ
(59)『北京週報』1979年1月9日、10ページ
(60)『日本経済新聞』1979年12月5日
(61)『日本経済新聞』1979年5月19日
(62)李強部長の談話(『北京週報』1979年5月1日、18ページ)鄧小平は1979年10月9日渡辺誠毅『朝日新聞』社長と接見した際、貸付け問題について次のように語った。「最も重要なのは償還能力を持つことであり、償還能力さえあれば、300億ドルでも大丈夫だ。……大部分の製品は輸出すべきだ。これはキーポイントで、輸出すれば償還能力がある。」(『朝日新聞』1979年10月9日)
(63)『人民日報』1979年9月4日
(64)『朝日新聞』1979年1月22日
(65)武吉次郎『中国の対外開放に対する回顧』、[日]中国研究所の編集する『中国年鑑』1992年版別冊、9ページ
(66)矢野俊比谷『日中長期貿易協定の問題』、世界経済研究協会『世界経済評論』1978年5月号、36ページ
(67)外務省アジア局中国課『日中経済関係の長期的展望』、世界経済研究協会『世界経済評論』1979年11月号、36ページ
(68)『朝日新聞』1978年10月12日
(69)松浦晃一郎『援助外交最前線に考えたこと』、76—77ページ、財団法人国際協力推進協会、1990年
(70)『朝日新聞』1978年10月13日
(71)『日本経済新聞』1979年3月13日
(72)『人民日報』1979年11月13日
(73)『朝日新聞』1979年11月10日
(74)Saburo Okita,Japan,China and the United States:Economic Relations and Prospects,Foreign Affairs,Summer 1979,pp.1090～1110.
(75)『朝日新聞』1978年10月12日
(76)『人民日報』1979年1月23日
(77)『人民日報』1979年9月7日
(78)『朝日新聞』1979年2月26日

(79) Chae − Jin Lee,China and Japan:New Economic Diplomacy,Hoover Institution Press,Stanford,1984,p.118.

(80) 70年代以来、日本経済界の二大組織が対中経済関係の主導権を握ったが、一つは、戦後の日中間貿易を担当する人が通産省の協力の下で1972年11月に設立した日中経済協会であり、もう一つは日中国交正常化前後から対中経済協力に参加し始めた経団連であった。(添谷芳秀『日中国交正常化と日中貿易』、[日] 慶応義塾大学『法学研究』62巻10号 [89·10] 60—65ページ)

(81) 1979年3月14日、稲山嘉寛は記者会見において次のように語った。対中資金協力問題は「重要な政治問題であり、考えようによれば首相が判断すべき問題だ。」(『日本経済新聞』1979年3月17日)

(82) 1972年8月、稲山嘉寛新日鉄会社幹事長は、日中貿易は石油と鋼鉄の取引を土台にすべきだと中国側に提案し、その後中国側の方針はこれと同じであった。経団連を含めた日本の財界は石油輸入の増加を貿易不均衡を是正する手段とした。(『日本経済新聞』1975年11月16日)

(83)『日本経済新聞』1979年3月16日

(84)『朝日新聞』1979年9月3日。対中経済協力三原則は1978年9月25日の国連大会期間、園田外相が黄華外交部長とニューヨークで会談の際最初に提起された。(『読売年鑑』1980年版、151—152ページ)

(85) 羽田孜は1979年12月大平首相に随行して訪中の帰国の途中で、日本の対中政府借款問題について他の国との微妙な関係の中にあると大平に話した。(『外交フォーラム』1993年10月号、43ページ)

(86) 稲田十一『発展途上国と日本——対外援助政策の変容過程』、渡辺昭夫編『戦後日本の対外政策』有斐閣、309ページ、1989年

(87)『日本経済新聞』1979年11月21日。中国は西側諸国と各主要国際機関に発展途上国と認定されなかった。1969年の「ピアソン・レポートは、インド等アジア諸国を発展途上国としたが、中国を列挙しなかった。日中経済協会1974年3月の『日中経済交流の理念』をテーマとする資料の中に、中国は欧米にも、ソ連陣営にも、「南側」後進国にも属さない国と見なされた。1975年7月1日発効の日本OECFに関する法律は、その基金は「DACリストの中に並べ上げられた国と地域及び国連経済分類リストに列挙された中央計画経済諸国の中の発展途上国」を対象とすると規定した。

(88) 日本は1979年9月17日に開催されたOECF会議や外国駐在大使館等のルートを通じて、対中円借款問題に対して解決をし、最初に少なくない反対意見が存在している情況の下で、最終的に欧米諸国の理解を得た。(松浦

晃一郎『援助外交最前線で考えたこと』、国際協力推進協会、77—78ページ、151—152ページ、1990年)

(89)外務省『外交青書』1980年版、381ページ

(90)稲田十一『日本外交の中の援助問題の諸方面』、日本国際問題研究所:『国際問題』1987年5月号、17—18ページ

(91)『日本経済新聞』1979年11月23日

(92)田中明彦『日中関係——1945〜1990』、113ページ、東京大学出版会、1991年

(93)稲田十一『対外援助』、有賀貞他編『講座国際政治第4巻:日本の外交』、198ページ、東京大学出版会、1989年

(94)『朝日新聞』1979年11月25日

(95)『日本経済新聞』1979年11月27日

(96)鄧小平は1979年10月9日に次のように語った。「私達の知る限り、日本のASEANに対する関心は高いそうだ。日中間の関係が深まっても、日本とASEANの関係に悪い影響を与えることはない。」(『朝日新聞』1979年10月9日)

(97)大平首相は訪中時の1979年12月7日の記者会見の際、「日本は中国と提携して第三国を目標とする意図が全くない」と述べた。(『朝日新聞』1979年12月8日。)日中首脳会談後、日本は外交ルートを通じてソ連に会談の内容を通達した。しかしソ連は日本の対中円借款の提供に対して強い不満を示した。

(98)『日本経済新聞』1979年11月23日

(99)今井理之『成熟期の日中経済関係を迎えよう』、日本国際問題研究所『国際問題』1982年10月号、21ページ

(100)小島末夫『中国現代化向けの新たな調整と日中関係』、世界経済研究協会『世界経済評論』1980年3月号、50ページ。1979年9月日本外務省の『日中経済関係の長期展望』は、1983年以後中国からの石油輸入は毎年500万トンに達し、1985年の石炭輸入は750万トンに達し、同年日本石炭輸入の7.4%を占めると見込んだ。(世界経済研究協会『世界経済評論』1979年11月号、28—36ページ)

(101)ベルギーは1979年11月に政府貸付けの提供を承諾した。

(102)外務省『外交青書』1980年版、317ページ。

(103)丸山伸郎『日中経済関係』、岡部達味主編『岩波講座:現代中国第6巻』、81ページ、岩波書店、1990年

(104)70年代末日本は主に中国から石油、石炭、非鉄金属を輸入した。しかし、

80年代初頭に中国は石油輸出指標の減少を提起し、双方は貿易協定を訂正し、石炭は中国側の輸出する重点物質となった。(『朝日新聞』1980年2月3日と28日、4月24日と29日、5月27日と29日、9月4日)

(105)大平首相は終始中国に贖罪感を抱いていたようだ。(高浜賛『中曽根外交論』、149ページ、PHP研究所、1984)猪口孝は、「歴史的負債」は日本の対中政策の決定要因の一つであると説く。(猪口孝『現代国際政治と日本』179ページ、築摩書房、1991年)

(106)通産省『経済協力の現状と問題』1989年版総論、74ページ

## 第2節 対中ODAの実施過程

### 1. 80～90年代初頭における対中ODA

1979年末に決定された対中円借款は、日本の「多年度一括決定型」ODAの第1例であり、また中国のDACの援助相手国としてODAを受け入れた初めてのケースである。円借款は、政府の意図を反映した援助の性質を帯びる特恵貸付金に属している。対中円借款の実施によって、日本の対中経済協力は、国交正常化初期の「官民提携」型から「政府主導」型に移行し、日中関係はこれによって新たに重大な転換を実現した。

大平内閣による対中円借款の決断は、日本の対中ODA政策の基調を定めた。この政策に重大な変化が生じなければ、対中円借款の延長は国内外に対する余計な調整や重大な政治的決断を必要とせず、官僚主導型の決定事項になる。80年代の国際環境および日中関係の順調な発展は、いずれも日本の対中経済協力の飛躍的拡大を促進した。80年代には1981年の「宝山鋼鉄公司契約変更問題」、1982年の「教科書問題」、1985年の「靖国神社参拝問題」、1987年の「光華寮問題」など貿易、歴史、台湾などの問題にかかわる摩擦が生じたが、日中関係の基本的枠組みや日本の対中ODA政策は動揺することがなかった。

80年代初頭の米ソによる「新冷戦」の下で、1980年7月に誕生した鈴木首相は、大平内閣の対中ODA三原則を改めて言明するとともに、対中経済援助を西側陣営の中での「責任分担」の義務と位置づけた。1981年1月、輸入能力に乏しい中国は、1978～1979年に外国と調印した宝山鋼鉄等プロジェクトの79.9億ドルのプラント輸入契約の中の30億ドル分を破棄すると提起したが、その中では日系企業にかかわる貿易契約が一番多く、その額は15.74億ドルに達した(1)。日本企業はこれに対して異議を申し立て、中国側は日本側の資金協力の下で引き続き輸入契約書を実行しようと提起した(2)。双方の協議を通じて、日本は第1次円借款プロジェクトの中に広衡線鉄道、五強渓水力発電所の二つのプロジェクトに用いられると定めた貸付金を商品貸付金(1300億円)に改め、これに輸出入銀行の輸出貸付金1000億円と民間融資700億円を付け加えた。双方は1981年12月15日、16日の第2回日中閣僚会議において関係協議書に調印した。この過程の中で、日本政府は終始日中関係の大局を維持しようとする積極的な姿勢を見せた。鈴木首相は、「中国の近代化は、アジアの平和と安定に対して非常に重要である」と強調し(3)、伊東外相も「経済問題で日中両国の友好関係を損害してはいけない」と述べ(4)、通産省も中国のプラント契約に対する融資は政治判断の問題に属すると考えた(5)。

日中国交正常化10周年を迎える1982年、日中両国の指導者は相互訪問を実現した。鈴木首相は9月に訪中の際、中国の指導者と政府資金協力および民間投資協力の強化に関して合意を達成した(6)。1982年末に政権を握った中曽根首相も、前任の対中ODA政策を基本的に受け継いだ。これを背景にして、日本は円借款の取り決めを忠実に履行し、1979年から5年間続けて中国に合計3309億円の円借款を供与した。同時に、日本は1981年から中国に無償援助の供与を始めるとともに、二国経済関係の需要に応じて、別に資金還流など他の形の有償資金援助を行った。貸付金の形式においては、最初の「プロジェクト貸付」からだんだんと「商品貸付」に拡大していった。

最初の取り決めによる対中円借款の供与が1983年に終わったとき、中曽根内閣は1984年3月に1984〜1990年で総額4700億円の第2次対中円借款の供与を決定し、訪中の際にこれを発表した。そして日中間の政治関係の良好な発展を経て、経済上の相互依頼関係も著しい進展を遂げ、第２次対中円借款のプロジェクトも順調に実行された。

良好な日中関係の下で、竹下首相は1988年8月に訪中し、１年間繰り上げて(即ち1989年度)第2次円借款の提供を終えた段階で、1990年から6年間で総額8100億円の第3次円借款を提供するとの日本政府の決定を発表した[7]。これに対して、鄧小平は心からの感謝を表明した[8]。

80年代に日本の対中ODAは順調な発展を経て、1982年から1986年の間、中国は日本の二国間ODAの第１位の被援助国となり、その後の数年間もインドネシアに次ぐ第２位の被援助国となった。

1989年6月、中国に「6.4事件」が起こり、西側諸国は「人権」の棍棒を振り回し、中国に対して政治、経済、軍事交流を停止する等の制裁措置を取った。日本も円借款の実行プロセスを中止したが、できるだけその制裁の性格を薄めようとして、欧米諸国と異なった姿勢を見せた[9]。宇野、海部両内閣は日中両国間の政治、経済関係の重要性に着目し、日本が西側の一員であり、かつアジアの一員であるという二重の身分を生かし、7カ国首脳会議などの場で中国を孤立させないよう国際社会に呼びかけ、中国に対する制裁を早期に解除するために積極的な努力を払った。1990年7月末、日本は西側諸国の中で対中制裁措置を真っ先に解除、四省庁代表団が訪中し、第3次円借款も同年11月に正式に回復した。

1991年12月、大来佐武郎を会長とする「中国国別援助研究会」は研究レポートを発表し、その中で次のような対中援助四原則を提起した。

①日中友好と世界平和を目的とすること②経済改革と対外開放を支援すること③経済の発展によるアンバランスを改めること④人口と国土の規模に配慮を払うこと。

援助プロジェクトにおいては、日本の各時期の対中ODA政策に一定の変化が生じた。第1次円借款は主に山東、山西の石炭運輸に関する鉄道と港建設に用いられ、対中援助と自国の長期的なエネルギー戦略を結びつけようとする日本の意図が明らかにされた[10]。この戦略は70年代における2回の石油危機の衝撃の下で形成されたものである。しかし、世界のエネルギー情勢の好転に伴い、中国の石炭に対する日本の関心が急激に減少し、対中ODA政策における石炭の「開発輸入」の重要性がだんだんと弱まった[11]。プロジェクトの選択において、日本側は円借款によって中国のインフラ施設建設の援助を更に行うことによって、二国間の経済関係の発展を大幅に促進した。そして80年代中期以来、日本の「政治大国化」の進展に伴い、対中ODA政策における政治的色彩も一段と強まったが[12]、円借款は日増しに日中間の政治、経済関係における重要な部分となったのである。

## 2. 1992年以後の対中政策の調整

90年代初頭まで、日本のODA政策は「発展途上国の経済発展を援助することは、これらの国の社会安定に寄与し、さらに一歩進んで地域と世界の平和と安定に寄与することである。」ことを基本理念とした。ところが、1991年からは、欧米諸国からの圧力と自身の外交需要の駆動によって、そのODA政策の調整に取りかかった。1991年4月10日、海部首相は衆議院予算委員会において、「援助四原則」を打ち出した。それはODAを供与する際、被援助国の軍事支出、兵器の開発と製造、兵器の輸出、基本的人権および民主化などの状況に応じて配慮を払うというものである。1992年6月30日、宮沢内閣は『ODA大綱』を策定した。それは、日本ODA政策調整を集大成したものであるが、その頃から、日本の対中ODA政策にも微妙な変化が表れ始めた。

まず、日本は対中ODAの中に政治的条件を付け加え、制裁方式を導入することによって、対中ODAを政治的摩擦を引き起こす要因に転換させたが、これは対中関係を修復する手段にもなった。

日本はODAを中国の核実験と関連づけ、無償援助と円借款を中国に対する圧力と影響を及ぼす手段にした。そして1994年の第4次円借款の決定過程で、河野洋平外相、斎藤邦彦外務省事務次官、平林博外務省経済協力局長およびその他の政府高官は、中国の核実験が円借款の決定に悪影響を与える可能性を何度も表明した。しかし同年11月4日村山首相は江沢民主席と第2回APECでの指導者非公式会議の際に会談し、日本側は11月16日に「(中国の)核実験停止を円借款提供の条件とすることはない」と表明した。一説によると、日本外務省の中国問題専門家はODA四原則を中国に適用することに反対したという(13)。このことは、借款総額の一再ならずの削減に影響を及ぼした可能性がある。

1995年8月、日本は、中国の核実験を理由に、人道主義的緊急援助と民間援助以外の対中無償援助を凍結した。そのため、日本の対中無償援助は1994年度の約78億円から1995年の約5億円まで減少した。そして円借款については、日本政府はこれまで凍結を言明したことはないが、実際に第4次円借款の実行を巡る二国間協議を何度も延期をしたのである。

1996年、日中関係は「日米同盟の再定義問題」、「日本右翼勢力のたびかさなる釣魚島への上陸問題」、「経済援助政治化の問題」、「橋本首相の靖国神社正式参拝問題」等々、日本側によって引き起こされた一連の摩擦の中で厳しい試練を経た。この情勢の下で、日本政府は日中関係を重視すると何度も言明し、措置を講ずることによって日中関係を改善したいという気持ちを表明した。そして円借款交渉の回復はその中の重要なひとつとなった。1996年12月、日本政府は1996年度の円借款支払い額を約1700億円に定めると決定し、1997年2月13日、外務省は自民党対外経済協力特別委員会において、「中国は昨年7月よりすでに核実験を停止した上に、包括的核実験禁止条約に調印した」と述べ、無償援助の回復について、自民党の同意を得た。その過程から見れば分かるように、日本の対中外交において、ODAは制裁手段と見なされる一方で、対中関係を修復する大きな手段ともされている。

次に、円借款の実行方式については、日本はこれまで中国に実行した『多年度決定方式』に対して調整を行った。

1993年、第4次対中円借款を巡る交渉の中で、日本側は過去の5、6年間で一度決定した「多年度方式」を、年ごとに決定する『単年度方式』に改めることを表明した。その理由は第一には、一括に多年度貸付を決めることは、速やかに成長している中国の経　済状況に機動的に対応しにくい。第二には、その他の国とのバランスに気を配らなければならない、というものであった。そして日中双方の協議を経て、1994年1月羽田外相の訪中の際、双方は『3プラス2方式』について協議し、前3年の貸付金総額を先に確定し、3年の期限が満了になってからまた後2年の貸付金の実行について協議することに合意した。これは『多年度方式』と『単年度方式』の中間形態であり、明らかに日中双方の主張をともに配慮するものであった。

日本側は1994年11月19日、前3年の対中政府貸付金額は約6000億円であると決定。1994年12月21～22日に中国政府代表団は、東京で日本側と合意に達したが、その結果は1996～2000年(中国の「第九回五年計画」の間)の第4次円借款に関して、その前3年(1996～1998年の間)の部分に対して、日本側は中国の40件の建設プロジェクトに5800億円の貸付金を提供するというものだった。これは毎年平均1933億円提供することを意味し、第3次円借款の年に平均1350億円より43%増加し、インドネシアに対する円借款の年に平均1800億円の規模を超え、毎年の二国間ODAにおいて第1位の被援助国になった。もっとも、中国の円収入が比較的少なく、円借款で数百億円のこれまでの債務の部分を続々と返済しなければならないため、実際に運用できる円借款成長率の部分はそれほど高くないのである。

第三に、建設援助プロジェクトの選択において、日本は中国の経済インフラ施設を主な対象とする方針を変更した。

第4次対中円借款建設援助プロジェクトを決定する過程において、日本は主に大気汚染防止措置などの環境保全プロジェクト(40件の中に15件を占める)、農業プロジェクト(5件を占める)および中西部地区のプロジェクト(27件を占める)を追加した。この方針は細川首相が1994年3月の訪中の際にすでに中国側に提起したもので、環境、人口などグローバル化問題を解決するために力を尽すことは、90年代における日本対外政策の重要な構成部分であるとしているが、対中ODAの中で環境保全を特別に重視しているのは、日本の外交理念の他に対中関係の中のほかの原因がある。それは第一に、中国の環境改善に協力することは、中国を援助する目的の達成の他に、大気汚染が海を渡って日本に伝わることも防止でき、これによって酸性雨など日本を害する汚染源を減少させる。第二に、中国経済は80年代初頭と比べればすでに大きな発展を遂げたが、同時に工業と農業の格差、地域間の格差、発展と環境の矛盾などが問題化したため、日本はこれに対して建設援助の重点をインフラ施設の建設から環境保全、農業および人材育成の方面に転換したのである。

日本が対中ODA政策において行った調整は、主に地政学的側面と経済的考慮の両面に立脚したものであり、同時に国内世論の変化によるものであった。

地政学的側面において、日本は中国の影響力の増加に対して警戒心を持つようになった。報道によれば、自民党内の一部には次のような主張が有る。それは「中国は大国化の方向に進んでいて、これからは全面的に対中経済援助政策を見直す必要がある」というものであるが(14)、

『ODA大綱』の策定と中国経済の発展を背景として、日本は対中関係においてライバル意識を強めた。話によると、第4次円借款の決定過程において、円借款を主管する四省庁の中で一部の人は、対中円借款を大幅に減らそうと主張し、また、1994年10月自民、社会党の一部の国会議員は外務省に対し「すでに大国になった中国に、援助を実行するときに遵守しなければならない方針を再認識すべきではないか」と提案した。外務省の一部の官僚は、当時の村山首相の訪中は「朝貢外交」であり、ただ円借款を提供するだけ」と不満をもらしたという。

経済分野において、日本は中国の発展を恐れているという。話によると、日本政府は第4次円借款を「日本の希望する中国発展速度の指針」にして、円借款を提供するときは「将来の日中両国の経済力のバランス問題」に配慮を払わなければならない、即ち「借款カード」を切ることによって中国の発展に対し影響を与えることを狙ったものであるが、また、一部の人は道路、鉄道、港など中国の軍事力の増強に寄与する経済インフラ施設に、再び援助を提供しないよう提起した(15)。将来の対中ODA政策について、一説によれば、外務省は90年代中ごろにすでに2001年以後の対中円借款方式を検討しており、特に恵まれた条件で対中ODAを供与した過去の方針に対して大幅な訂正を進めていたという(16)。

国内世論の面で、DAC諸国の「援助疲れ」現象、冷戦後「戦略援助」必要性の低下、経済不況の中の財政問題、また中国経済の急速な発展などの要因によって国内世論の中で政府の対中ODA政策に対して疑いを持つ傾向が見られるようになり、また一部のマスメディアも中国の核実験を借りてこの世論を助長した(17)。円借款プロジェクトの中における日本企業の落札率は1989年の38%から1995年の27%まで下がり、これに対し日本企業はこのような局面を脱するために政府に措置を講ずるよう要求した。これらの要因は日本に対中ODAの意義、規模及び方式を改めて認識させるように促進する働きをした。

このように、90年代中期以来、日本の対中ODA政策は明らかに政官界と国内世論からの批判に立たされている。しかし、なんと言っても対中ODA政策は、80年代以来日本の対中外交の中の重要な成功の一例であり、今もってなお非常に強い存続力を持っている。

まずは、1979年大平内閣が対中ODA政策を確立したとき考えた幾つかの基本的要素、即ち地政学的要因、経済の相互依存、友好と歴史などの分野における日中間の密接な関係は、存在様式にある程度の変化が起こっただけで依然として存続している。

次に、対中ODAはもはや日中関係の重要な構成部分となり、日本が対中外交の中で友好の態度を表す象徴的なものとなった。

第三に、中国は依然として発展途上国であり、その経済発展は一部の国際機構または一部の人たちが大袈裟にいうような発展水準にはまだまだ達していないため、依然として日本のODA資金による支援を必要としているということである。

最後に、中国のすべての政策は経済建設を最高の課題としており、また対外関係においては独立自主の平和外交政策を遂行し、西側の一部の勢力が「中国脅威論」の中で吹聴するような地域覇権を求めることはあり得ないということである。

これらの状況から、日本のいずれの内閣も大平内閣以来の対中ODA政策を改めようとするとき、充分な理由と内外の理解と決断能力を持たなければならず、それは決して容易なことではないということが分かる。

現在、その実行方式に対して逐次に調整を進めているにせよ、日本が中国の近代化建設と改革開放を支援するという基本方針に変化は見られない。1998年11月、日中双方は第4次円借款の後2年部分(1999年～2000年期間)のプロジェクトと金額について協議を達成した。11月26日、小渕首相は訪日した江沢民主席に、これから2年以内に3900億円の対中円借款を提供する予定だと表明した[18]。

今後、日本の対中ODA政策の焦点は次の点に変わる。日本は2000年以後の対中ODAに如何に対応するか。目下の兆しから見れば、2000年以後日本は変わることなく対中ODAを提供するが、その実行方式に対して次のような調整を進める可能性がある。第一には、目前の「3プラス2方式」を「単年度方式」に改め[19]、第二には建設援助プロジェクトにおいて一歩進んで環境保全と内陸プロジェクトに傾き[20]、第二には、ODAの金額を状況によって機動的に調整し、第四にはODAの外交手段としての作用を増強するということである、第五には中国市場でODAによって日本企業を後押しすることである[21]。90年代日本の対中ODA政策の調整は日本自身に次のような矛盾をもたらした。

第一には、対中経済政策において、欧米諸国の対中政策とコントラストをつけることである。近年来アメリはややもすれば中国に対して政治的高圧をかけてくるが、経済分野では中国と貿易を積極的に進め、大統領自らも企業の大口取引のために道を開き、橋をかけたりしているが、これは当時日本の首相がヨーロッパで製品を売りさばきながらマスメディアに皮肉られた時のようである。このような時、日本は過去の「三位一体」の方式を諦め、かえって対中ODAを政治高圧方式と連結することの結果として、日本は中国市場の開拓競争においてアメリカに勝つことはあり得ないのである。

第二には、ODAの質の向上と自国企業の利益の間に矛盾が生じることである。日本はDAC諸国の要求の下で、対中円借款の中の「タイド」の調達条件を何度も減少ないし撤廃して、結果的に日本企業の対中ODA建設援助プロジェクトの入札率を引き続き低下させる。

第三には、制裁手段の導入と日中経済の相互依頼関係はまったく相容れないということである。中国は今の世界において最も発展が早く、潜在力の大きな貿易対象と投資地域であり、日本は対中経済往来の拡大を、将来の対外経済戦略の中の重点としなくてはならない。対中ODAの中に政治的高圧をかける方法は日中間の相互信頼に陰を投じ、それによって日本の対中経済活動にマイナスの影響をもたらす。

日本がこのような矛盾を解決できるかどうかは、世紀の変わり目における日本の対外政策の総体的な趨勢、日米欧関係の未来図、日中関係の行方と日本各派勢力の消長など多種要因の相互作用によって決定されるのである。

《注釈》

(1) 中国の輸入契約書破棄過程については、国分良成『中国の政治と民主化』、36—76ページ、サイマル出版会、1992年

(2) 鄧小平は政府貸し付けと合弁などの形式を利用してプラントを引き続き輸入すべきだと示した。(『朝日新聞』1981年2月13日)

(3)『朝日新聞』1981年3月5日

(4)『朝日新聞』1981年2月27日

(5)『朝日新聞』1981年3月13日

(6) 今井理之『成熟期の日中経済関係を迎える』、日本国際問題研究所『国際問題』、1982年10月号、26ページ

(7) 松浦晃一郎、韮澤嘉雄『竹下総理の中国訪問と日中経済協力をめぐって』、世界経済研究協会『世界経済評論』、1988年12月号、65ページ

(8)『朝日新聞』1988年8月26日夕刊

(9) 松浦晃一郎『我が国の対中援助』、『国際協力特別情報』第16巻第1号、1—9ページ、1990年1月1日

(10) 例えば、大来外相は1980年5月に、「今後の世界趨勢は石油から石炭に移り変わり、日本もその方向に転向するつもりだ。」と述べた。(『朝日新聞』1980年5月29日。)佐々木通産相は1980年4月の訪中時においても中国側に石炭輸出の増加を承諾した。

(11) 日本の基本的な態度は、中国の石炭を輸入するかどうかは民間企業の行為であり、政府は一切代行してはいけない。(丸山伸郎『日中経済協力の現

状と今後の課題』、中国研究所編『中国年鑑』1992年判別冊、6ページ。)

(12) 廖光生『日本政府開発援助と中日関係』、廖光生主編『中日関係とアジア太平洋地域協力』、香港中文大学、3—24ページ、1990年

(13)『日本経済新聞』1993年11月3日

(14)『朝日新聞』1997年2月14日

(15) [仏]『世界報』1994年10月23日、24日に掲載。その他に、多数の日本の専門家はこれに対しても遠慮なく発言した。例えば佐伯喜一は次のように述べた。「中国経済の発展は日本を脅かす可能性があると心配するから、これから中国に対する日本の円借款は経済インフラ施設面にもっと運用せず、環境保全とその他の分野に多く用いるだろう」

(16)『日本経済新聞』1995年1月1日

(17)『世界日報』1994年12月28日、『産経新聞』1994年2月23日

(18) 1998年度日本のODA予算は10%減少した。1998年11月初頭、日本は第4次円借款の後2年分の年間平均額を前3年より10%減らし、2年間合計3500億円にすると決定した。これは1979年以来はじめて前年より減額したものであるが、最後に決定された総額は3900億円で、年間平均額は前3年より少し増えた。

(19) 共同通信社1998年10月19日のニュース、『朝日新聞』1998年11月5日のニュースなどでは日本は2001年から対中円借款の中で単年度方式を実行する方針を報道したとし、これに対し、外務省は1979年から対中円借款の上でずっと多年度方式を取ったのは中国の戦争賠償放棄に報いる性格を帯びていると述べた。

(20)『日本経済新聞』1998年11月2日の報道によると、日本政府はすでに対中援助の重点を経済発展の協力から貧困と環境保全の解決を助ける方向に転じると決定した。この期間にJICAの中国援助研究会(会長は渡辺利夫)はレポートの中で「共生環境の構築」を対中援助の基本的目標とすると表明した。

(21) 北京と上海間の高速鉄道は、中国が「第10期五か年計画」の期間に開始する可能性のある建設プロジェクトである。報道によると、このプロジェクトは120億ドルを使い、10年間かかる見込みで、それを勝ち取った国と企業は中国市場に進出する大きなチャンスをつかめるという。近年来、日本企業集団とヨーロッパ連合財団(イギリスとフランスのアルストンとドイツのシーメンツを主体とする)は激烈な請負競争を繰り広げた。日本は自国の企業集団が1997年8月の長江三峡ダム発動機の国際入札において、政府支持を受けたヨーロッパ企業に敗れた教訓を汲み取り、「政府主導方式」を採ることを決定し

た。1997年7月、運輸省は三菱商事、東海旅客鉄道と川崎重工などによって「日中鉄道友好推進協議会」を結成。1998年4月には黒野運輸省次官が当協議会のメンバーに伴って訪中し、中国側と鉄道技術協定を調印するとともに、日本は高速鉄道の注文を受け入れたい意向を伝えた。そして同年12月、土井運輸省次官はこれについて交渉を行うよう中国に提起し、1998年11月江主席の訪日前には、日本は中国に対して積極的活動を展開した。([英]『金融時報』1998 年 12 月 18 日、『日本経済新聞』1999 年 1 月 6 日)

## 第3節　対中ODAの効果と課題

ここ20年来、日本のODAは中国の経済建設において大きな促進の役割を果たした。しかし、一般の中国人は当然のこと一部の専門家や学者もこれについてあまり知らなかったのである。円借款を中心とする対中ODA を如何に評価し対応するかは、日本側の直面する重要な課題であり、同時に中国側にとっても考えなければならない重要な課題でもある。

1979年1月23日の『人民日報』は、大平首相が対中経済協力について次のように述べたことを報道した。それは「政府は、輸出入銀行と海外経済協力基金を後ろ盾として、大規模な協力を推し進める」というものであるが、1979年12月、日本が対中円借款の供与を正式に決めてから、中国の主要新聞や雑誌は日本の対中ODAに対して、一定の報道や論文を発表し（表6－3）、また、関係の学術論文や一般の文章の中にも、日本の対中ODAの状況が述べられた。全般的に見れば、1980年から1989年の間の報道は無償援助に対してたいへん好意的な宣伝が比較的多く見られたが、円借款に対しては、一般に公文交換などの事実に関する客観的な報道だけにとどまった。しかし、1989年になってからは、円借款の

表6－3　1980～1994年日本の対中ODAに対する『人民日報』の報道回数

| 内容＼年代 | 80 | 81 | 82 | 83 | 84 | 85 | 86 | 87 | 88 | 89 | 90 | 91 | 92 | 93 | 94 | 合計 |
|---|---|---|---|---|---|---|---|---|---|---|---|---|---|---|---|---|
| 円借款 | 5 | 1 | 3 | 2 | 2 | 0 | 1 | 2 | 2 | 0 | 5 | 3 | 2 | 3 | 4 | 35 |
| 無償援助、技術協力 | 1 | 5 | 3 | 5 | 10 | 2 | 4 | 1 | 2 | 1 | 5 | 3 | 4 | 4 | 2 | 52 |
| 合計 | 6 | 6 | 6 | 7 | 12 | 2 | 5 | 3 | 4 | 1 | 10 | 6 | 6 | 7 | 6 | 87 |

出所：劉志明『中国から日本の対中経済協力をみる』、『国際協力研究』第24号。

意義を比較的多く報道するとともに、日本の対中経済協力に対して積極的な評価を行った[1]。

円借款の性質をいかに認識するか。日本の対中ODAの動機を如何に理解するか。円借款の効果をいかに見るか等々、認識と評価について、日中間に1979年からこれまで微妙な差異が存在している[2]。1994、1995年に行われた調査に示されたように、北京の市民は日本の経済協力をあまり知らず、外国経済協力に対する評価の中で、対中ODAに関して日本よりはるかに少ないアメリカを第1位に置いた(表6－4)。従来日本のODAに対して紹介と研究を行う中国の報道や文章もあまりなく、多くは「平等互恵」、「日本にも有利である」[3]、「中国の戦争賠償放棄への補償」等の他には、円借款の援助性質を論述したものは少なく、対中ODAの分野における日本政府、団体と個人の貢献に触れたものは決して多くない。そのほかに、人々の対日意識はまた次の二つの方面の影響を受ける可能性がある。第一には、日本の一部の勢力による中国への侵略の歴史を否定しようとする言動は、人々にマイナスのイメージを生じさせ、

**表6—4　経済協力に対する北京市民の評価と期待**

| | 評価 | | 期待 | |
|---|---|---|---|---|
| | 順番 | % | 順番 | % |
| アメリカ | 1 | 42.1 | 1 | 31.8 |
| 日本 | 2 | 19.8 | 3 | 11.4 |
| ドイツ | 5 | 5.6 | 2 | 14.2 |
| フランス | 6 | 1.3 | 6 | 1.3 |
| イギリス | 7 | 0.5 | 7 | 1.1 |
| 香港、台湾、マカオ | 3 | 8.9 | 4 | 10.6 |
| 国連機構 | 4 | 6.7 | 5 | 9.0 |

出所：表6—3と同じ。

日本のODAが人々に与える影響力を大いに低下させ、また一部の人にあっては円借款にある種の利益への追求が隠されていると疑う。第二には、日本企業の対中投資に対する態度が消極的であることについての報道も、人々の意識に影響しており、普通の人々は政府援助と民間投資の間の性格的差異をあまり知らないのである。

要するに、一般的に言えば、人々は日本のODAの実行状況に対して、基本的な理解に欠けているのであり(4)、こういう状況は日本をよく理解する上で有害であり、特に両国国民の意識の中で相互信頼の程度が降下している情況の下で、より総合的で、均衡性のある相互認識の向上が更に必要となっている(5)。

円借款が実行されてから、円借款は中国のエネルギー、資源開発などのインフラ産業、交通、運輸、通信など経済インフラ施設の建設および農林、都市建設、環境保全などの面で積極的な役割を果たし、数多くの大型プロジェクトを成功に導いた。その中で、とりわけ交通運輸など中国経済の「ボトルネック」になる経済インフラ施設がその重点となった(6)。

対中円借款プロジェクトの質は比較的高く、これは中国側の積極姿勢および比較的高いプロジェクトの実行能力と密接に繋がっている(7)。80年代以降、中国の主管体制の中で、ODA プロジェクトの確定は国家計画委員会に属し、ODA 導入の協議は計画委員会、対外経済貿易部および財政部の三つの部門で共同で調印しなければならず、発効後は輸出入銀行によって外国のODA貸付金が使用部門に譲渡される。ODAプロジェクトは中国の国民経済5カ年計画に組み入れられるが、これはODAプロジェクトの中央と地方における束縛力と効率性を確保するとともに、ODA プロジェクトに必要とする土地、給料、移動など「内部資本」の部分も確保するためのものであるが、これまでこのODA資金について使い込みなどの腐敗現象と不法事件が一度も起こったことがなく、これらの面はいずれもアフリカや東南アジアに対する外国のODAとは比較できないほどである。

円借款プロジェクトの実行は、中国の経済開発と生活条件の改善を促進するために、積極的な役割を果たした。以下はその中の一部の重要な例である。

(1)鉄道:中国は円借款を運用し、全体で電化鉄道を4,407キロメートル建設し、また、その中で新しく建設された電化鉄道は2,735キロメートルに達したが、これは「第六期五か年計画」から「第八期五か年計画」までの間、中国の実現した全長10,875キロメートルの電化鉄道の25%に相当する。

円借款の鉄道建設援助プロジェクトの中に、中国の第一本の荷重汽車石炭運送専用線——大瑶山トンネル——大同から秦皇島までの鉄道(14.3キロメートル)が含まれているが、円借款を利用する鉄道建設プロジェクトは次のようにいくつかのタイプがある。

①石炭運送幹線:えん州——石臼所鉄道(303キロメートル)、大同——秦皇島鉄道(242キロメートル)、神木——朔県鉄道(269キロメートル)の建設には合計851億円の円借款を利用した。

②南北幹線:北京——九竜鉄道の衡水から商丘までの区間(400キロメートル)の建設には236億円の円借款を利用した。736億円の円借款を使って建て上げた衡陽——広州複線プロジェクトは北京——広州線運送を長期的に困難にさせていた「ボトルネック」の問題を解決した。

③北西、南西幹線:宝鶏——中衛鉄道(500キロメートル)、南寧——昆明鉄道(684キロメートル)の電気化プロジェクトは970億円の円借款を利用した。

④北東方面:北京——秦皇島鉄道の複線電気化プロジェクト(273キロ

メートル)は870億円の円借款を使い、北京秦皇島間の運行必要時間を90分間縮めた。

そのほかに、鄭州——宝鶏鉄道電気化、福建章泉鉄道建設などのプロジェクトがある。

技術協力の面において、1992年まで日本側は合計313人の専門家を派遣して、高速鉄道技術とトンネル技術を供与するとともに、中国鉄道管理学院のプロジェクトに技術協力をした。

(2) 自動車道路:中国は1990年から道路建設に円借款を利用した。その主なプロジェクトは次の三種類である。

①道路橋の架設:中国は円借款を利用して重慶、武漢、黄石、銅陵など四つの長江沿岸都市に、川を渡る道路橋をそれぞれ架設し、同時に、斉斉哈爾嫩江道路橋を建設し、合計で約239億円の円借款を利用した。その中の、重慶長江第二大橋は、中国において鉄筋コンクリート構造のスパンの最も大きなつり橋(斜め引っ張り橋)である。

②高速道路の修築:海南省高速道路(全長253キロメートル)の建設、また青島——黄島環形道路(全長約68キロメートル)、合肥——銅陵自動車専用道路(全長約136キロメートル)の改造工事には合計約271億円の円借款を利用した。

③技術協力:浙江省幹線道路ネットワークの修築プロジェクトとアモイ海岸道路橋建設プロジェクトの先行調査、および総合企画の制定はすべて日本側の技術協力を得た。また、高速道路と道路橋建設の実行性調査の面で、日本側からの関連技術の供与を受けた。

(3) 港湾:石炭運送に使われる港である。石臼所港と秦皇島港の建設プロジェクトには合計で1,037億円の円借款を利用した。次には遠洋と沿海運送に用いる主要な港である。青島、連云港、深圳大鵬湾塩田港、海南島海口港の拡張工事には全部で1272億円ほどの円借款を利用し併せて、22箇所のバースおよび施設の修築と改造プロジェクトには日本側の協力を得た。中国は円借款を利用して、8箇所の港、56箇所のバースを建てたが、その中で5万トン級のバースは48箇所あり、1981年以来建てられた342箇所の5万トン級バースの14%に相当する。

(4) 航空：武漢天河空港（滑走路の長さは3000メートルあり、ボーイン767型飛行機が離陸できる）の投資総額は9.15億人民元で、その中の円借款金額は62.79億円である。北京首都空港施設の拡張プロジェクト（年間旅客運搬量1700万人）は第3次円借款215.41億円、第4次円借款前3年部分の183.38億円、合計398.79億円を利用した。そのほかに、1994年まで、航空コントロールシステムの近代化プロジェクト（全国の150箇所にレーダーを設置した）には円借款210.03億円を利用した。

(5) 都市交通：北京地下鉄第一期工事には第2次円借款40億円を利用したが、現在進められている北京復興門以東の12.8キロメートルの第二期地下鉄建設工事は1994年までに133.35億の円借款を利用した。上海、重慶、天津、大連などの都市型鉄道開発調査と無錫道路交通管理幹部育成センターは全部日本側の技術協力を得た。

(6) 電力：中国は円借款によって、発電能力648万千VAの発電所を新しく建てたが、その中で「第八期五カ年計画」の部分は580万千VAであり、中国が新しく建てようとする発電容量5820万千VA計画の10%に相当する。例えば、天生橋水利発電所プロジェクトは第2次円借款770億円と第3次円借款406億円を利用して、中国の電力供給状況の改善のために重要な貢献をした。円借款を利用した発電施設建設プロジェクトは、他に北京十三陵吸い上げ水力発電所、湖北省鄂州火力発電所、湖南五強渓水利発電所、三河火力発電所などがある。

(7) 省エネルギー：中国は省エネルギーなどの面において、日本側の技術譲渡と人材育成方面の協力を得たが、1984年、中国は日本側の協力の下で大連省エネ教育センターを設立し、日本側は当該センターに専門家を派遣し、関連器材を提供した。

(8) 通信：中国は円借款によって通信を改善した。例えば、上海など8省4市で128.7部のプログラム制御電話を備え、また、1984年から1987年の間、天津、上海、広州では第2次円借款350億円を利用して、それぞれ8万部、12万部、10万部のデジタルプログラム制御電子交換機を取り付けるとともに、電話支局間の光ファイバーデジタル中継伝送線路、加入者線路、通信パイプ、補修センター、ソフトセンターなど多くの施設を作り、3市の通話率を大いに高めた。そのほかに、円借款を利用して北京——瀋陽——哈爾浜(ハルビン)の間に電線光ファイバーを敷設するが、これは「第八期五ヵ年計画」の重点建設プロジェクトであり、その全長は4,707キロメートルで、世界において一次的に建てられた最も長い光ファイバー繊維通信線路であり、「第八期五ヵ年計画」期間中国の敷設した30,000キロメートルの光ファイバーの約16%ほどを占めるものである。このほかにまた黒竜江、吉林、陝西、江蘇、上海、浙江、福建等の省と厦門(アモイ)、広州などの都市の通信網拡張プロジェクトも全部円借款を利用した。

(9) 情報システム：例えば、円借款を利用して国家経済情報システムを設立した。

(10) ダム：6年間の施工を経て1995年に観音閣ダムを建設したがその投資総額は15.68億人民元で、その内の円借款は117.8億円であった。また、遼寧省の洪水防止、供水、発電、総合運営、旅行などの方面のために重要な貢献をした。

(11) 水利：例えば江蘇省通楡河灌漑開発計画などである。

(12) 化学肥料：1991年以来、中国は円借款によって6軒の化学肥料工場を建設したが、その生産能力は年間産出143万トンであり、「第八期五カ年計画」期間中、中国の増加した化学肥料生産能力254万トンの56%に相当する。その中に、中国の規模最大の石炭を原料として年間産出30万トンの合成アンモニア、52万トンの尿素の生産地である陝西渭河化学肥料工場、および重油を原料として年間産出は30万トンの合成アンモニア、52万トンの尿素の生産地である内モンゴル化学肥料工場と九江化学肥料工場が含まれている。このほかに、円借款を利用したプロジェクトはまた広西柳州鹿寨化学肥料工場建設、貴州福泉瓮福化学肥料工場建設、云南化学肥料工場などがある。

(13) 都市建設:例えば、青島発展計画(道路、通信、供水、汚水処理などを含める)、海南発展計画(港、道路、電気通信など)などがある。

(14) 都市ガス:例えば、円借款によって中国最大の天然ガス供給パイプ網――哈爾浜(ハルビン)ガス工事を建設した。他には福建など地方のガス供給施設の拡張プロジェクトがある。

(15) 都市供水:北京供水施設の拡張プロジェクトは第2次円借款154.8億円、第3次円借款156.78億円、第4次円借款前3年部分の200億円、合計511.58億円を使用した。そのほかに、天津、鞍山、鄭州、西安、徐州、南京、合肥、重慶、成都、厦門(アモイ)、昆明などの供水施設拡張計画がある。

(16) 環境保全:例えば、第2次円借款26.40億円を利用して、中国において最大規模、技術と設備の最も先進的な都市汚水処理工場――北京市高碑店汚水処理工場を建設した。

対中円借款の建設援助プロジェクトは全体の規模が大きく、周期が長く、技術要求が高く、施工が難しいプロジェクトであり、円借款を運用して先進設備と技術を導入することは、建設プロジェクトの進度と質を確保するだけでなく、中国の技術水準を向上させ、人材を育成する効果を収めた。そのような意味でここ20年来、円借款はすでに中国の経済建設資金捻出の上で重要な構成部分となった(表6 − 5)。

これまで、契約ベースで計算すれば日本の提供した対中円借款の総額は、すでに26509億円(表6−7)に達した。日本は中国に対して最も多く

**表6−5　中国投資予算における円借款の占めた比率**

| プロジェクト／年度 | 社会全体固定資本投資(億元) | 国家基本建設予算(億元)(A) | 円借款金額(億円) | 人民元で換算する円借款の価値(億元)(B) | (B)(A)(%) |
|---|---|---|---|---|---|
| 1985 | 2543 | 584 | 751 | 9 (1元=82円) | 1.54 |
| 1986 | 3020 | 671 | 806 | 16 (1元=50円) | 2.38 |
| 1987 | 3641 | 612 | 650 | 22 (1元=39円) | 3.59 |
| 1988 | 4497 | 633 | 1615 | 48 (1元=34円) | 7.58 |
| 1989 | 4138 | 626 | 972 | 25 (1元=37円) | 3.99 |
| 1990 | 4449 | 726 | 1225 | 41 (1元=30円) | 5.65 |
| 1991 | 5509 | 740 | 1296 | 52 (1元=25円) | 7.03 |
| 1992 | 7582 | 625 | 1387 | 60 (1元=23円) | 10.41 |

出所：中国駐在日本大使館：『日本の対中経済協力』、第7ページ。

のODAを提供した国であり、中国が受け入れた外国ODAの中で円借款は40%以上を占めた(表6－6)。

要するに、他の国が中国に提供する政府貸付金と比べれば、円借款は一番早く、規模も最大で、条件が一番恵まれているなどの特徴を持って

**表6－6　中国の利用した外国政府借款国別統計表(1979～1995年6月)**

単位：億ドル

| 順　番 | 提供国 | 発効額 | 占める割合(%) | プロジェクト数 |
|---|---|---|---|---|
| 1 | 日本 | 97.27 | 41.91 | 72 |
| 2 | ドイツ | 22.89 | 9.86 | 42 |
| 3 | フランス | 19.56 | 8.42 | 80 |
| 4 | スペイン | 18.32 | 7.89 | 107 |
| 5 | イタリア | 16.21 | 6.98 | 47 |
| 6 | カナダ | 13.37 | 5.76 | 108 |
| 7 | イギリス | 10.50 | 4.52 | 82 |
| 8 | オーストリア | 6.09 | 2.62 | 53 |
| 9 | オーストラリア | 4.42 | 1.90 | 18 |
| 10 | クウェート | 4.28 | 1.84 | 51 |
| 11 | スウェーデン | 4.05 | 1.75 | 12 |
| 12 | フィンランド | 3.30 | 1.42 | 60 |
| 13 | 北欧投資銀行 | 2.17 | 0.94 | 40 |
| 14 | デンマーク | 1.95 | 0.84 | 81 |
| 15 | オランダ | 1.87 | 0.81 | 31 |
| 16 | スイス | 1.81 | 0.78 | 45 |
| 17 | ノルウェー | 1.55 | 0.67 | 40 |
| 18 | ベルギー | 1.17 | 0.50 | 30 |
| 19 | ロシア | 0.74 | 0.32 | 1 |
| 20 | アメリカ | 0.23 | 0.10 | 1 |
| 21 | ルクセンブルグ | 0.13 | 0.06 | 2 |
| 22 | イスラエル | 0.20 | 0.09 | 1 |
| 23 | 韓国 | (調印終了) | | |
| | 合計 | 232.08 | 100.00 | 1351 |

出所：対外経済貿易協力部、施用海主編「円借款を如何に利用するか」、31～32ページ。

**表６－７　第１～４次対中円借款一覧表**

| | 第１次 | 第２次 | 第３次 | 第４次<br>(前３年) | 第４次<br>(後２年) |
|---|---|---|---|---|---|
| 態度を表明する時間 | 1979年12月<br>大平首相 | 1984年３月<br>中曽根首相 | 1988年３月<br>竹下首相 | 1994年12月<br>村山首相 | 1998年11月<br>小渕首相 |
| 対象プロジェクト | ４件(鉄道２件、港２件)；商品貸付１件。<br>(合計５件) | ７件(鉄道、港、電話、電力)；追加９件；黒字還流１件。<br>(合計17件) | 40件(電力、鉄道、港、空港、道路、通信、都市建設、農業など)、資金還流２件。追加８件。<br>(合計50件) | 40件(道路、港、水利、空港、通信、電力、インフラ施設、農業、環境保全)<br>(合計40件) | |
| 実施期間 | 1979～1983 | 1984～1990<br>(１年間繰り上げて1989年に完遂) | 1990～1995 | 1996～1998 | 1999～2000 |
| 貸付金額 | 3309億円：<br>プロジェクト貸付金：<br>2009億<br>商品貸付金：<br>1300億<br>3% | 5400億円：<br>プロジェクト貸付金：<br>4700億<br>黒字還流：<br>700億 | 8100億 | 5800億 | 3900億 |
| 利率 | 据置期限10年<br>償還期限30年 | 1984年<br>3.25%<br>1985～1986年<br>3.5%<br>1987年　3%<br>1988～1989年<br>2.5% | | 1998年の前：<br>標準利率2.3%<br>普通環境保全<br>2.1%<br>特別環0.75%<br>1998年：<br>標準利率1.8%<br>普通環境保全<br>1.3%<br>特別環境保<br>0.75% | |
| 償還期限 | | 据置期限10年<br>償還期限30年 | 据置期限10年<br>償還期限30年 | 償還期限30年<br>据置期限10年 | 据置期限10年<br>償還期限30年 |

いる。外国の対中ODAの中で、円借款は中国の経済開発と生活環境の改善を促進する面において最も大きな役割を果たした。

そのような意味で、対中円借款の実行方式は大きな合理性を持っている。

第一に、円借款の資金は直接的に借り方に支払われず、建設援助プロジェクトの進展によって設備と労務の備え方に支払われるのである。もし借り方に実行能力がないことが分かれば、貸付協定がすでに調印されたとしても、日本側は期日どおりに支払わないことになる。これはプロジェクトの監督と促進に寄与するだけではなく、これによって資金の無駄使いと不正も防止できる。日本の対中円借款がこれまで全部期日どおりに届いたのは、普通の国のプロジェクトを完成するには平均6年間を経なければならないが、中国に対しては4年間しか必要ないからである。中国側の円借款の運用能力は、日本側から高い評価を受けている[(8)]。中国側は円借款援助プロジェクトを高度に重要視し、積極的に協力して、プロジェクトを立てる前から実行にとりかかるまですべてに慎重かつ綿密な配置をし、そのうえに管理が優れているので、日本の数多くのODA被援助国のなかで、中国は円借款を消化し、その効果と利益を生み出す上で成績に優れ、まさに成功の手本だと言えるのである[(9)]。

第二に、ほとんどの援助国には、政府貸付と輸出貸付を混ぜて提供するが、円借款は単純に政府貸付に属するうえに全部ソフト貸付であり、その金額は大きく、期限は長く(30年)、利率は低い(2.5～3.5%)。これと比べて他の国の政府貸付金は普通は金額が小さく、期限は短く(ドイツ、フランス、ベルギーだけは30年であるが、金額は小さく、だいたいが混合貸付である)、利率は高い(3～4.5%)。

第三に、ドイツ、フランス、スペインをはじめほとんどの国の政府貸付は、全部その国の物資とサービスを購入する「タイド」条件を付けてあるが、円借款プロジェクトは完全な「アンタイド化」により、中国は国際入札によって物資とサービスの提供国および企業を選択することができる[(10)]。これは中国に高質で、値段の安い物資とサービスを選択できるようにするとともに、中国の企業が入札競争に加入できるようにすることによって、その落札率も絶えず上昇しているからである。例えば、1991年対中円借款プロジェクトの入札における中国の内陸企業の落札率は48%だったが、1993年には29%に減少した。

近年来、香港、欧米およびほかの国と地域の企業の落札比率は、年を追ってある程度増大している。例えば、1992年1月、渭河化学肥料工場の空気分離機プロジェクトはフランス企業に落札され(契約金額45億円)、1992年7月十三陵水力発電所の吸い上げ水力タービンプロジェクトはアメリカ企業に落札された。また1992年12月云南化学肥料工場の燐酸プロジェクトはドイツ企業に落札され(契約金額17億円)、1993年1月九江化学肥料工場の尿素プロジェクトはイタリア企業に(契約金額44億円)、また1993年5月宝鶏—中衛鉄道のトランスフォーマープロジェクトはスウェーデン企業に落札されたのである(契約金額12億円)。

対中円借款は、特に恵まれた条件で提供される「援助」であるが、それと同時に償還しなければならない「貸付」でもある。中国は1980年から円借款を受け入れ始め、1980年から1989年の支払猶予期間には元金を償還せず、合計1982.06億円の利息を支払った。1990年から対中円借款は償還期に入り、今まで、毎年時間どおりにこの債務を償還してきた。例えば1992年元金と利息を含めた償還額は約450億円、1994年は500億円余りであるが、償還ピークはその後に到来した。1994年まで、合計すれば中国は円借款の元金と利息を2821.51億円支払った。

1998年4月8日中国外貨管理局に公表されたデータによると、1997年末まで中国の外債残高は1309.6億ドルで、1996年比では146.8億ドル増

表6－8　第1次～第3次対中円借款建設援助プロジェクトの構成

| プロジェクトの名称 | プロジェクトの数 | 使用金額(億円) | 占める比重(%) |
|---|---|---|---|
| 交通運送 | 97 | 7876.8 | 51.2 |
| 電力ガス | 30 | 2681.22 | 17.4 |
| 商品貸付 | 5 | 1300.00 | 8.5 |
| 農林水産 | 18 | 1057.16 | 6.9 |
| 通　信 | 13 | 968.04 | 6.3 |
| 金融開発 | 1 | 700.00 | 4.5 |
| 社会サービス | 12 | 695.87 | 4.5 |
| 灌　漑 | 2 | 115.35 | 0.7 |
| 合　　計 | 178 | 15394.44 | 100.0 |

出所：日本海外経済協力基金1995年度報告書。

加し、増加率は12.6%となっている。その中に、中長期外債の残高(香港特別行政区、マカオと台湾地域の負債が含まれていない、以下同じ)は1128.2億ドルで、昨年より106.5億ドル増加し、増加率は10.4%で、外債残高の86.1%を占めている。短期外債の残高は181.4億ドルで、昨年比では40.3億ドル増加し、増加率は28.6%となり、外債残高の13.9%を占めている。1997年その年に新しく借りた外債は431億ドルで、昨年より125.5億ドル増加し、増加率は39.2%となっている。償還した債務の元金は287.2億ドルで、利息を36.9億ドル支払い、この二つを合計すると昨年より99.4億ドル増加し、増加率は44.2%である。また、外債の差し引いた導入値は106.9億ドルで、昨年比で22.1億ドル増加し、増加率は26%となっている。国際収支の統計法によれば、1997年中国の外債償還率は7.3%で、負債率は63.2%であり、いずれも一般の国際標準より低い(11)。そのほかに、近年来中国の外貨準備は引き続き増加しているが、これは外債を利用して、リスクを防止するのに有利な条件である(12)。

90年代の中ごろの急激な円高は、中国の円借款債務の急増問題を引き起こしたが、これは日中双方も予測しなかったことである。例えば、1980年日本側が中国に第1回の円借款を供与した際の為替レートは1ドルが227.80円に換算(年間平均)、また、1990年中国が借り分を償還し始めた時、日本円はすでに1ドルと145.83円に換算するように引き上げられた(年間平均)。そして1994年まで、中国は元金と利息を2821.51億円支払い、円高によって、ドルに換算した支払い額は円借款を引き受けた時の計算額より7.19億ドル増加した。推測によれば、日本円対ドルの為替レートを1%引き上げれば、中国が日本円債務を償還するには、2億円余りを多く支払わなければならないことになる。

1995年4月19日、日本円の為替レートは異常にも1ドル79.75円に上昇した。1995年に引き上げた後の為替レートを基準として、ドルで計算すれば、中国の償還額はちょうど50%(80億ドル)増えた。しかし、円借款にはほとんど日本円の為替レートの変化による影響を防止する保護措置が付いていない。したがって、中国は円高を如何に対応するかの課題に直面した。例えば日本円で決算する外貨準備が増加するとともに、日本側に利率の値下げ、償還金額の減少などのような相応の措置を講じるよう要求し、これによって対中円借款の本当の意味を分かってもらうというものであったが、この問題を解決するために、日中双方の関係者は1995年に交渉を行った。日本側は円借款は日本円で償還すべきだを主張し、円高要素を交渉範囲の中に入れたくないとし、OECFの役員は新しい円借款部分をドルに換算すればその価値は急増するため、円高は被援助国にとって一切不利であるとは言えないと指摘した(13)。

日中双方の繰り返しの交渉を経て、日本側は貸付条件については譲歩しなかったが、他の形式の資金援助で解決することを表明した。しかしこの後、日本円は意外にすぐ下落し、1998年には1ドルが130円以上の低いレベルに下がったほどだった。それで、円高による被援助国の対日債務の自然的膨張問題は緩和され、日本側の批判もこれに伴ってすっかり鳴りをひそめた。それにしても、日本円はこれからも引き上がらないとも限らないため、この問題が改めて議論になる可能性は依然として存在しており、日中双方はこの問題の対処について考えていかなければならない。

今まで、対中円借款はすでに大きな成功を収めたが、改善する余地がないとは言えない。これまで述べた円高の問題を除いてほかに、これから次の幾つかの面において討議を行う必要もある。第1には、円借款のプロジェクトは全国各地に分布しており、これは各地の国民に寄与するが、平均主義による分配方式は資金の利用効果の向上に不利であるということ。第2には、円借款の償還期限は比較的長く、これは条件が特に恵まれていることの反映だったが、ひとつひとつの建設プロジェクトの経済周期は比較的短く、この二者の間に時としてバランスが失われていることがあること。第3には、中国企業にとっては、円借款の国際入札における落札率を引き上げる余地がまだあること。第4には、円借款に対する中国側の主管体系はさらに改善される余地があるということである[14]。

これまで、中国の円借款利用の窓口は対外経済貿易部の外資利用局であり、日本無償援助を利用する窓口は対外経済貿易部の国際連絡局、また、日本技術協力を利用する窓口は国家科学技術委員会であった。しかし中国の行政改革によって、日本ODAの運用過程に対する総括を踏まえて、中国の実務体系もある程度改善されつつある。

日本の対中ODAの全体規模は比較的大きく、その中に無償資金と技術援助の占める比重は相対的に小さく、主に農業、医療、環境保全、人材育成などの分野に分布している。80年代以来無償援助の援助した建設プロジェクトの中で比較的代表的なものは「中日友好病院」(160億円)、

「中日青年交流センター」(101.1億円)、「中日友好環境保全センター」(約100億円)、「敦煌石窟文化遺産保存研究展覧センター」などである。

またそのほかに、20近くの省、都市、自治区の各地に分布している70件近くの主要建設援助プロジェクトがある。これには教育、農林漁業、都市生活、科学研究、医療、郵政また、通信、食品、放送テレビ、環境保全、水利、文化財の保存、福祉などの分野における建設援助プロジェクトが含まれており、1994年末までの日本の対中無償資金援助総額は956.68億円で、技術協力総額は714.71億円であった。

以上述べたように、70年代末以来、円借款を中心に、無償援助と技術協力を重要な内容とする日本の対中ODAは、日中関係の重要な構成部分となった。これは全体的に見れば、20年来日本のODAは日中関係の健全な発展を促進するために積極的な役割を果たしてきたということであるが、しかし直言するならば、それはときによって日中摩擦を引き起こし、相互猜疑を深める根源ともなった。したがって、日本におけるODAの積極的な役割をさらに発揮させることによって、消極的な面を取り除くことが日中友好協力パートナーシップの健全な発展に寄与することではないだろうか。

《注釈》

(1) 例えば、『人民日報』は1993年1月8日、1994年2月5日に円借款の無償援助プロジェクトに対する考察記を載せ、日本の経済協力は、中国の経済発展と国民生活の改善を促進するために大きく寄与したと指摘した。1995年1月11日『人民日報』は『共同の明日のために——日中経済協力プロジェクト考察の要約』をテーマとする文章で、日本の対中経済協力を総括的に紹介しこれを評価しながら、「この点に対して、今日の首都市民はもはや京秦鉄道、中日友好病院、北京図書館から具体的なイメージを得た」と指摘した。

(2) 例えば、梁井新一日本外務省経済協力局局長は1979年の訪中後、中国側の円借款に対する理解は乏しいと語った。(梁井新一『円借款のために中国を訪れて』、世界経済研究協会『世界経済評論』1980年1月号、80ページ) 日本語の中の「経済協力」という概念には助力、援助の意味があるが、中国語に訳された「経済合作」の中の援助の意味はずいぶん弱められる。

(3) 中国研究所編『中国年鑑1992年版』、10ページ、大修館書店

(4) もちろん、普通の日本人は、自国のプロジェクトが援助資金に頼って建てられたことについてもあまり知らない。例えば、それらは有名な東海道新幹線、東名高速道路、黒部第4ダム、愛知供水施設などである。(外務省『ODA白書』1996年版上巻、84ページ)

(5) 日本のある機構の北京駐在事務所の事務員は次のように述べたという「我々日本の北京商工会議所はここ何年来多種多様の活動を行い、資金を調達して、中国の関連方面に提供したが、中国はめったに報道しなかった。一方でこの間インドが3万元だけを提供したことを、中国は大いに宣伝して、我々を気落ちさせた。」

(6) 渡辺利夫、草野厚『日本のODAをどうするか』、第11章、日本放送出版協会、1991年

(7) 梁井新一『円借款のために中国を訪れて』、世界経済研究協会『世界経済評論』1980年1月号、80—81ページ。松浦晃一郎、韭沢嘉雄『竹下総理の中国訪問と日中経済協力』、世界経済研究協会『世界経済評論』6ページ、1988年12月号

(8) 施用海主編『円借款を如何に使用するか』、11ページ、中国対外経済出版社、1996年

(9) 世界経済研究協会『世界経済評論』1988年12月号、6ページ『人民日報』1995年1月11日

(10) 第1次、第2次対中円借款の中に「LDC非束縛性」貸付方式(即ち購入対象を援助国と発展途上国の範囲の内に制限する)が保たれているが、第3次円借款は全部「一般的非束縛性」方式を実現した。

(11) 国際には負債指標(Debt－Service Ratio=元金と利息の償還／輸出額)で国の債務償還能力を評価し、その20～25%は警戒線で、対外債務／輸出額の債務率の国際警戒線は100%である。

(12)『人民日報』1995年6月13日

(13)『日本経済新聞』1994年7月13日

(14) 中国側管理体系の中の問題は、政府部門間の繋がりが切れて、貸付金の償還を主管する銀行はプロジェクト部門に債務を促す権限を持たず、国のマ

クロ政策とプロジェクト部門の間に矛盾がある。そして外貨を直接にプロジェクト部門に貸し付ける貸付方式に欠点があり、健全な貸付金償還制度に欠けていることである。(施用海主編『円借款を如何に利用するか』、中国対外経済貿易出版社、1996年)

# 第７章　他の地域の重点事例

# 第7章　他の地域の重点事例

## 第1節 中東に対するODA(1)

中東に対するODAは、日本のODAの中で最も典型的な重点事例のひとつである。戦後、中東に対する日本の政策は、アメリカ追随・親イスラエル路線から親アラブのエネルギー外交へ転向していくという曲折した道をたどり、ODAはアラブ諸国を篭絡しようとする有力な手段となった。冷戦終結後、中東地域に対する日本の外交は単純なエネルギー外交から新しい政治・経済外交および均衡外交となり、ODAの地位と役割は新しい外交視野において新たに位置付けられた。

### 1. 中東に対するODA政策の形成

第二次世界大戦後、日本は1951年に調印した『サンフランシスコ講和条約』によってイラン、イラク、レバノン、サウジアラビア、シリア、エジプトなどの国と講和するとともに、続々と中東諸国と外交関係を樹立した。日本はエネルギーと資源に乏しい島国として、戦後日本の経済成長に必要である石油は、ほとんど輸入に依頼しており、その大部分は中東からのものであった。

中東地域は、世界の原油埋蔵量の70%と石油輸出量の約50%を占めている。日本は、60年代初頭から中東の石油を大量に使いはじめ、60年代末にはすでに中東への高度依存の経済構造を形成した[2]。70年代初頭、日本が中東地域より輸入した石油の割合はすでに86%近くに達し[3]、日本の石油輸入対象地域の中で第2位を占めたのはインドネシアを中心とする東南アジア、南洋地域でああった。また、50、60年代において、日本は西側陣営内部における自由貿易体制のなかで、豊富で、安価である石油供給を簡単に、安定的に獲得できたことから、産油国に特別な外交努力を払う必要はなかった。これも戦後の経済高度成長を実現できた重要な要因である[4]。

戦後数十年の間、東西関係と南北関係、国家利益と民族利益など多くの紛争要因が中東に縦横に交錯している。その象徴的な例はイスラエルとアラブ民族との対立と衝突であり、これまで両者間には戦争が4回も勃発したほどだった。そのほかに、またはアラブ諸国内部にも紛争要因があり、前後して16年間にわたるレバノン内戦(1975～1990)および8年間も続いたイラクとイランの戦争がある。イスラエルとアラブが対峙しているという基本的な矛盾構造の中で、日本はアラブの石油に依存していることによって外交上これらの国と同じ立場に立つことはせず、終始アメリカについて親イスラエルの中東政策を展開した。例えば1958年、日本はアメリカのレバノン出兵に対して支持を表明、また1967年第3次中東戦争の際、日本は国連においてアメリカの提起したイスラエルを優遇する提案に賛成票を投じた。

70年代初頭になっても日本の親イスラエル政策は、アラブ諸国からの石油輸入に影響を及ぼすことはなかった。これは日本がアメリカに追随して親イスラエルの中東政策を堅持できる必要条件である。

しかし、日本は1973年の石油危機で衝撃を受け、アメリカ追随・親イスラエル政策から親アラブのエネルギー外交政策に転換したのだった。

1973年10月6日に第4次中東戦争が勃発して、アラブ石油生産国閣僚会議は、親イスラエルの米欧日に対し、石油供給を減少または中断させる措置を講じるとともに、石油価格を大幅に引き上げることを決定、このなかで日本は供給を減少する「中間国家」と位置づけられた[5]。アラブの石油生産国は、次々と国際石油会社の権利を回収して国有化を実行した。これは中東石油に高度に依存している日本に非常に大きな衝撃をもたらした[6]。

第4次中東戦争初頭、日本は依然として「アメリカと協調する」姿勢を見せた。しかし、突発した石油危機を前に、田中内閣は急遽中東政策を親イスラエルから親アラブに転向し、イスラエルに国連安保理が1967年11月22日に下した「242号決議」に従って、占領地より軍隊を引き上げるよう要求した。1973年10月25日外務省法眼事務次官はサウジアラビア大使と会見し、アラブを支持する立場をはじめて表明。11月6日二階堂官房長官はその立場を重ねて表明した。アラブ諸国の一歩進んだ圧力の下で、二階堂官房長官は11月22日に談話を発表し、イスラエルに1967年に占領した土地から軍隊を撤退させ、パレスチナ人の正当な権益を承認するよう求めた。同年12月10日から28日まで、日本政府は緊急に三木副首相を派遣し、アラブ首長国連邦、サウジアラビア、エジプト、クウェート、カタール、シリア、イランなどの国々において、新しい中東政策について説明を行うとともに、これをきっかけにアラブ諸国に大量の援助を提供した[7]。12月17日、日本は国連で中東問題に関して投票する際、はじめてアメリカ追随政策から離脱し、アラブ諸国の立場を支持した。そして日本の対中東政策は予期した効果を収め、これによってアラブ諸国は12月25日日本を「友好国家」として認め、それによって従来の石油供給規模を回復した。その後日本は中東政策において、アラブ諸国との関係を高度に重要視し、1974年以来各外相と通産相はこれらの国を度々訪問した。例えば、1974年1月小坂善太郎元外相は政府の特使としてアラビア8カ国を訪問し、1978年1月には、園田外相はアラブ首長国連邦、クウェートとサウジアラビアを訪問し、石油の安定供給問題について意見を交わした。

また、1978年9月5日から12日まで、福田首相はイラン、カタール、アラブ首長国連邦、サウジアラビアを訪問したが、これは中東地域に対する日本首相の初めての訪問であった。そしてサウジアラビアで『共同声明』に調印し、はじめて「イスラエルはエルサレムのアラブ地域を含めたアラブ被占領地域全体より引き上げ、パレスチナ人の正当な権益を承認すべきだ」と明確に表明した。

中東の石油への高度な依存により、日本は中東における石油輸出国に対するODAを大幅に増加した。日本の中東地域に対するODAが日本の二国間ODA全体に占めた割合は1972年の0.8%から1977年には24.5%まで急増した。

1979年2月、イラン革命をきっかけに第2次石油危機が勃発し、石油価格は再び急速に上昇することとなった[8]。1979年8月6日、園田外相は東京でアルジェリア、シリア、サウジアラビアなどアラブ12カ国(エジプトを除く)の大使に「外務大臣所感」を渡して、アラブ諸国を重要視する姿勢を一段と強調した。そして園田は、中東において日本は歴史上の汚点がないため、その中東政策には「自主性」があると強調した[9]。そして 同年12月1日、大平首相は衆議院における答弁の中で、パレスチナ人には独立国家を樹立する権利があり、パレスチナ解放機構はその代表であると初めて承認した[10]。

1979年以後、石油の供給はだんだんと安定化し、日本のエネルギー構造に変化が生じた。それらの原因によって、日本の中東に対するODAの比重は約10%まで減少した。

## 表７－１　日本の石油輸入先統計表

| | | 1977年 | | 1978年 | | 1979年 | |
|---|---|---|---|---|---|---|---|
| | | 輸入 | シェア | 輸入 | シェア | 輸入 | シェア |
| | | (万KL) | (%) | (万KL) | (%) | (万KL) | (%) |
| 中東 | イラン | 4756 | 17.1 | 4556 | 16.9 | 2774 | 9.9 |
| | イラク | 872 | 3.1 | 945 | 3.5 | 1505 | 5.4 |
| | サウジアラビア | 8503 | 30.6 | 7751 | 28.7 | 7960 | 28.4 |
| | クウェート | 2181 | 7.9 | 2160 | 8.0 | 2565 | 9.1 |
| | 中立地帯 | 986 | 3.6 | 1346 | 5.0 | 1819 | 6.5 |
| | カタール | 264 | 1.0 | 624 | 2.3 | 835 | 3.0 |
| | オマーン | 978 | 3.5 | 972 | 3.6 | 1107 | 3.9 |
| | アラビア首長国連邦 | 3123 | 11.3 | 2794 | 10.3 | 2836 | 10.1 |
| | 合　計 | 21663 | 78.0 | 21148 | 78.3 | 21401 | 76.3 |
| 南方 | ブルネイ | 948 | 3.4 | 879 | 3.3 | 948 | 3.4 |
| | インドネシア | 3787 | 13.6 | 3469 | 12.8 | 4039 | 14.4 |
| | その他 | 406 | 1.5 | 545 | 2.0 | 649 | 2.3 |
| | 合　計 | 5141 | 18.5 | 4893 | 18.1 | 5636 | 20.1 |
| アフリカ | リビア | 118 | 0.4 | 17 | 0.1 | 44 | 0.2 |
| | アルジェリア | 20 | 0.1 | 38 | 0.1 | 32 | 0.1 |
| | 合　計 | 138 | 0.5 | 55 | 0.2 | 76 | 0.3 |
| 中南米 | メキシコ | − | − | 5 | 0.0 | − | − |
| | ベネゼイラ | 38 | 0.1 | 37 | 0.1 | 47 | 0.2 |
| | 合　計 | 38 | 0.1 | 42 | 0.1 | 47 | 0.2 |
| | オーストラリア | 16 | 0.1 | 22 | 0.1 | 13 | 0.0 |
| | ミャンマー | − | − | − | − | 5 | 0.0 |
| | 中国 | 785 | 2.8 | 851 | 3.2 | 866 | 3.1 |
| | ソ連 | 8 | − | 7 | 0.0 | 5 | 0.0 |
| | 総　計 | 27789 | 100.0 | 27018 | 100.0 | 28049 | 100.0 |

出所：外務省『外交青書』1980年版、518ページ。

2回の石油危機の中で、日本は単一の石油供給地に過度に依存することの弊害を痛感し、石油輸入ルートの多元化戦略を制定して、他の地域からの輸入増加を通じて中東石油に対する高度依存を減らそうとした。その結果として、日本の中東の石油に対する依頼比重は80年代に70%以下に下がり、東南アジア(主にインドネシア)、南洋地域よりの輸入は引き続き高い割合を占めたほか、ソ連、中国、アフリカ諸国、中南米諸国より輸入した石油と石炭の比重はいずれも大幅な増加が見られた。日本のエネルギー多元化戦略はある程度の進展を収めたが、インドネシアの石油生産高の低下などの原因により、日本の中東の石油に依存する局面は大きな変貌を遂げることはついになかった。それに加えて、世界の石油供給状況はだんだんと緩和に向かっており、日本は再び中東の石油に依存するようになった。1993年日本の中東石油に対する依存度は新たに78.6%に上昇した。石油価格の起伏などの原因により、日本輸入総額における石油輸入の占める比重は年を追って変化しきている。例えば1983年は37.6%、1995年には10.6%に減少した。

表7－2　日本の主要石油、鉱物資源の輸入に対する依存度(1978年)

単位：%

| 品名 | 輸入依存度 | 品名 | 輸入依存度 |
|---|---|---|---|
| 原油 | 99.8 | ニッケル | 100.0 |
| 天然ガス | 89.0 | 錫 | 96.4 |
| 鉄鉱石 | 99.5 | アルミニウム鉱石 | 100.0 |
| 石炭 | 76.7 | マンガン鉱石 | 91.2 |
| 銅 | 86.5 | タングステン鉱石 | 68.5 |
| 鉛 | 62.8 | クロム鉱石 | 98.5 |
| 亜鉛 | 57.8 | 燐鉱石 | 100.0 |

出所：外務省『外交青書』1980年版、519ページ。

中東の石油の安定した供給を確保するために、日本は援助、投資、貿易の三面でアラブ石油生産国との関係を深めた。そして70年代中期以降、日本は政府開発援助を石油生産国との関係を密接にさせるための手段として、中東地域に対する援助を急激に増加させた。それと同時に、日本は中東地域に対する直接投資を強め、地元のエネルギー開発に直接に参加することを通じて石油の安定した供給の確保を求めた。これは「開発輸入」方式と称されるが[11]、援助と投資の促進によって、日本と中東地域の貿易は急速な発展を遂げた[12]。

ところが、この「開発輸入」方式は、絶えず石油生産国の政治情況と不安定な中東情勢の影響を受けざるをえなかった。例えば「イラン—日本石油化学」プロジェクトの建設は1979年2月のイラン革命と11月4日のアメリカ大使館人質事件により中断された。とりわけイランの学生がアメリカ大使館を占拠した「人質事件」が勃発してから、外務省はイランが日本に11%ほどの石油を提供したことに配慮を払い、最初はこれに対しての態度表明を回避した。しかしアメリカの圧力によって、大平外相は11月12日「外務省見解」を発表し、できるだけ早く人質を釈放するようイランに要求した。日本政府は1980年4月24日から欧州共同体と足並みをそろえイランに対して制裁措置を講じ、人質が釈放された1981年1月23日になってはじめて解除した。

## 2. 冷戦後対中東政策の調整

1990年8月、イラクは突然クウェートに侵入したことによって、国連決議により出動した多国籍軍隊の攻撃を受けた。そして1991年2月にイラクがクウェートより撤退をしたことによって、4月に停戦が実現した。アメリカは1991年3月から紛争国との間で調停を積極的に行い、同年10月末すべての紛争当事国(イスラエル、ヨルダン、シリア、レバノン、パレスチナ)が参加する中東平和会議を初めて実現して、これによって中東平和プロセスを発動させた。90年代には、イラクとイランは相次いでアメリカの制裁対象となり、中東平和プロセスも度々挫折した。日本もアメリカと足並みをそろえて、1990年8月にイラクに制裁措置を講じ、二国間貿易は基本的に停止された。これまで日本のイラクに提供したODAの累計額は円借款577.51億円、無償援助4.05億円、技術協力は45.39億円であった。

1991年、エジプト、ヨルダン、トルコなど「紛争周辺国家」に対する日本の円借款(主に商品借款)は18.066億ドルに激増し、日本の二国間ODAの20.4%を占め、石油危機以来の対中東ODAの第2次ピークとして、その絶対額は中東ODAの最高記録を生んだ。そのほかに日本は、シリアに5億ドルほどを提供するとともにクルド難民に援助を提供したが、1992年以後、日本の中東に対するODAは湾岸戦争前のレベルに転落した。例えば、1994年日本の中東に対するODAは7.5億ドルで、同年日本の二国間ODA総額(96.8億ドル)の7.8%を占めた(13)。

1991年10月中東平和プロセスが発動されてから、日本も二国間ODAと多国間ODAの形式でこれに参加を開始した。そして1992年9月、日本は議長国の身分で、アラビアとイスラエル双方の関係者達も参加した環境分野のシンポジウムを主催するとともに、水資源と観光分野の開発調査を進めた。1993年9月イスラエルとパレスチナが臨時自治宣言に調印した後、各国のパレスチナに対する援助額は21億ドルに達したが、その中で日本は2年間に2億ドルを提供することを承諾した。これはアメリカと欧州連合のそれぞれ承諾した金額と大体同額である。

中東地域に対する日本の二国間ODAの国別配分によれば、これまでのエジプトに対するODAは特に重要な位置を占めた。これは、エジプトが中東において国際的地位が高く、また経済開発での資金需要量が大きいうえに、日本との関係が比較的密接であるなどの原因によって決められたものである。1994年まで、日本のエジプトに対するODAの累計額およびその対中東ODAの累計額における比重は、それぞれ次のようである。①円借款6551.36億円、比重は41%を占める。②無償援助817.04億円、比重は37%を占める(この二項目は交換公文の金額である)。③技術協力300.61億円、比重は22%(JICA実績)を占める(14)。ところが、エジプトの累計債務が日増しに増大し、1991年5月のパリクラブ協議に基づいて、日本は同年7月からエジプトに対して債務削減措置を講じた。そのために、日本は、エジプトに円借款を供与する場合には慎重になってきた。

中東地域各国の貧富構成は極めて複雑で、裕福である石油生産国もあれば、貧しい最後進国(LLDC)もある(15)。また、日本の中東に対する二国間ODAも非常に大きな多様性を持つとともに、円借款を主な形式とした。近年来、日本の中東地域に対する円借款は、その対外二国間円借款総額の10%ほどを占める。その援助プロジェクトは運送、交通、エネルギー、通信分野を主とするが、工業と農業分野もその対象となる。このほかに、日本はまた中東の一部の国に経済改革を支援するプロジェクト借款を提供し、小規模農業に「二段階借款」(Two Step Loan)と通称される開発借款を供与した。そして1995年6月、日本はヨルダン、シリア、トルコ、レバノンに円借款政府代表団を派遣して、適当な援助プロジェクトを発掘するために調査を行った。

経済協力を手段として中東の石油の安定した輸入を確保することは、日本の対中東政策の大きな柱である。日本の各石油生産国に対する経済協力の大きな特徴は、ほとんど円借款を提供せずに、一部の無償援助と技術協力しか提供していないことである。アラブ首長国連邦、クウェート、サウジアラビアなど裕福な石油生産国は、資金には困らないため、

ODAが主要な形式とする円借款は、これらの国にとって魅力を感じさせない。それゆえに、裕福な石油生産国に対する日本の経済協力は合弁会社、工場建設などの民間協力を主なものとし、政府援助は緊急救済など少数の無償援助と技術育成分野だけに役割を発揮できる。1996年、DACはアラブ首長国連邦、カタール、クウェートを援助相手国の名簿から除名し、その3カ国を被援助国の行列から「卒業」させた。

以下は日本が裕福な石油生産国に提供した経済協力の基本的な状況である。

①アラブ首長国連邦：当該国は日本にとって第1位の石油輸入相手国であり、1994年からの石油輸入は日本の石油輸入総量の26.1%を占めた。1994年末まで、日本のアラブ首長国連邦に対する無償援助の累計額は5億円で、技術協力の累計額は29.02億円である。

②サウジアラビア：当該国は日本にとって第2位の石油輸入相手国であり、1994年サウジアラビアより輸入した石油は日本の石油輸入総量の19.3%を占めた。1994年末まで、日本のサウジアラビアに対する無償援助累計額は3.83億円で、技術協力累計額は103.29億円である。

③イラン：当該国は日本の第3位の石油輸入相手国で、1994年日本がイランから輸入した石油は日本の石油輸入総量の9.7%を占めた。1994年末まで、日本のイランに対する円借款累計額は735.34億円で、無償援助累計額は3.83億円であり、技術協力累計額は103.29億円である。

④クウェート：当該国は日本の第5位の石油輸入相手国であり、1994年日本がクウェートより輸入した石油は日本の輸入総量の8.4%を占めた。1994年末まで日本のクウェートに対する無償援助累計額は2.94億円で、技術協力累計額は9.07億円である。

⑤オマーン：当該国は日本にとって第6位の石油輸入相手国で、1994

年オマーンよりの石油輸入は、日本の石油輸入総量の6.7%を占めた。特にオマーンの石油はホルムズ海峡(日本の石油輸入の約70%はその海峡を経由)を経由しないため、日本に対する重要性を一層強めた。1994年まで日本のオマーンに対する無償援助累計額は3.86億円で、技術協力累計額は63.72億円である。

⑥カタール:裕福な石油生産国で、日本の第7位の石油供給国であり、1994年カタールよりの石油輸入は日本の輸入総量の6.2%を占めた。1994年末まで、日本のカタールに対する無償援助累計額は2.64億円で、技術協力累計額は8.92億円である。

近年来、日本の対中東無償援助がその対外無償援助に占める割合は約

表7－3　日本の中近東地域に対する無償援助の実績　単位:億円

| 年度 | 一般＊ | 水産 | 災害 | 文化 | 食糧(KR) | 食糧増産(2KR) | 総計 |
|---|---|---|---|---|---|---|---|
| 1992年 | 99.88 (5.8)＊＊ | 4.75 (4.6) | 1.48 (2.3) | 2.53 (10.5) | 9.00 (5.9) | 13.00 (4.8) | 126.64 (5.6) |
| 1993年 | 122.95 (6.8) | 18.39 (17.5) | 29.72 (38.6) | 1.68 (7.0) | 10.00 (8.0) | 20.00 (6.8) | 202.74 (8.3) |
| 1994年 | 136.84 (7.3) | 8.64 (8.3) | 5.04 (7.7) | 2.03 (8.1) | 13.00 (9.4) | 17.50 (6.0) | 183.05 (7.4) |

出所:外務省『ODA白書』1995年版下巻、295ページ。

＊「一般無償援助」は「一般プロジェクト無償援助」、「経済構造調整『ノンプロジェクト』無償援助」、「債務救済」、「末端無償援助」を含める。具体的な内容は医療と保険、教育と研究、民生と環境保全、通信と運送、債務救済およびその他の分野である。

＊＊　カッコの内は日本無償援助総額における割合である(単位:%)。

7%で、1994年は9%に増加した。これは中東平和当事国への援助の増加によるもので、例えばヨルダン、シリア、エジプトに対する無償援助は大幅に増加し、食糧援助および供水、保険医療、農業、環境保全、教

育、運送などの分野に分布している(表7－3)。

日本とその他の援助国の中東に対するODAの比較を見れば、1993年を例としてみると、ODA総額の順位はアメリカ(24.88億ドル)、フランス(9.08億ドル)、日本(5.22億ドル)である。政府貸付の順位はフランス(3.69億ドル)、日本(2.56億ドル)、イタリア(2.14億ドル)であり、無償援助の順位はアメリカ(16.25億ドル)、フランス(1.87億ドル)、日本(1.44億ドル)。また、技術協力の順位はアメリカ(9.45億ドル)、ドイツ(3.62億ドル)、フランス(3.52億ドル)、日本(1.20億ドル)である[16]。1992年6月日本内閣が『ODA大綱』を制定して以来、日本は制裁手段を中東に対するODAに運用した。例えば、1992年10月、日本はスーダンの人権問題を理由として、緊急援助と人道援助を除いて、その国に対する援助を基本的に停止した[17]。

世界における石油の需要が日増しに高まっていくなかで、将来の石油供給の前途は楽観的なものではない。中東情勢とその政治外交の需要によって、日本は対中東政策を調整して、当該地域に対する外交活動をより一層強化した。

エネルギーの安定した確保は、日本外交にとって最も重要な目標の一つであり、対米協調とエネルギー外交とのバランスを保つことが、90年代以来日本外交の重要な課題となっている。

1990年10月、イラクがクウェートに侵攻して2カ月後、海部首相はサウジアラビアやエジプトなど中東5カ国を訪問した。この訪問は対米協調の意味を含めて、その重点は湾岸国家に対する経済援助にあった。そしてその後数年間、日本はイラン外交と対米協調のバランスをいかに保つかという課題に直面した。

日本のイランに対するODAは、自国の利益とアメリカの制裁との板挟みになった典型的な事柄であった。日本がイランより輸入した原油は、アラブ首長国連邦とサウジアラビアに次ぐ第3位の地位を占める。これはイランにとって、日本はドイツに次ぐ2番目の輸出相手であり、その対日関係の密接度は欧米諸国との関係を超えるものである。したがって、日本はイランに対して「二重方式」を講じることによって(18)、積極的に経済援助をする一方、引き続きイランに外交姿勢を改めるよう促した。そして1993年5月、日本はイランの貯水発電計画に386億円の円借款を供与するとともに、イランに『ODA大綱』を遵守する必要性を重ねて説明した。1994年の夏には450億円の借款を付け加えようと決定したが、アメリカの反対によって凍結された。アメリカはイランが「テロ活動を支持」、「中東平和を妨害する」と非難したが、日本はこれに疑惑を抱く態度を示し、外務省は「確実たる証拠はあるのか」と問いただした。1995年2月、松永元駐米大使・外務省顧問が訪米し、説得活動を行ったが、これによってアメリカは、日本がミャンマーへの援助を回復したときと同じように「賛成もしないが、反対もせず」という態度、即ち黙認する態度に転じた。ところが、クリントン大統領は、イランに全面的な制裁を実行しようと提案し、クリストファー国務長官も日本の円借款提供に牽制を行ったため、日本は行き詰まり境地に陥ったが、イギリスは「禁止をする気がない」と表明。欧州の動向を参考に、村山首相は1995年5月4日に円借款の回復に積極的な姿勢を見せた(19)。1994年末まで、日本のイランに対するODAの累計額は円借款735.34億円、無償援助11.99億円、技術協力91.90億円となった。

1995年9月12日から19日まで、村山首相はサウジアラビア、エジプト、シリア、イスラエル、ヨルダンとパレスチナ(ガザ地区)を訪問した。日本政府はこの首脳外交を「新しい中東外交」と位置付け、その中心的内容を1973年以来の「石油外交」と「アラブ一辺倒外交」から「均衡外交」に変え、アラブとイスラエル両方面との関係を強化し、アメリカの

表7－4　日本の中近東地域に対するODAの実績(純支払い額)

単位：百万ドル

| プロジェクト | 1985年 | 1990年 | 1994年 |
|---|---|---|---|
| 無償援助 | 54.54<br>(8.6)＊ | 113.24<br>(8.2) | 216.58<br>(9.0) |
| 技術協力 | 35.05<br>(6.4) | 96.06<br>(5.8) | 120.16<br>(4.0) |
| 政府借款 | 111.46<br>(8.1) | 495.35<br>(12.6) | 413.90<br>(9.7) |
| ODA合計 | 201.05<br>(7.9) | 704.65<br>(10.2) | 750.64<br>(7.8) |

出所：外務省『ODA白書』1995年版下巻、293ページ。

＊ カッコ内は日本の対中近東ODAの対世界ODA総額に占める割合。

政策に影響力を持つユダヤ人の日本に対する印象を改善することにあった[(20)]。

そのため、村山首相は日本首相として初めて中東平和当事国イスラエルとシリアを訪問日程の中に並べて、政治外交と全方位外交の色彩を強くした。その具体的な内容は経済、政治の二大分野を含み、まず中東諸国に対する経済協力を強化して、石油の安定した供給と商品の輸出市場の拡大を確保する[(21)]。次に中東平和プロセスに対する貢献度を強化し、政治大国の役割を発揮させようというものであった[(22)]。

1997年末、日本はロシア、中央アジアとサウジアラビアを相手に新たな「エネルギー外交」を展開した。その中で、サウジアラビアは、日本のエネルギー安全戦略において特殊な地位を占めているが、これは日本の石油輸入の20%がサウジアラビアより来たからである。日本の「アラブ石油会社」のハフジェ油田における採掘権利協定は2001年に満期になるが、同油田はサウジアラビアとクウェートの元中立地帯にあるため、日本はクウェートとも採掘権利協定を調印しており、2003年に満期になる。アメリカの大型油田会社は、サウジアラビアに同会社がこの油田の石油採掘への参加を批准するよう要請しており、日本は当然これに対して等閑視することはできないため、サウジアラビアとクウェートを対象に、エネルギー外交を積極的に展開した。

1997年11月8日から9日まで、橋本首相がサウジアラビアを訪問した。長い目でみれば、サウジアラビアは自国の経済を、石油に対する高度依存から徐々に離脱しようと求めており、これによって日本はサウジアラビアに対する投資を拡大するための機運を提供した。外務省は橋本のサウジアラビア訪問の目的は「21世紀に向けてのパートナーシップ」の構築にあり、政治、経済および教育、環境、科学技術などの分野において両国関係を強化するとコメントした(23)。9日、橋本はリアドでサウジアラビアの国王と会談し、サウジアラビアにおける日本の石油採掘権に関して、投資保護協定に調印し、今後の政治、経済、環境、医療などの分野での協力問題について共通認識に達した。1998年10月21日、サウジアラビアのアジズ皇太子は上海を経て日本を訪問したが、この期間中、日本とサウジアラビアは『協力アジェンダ』に調印した。その中には今後3年間のうちにJICAはサウジアラビアより300人の研修生を受け入れること、そして人材育成、環境保全、医療と科学技術、文化と教育、投資と合資など五つの分野にわたる協力内容が含まれている(24)。1998年10月28日、訪日中のサバハクウェート第一副総理兼外相は記者に対し、日本との採掘協定が満期になる2003年以後も、クウェートは引き続き日本の採掘権を承認すると表明した(25)。

《注釈》

(1)日本は地域区分において「中近東」の概念を使い、その範囲は東の中部アジアのパミール高原から西の大西洋まで、北のトルコから南のスーダンまで、合計21の国が含まれている。
(2) 馮昭奎他『戦後日本の外交』450ページ、中国社会科学出版社、1996年
(3) 1970年日本の石油本源の構成は次のようである：中東85.9%、南洋地域11.8%、アフリカ1.7%、ソ連0.2%。（外務省『外交青書』1973年版、767ページ）
(4) 国際環境の面において、戦後日本の経済発展はアメリカの保護、自由貿易体制などの数多くの要因に恵まれ、豊富で安価である石油供給が保証されたのもその重要な要因となる。70年代の前、中東石油の価格はバーレル毎に2ドルしかなく、モービルなど数社の国際的石油会社は80%以上の中東石油を支配している。
(5) 田村秀治『アラビア外交55年：下巻』、225ページ、助草書房、1983年
(6) アラブ10カ国の石油生産国は、1973年10月17日に9月を基準に毎月石油生産の5%を削減することを決定し、次いで11月4日には9月より25%の削減を決定、そして12月には11月より5%削減を決定した。その会議は石油輸出相手国を「友好国家」、「中間国家」と「禁運国」に区分して、「禁運国」に対しては石油供給を停止することにした。その後、オランダを除いてほかの欧州共同体の加盟国に対し12月から5%を削減する決定を取り消したが、日本は削減免除をされなかった。1973年1月1日石油輸出国機構の標準原油価格は1バーレル2.59ドルだったが、1974年には11.65ドルに激増して、この後は緩やかなスピードで上昇した。
(7) 石油危機の時期、エジプトに2.8億ドルの円借款を承諾したように、日本のアラブ諸国に対する経済援助は大幅に増加した。
(8) 石油輸出国機構は1980年6月の会議で7月からの原油標準価格を1バーレル32ドルと定めた。
(9) 永野信利『日本外交ハンドブック』、281ページ、サイマル出版会、1981年
(10) 同上、284ページ
(11) 70年代中期以降、毎年日本の中東地域に対する投資額はその海外投資総額の10%を占めた。
(12) 日本の中東からの輸入総額に占める割合は1970年12.4%で、1980年には31.7%であり、その中に石油価格上昇の要素が含まれた。日本の中東に対する割合は1970年3.3%、1980年には11.1%である。
(13) 外務省『ODA白書』1995年版下巻、293ページ
(14) 外務省『ODA白書』1995年版下巻、339ページ、293ページ
(15) 日本は中近東を四つの低収入国（アフガニスタン、イエメン、エジプト、ス

ーダン）と九つの中低収入国（アルジェリア、イラク、イラン、ヨルダン、シリア、チュニジア、トルコ、モロッコ、レバノン）、四つの中高収入国（オマーン、サウジアラビア、バーレーン、リビア）、四つの高収入国（アラブ首長国連邦、イスラエル、カタール、クウェート）に区分した。

(16)外務省『ODA白書』1995年版下巻、297ページ

(17)1994年末まで日本のスーダンに対する無償援助累計額は710.68億円で、中近東地域における無償援助被援助国の中でエジプトに次いで2位を占めた。円借款と技術協力の被援助国では、トルコはエジプトに次いで2位となったが、1994年末まで、トルコの受け取った円借款の累計額は3123.58億円で、技術協力累計額は175.85億円となった。

(18)外務省『ODA白書』1995年版下巻、301ページ

(19)『産経新聞』1995年5月5日

(20)『読売新聞』1995年9月8日

(21)村山首相が中東を訪問した後、日本は次のような決定を行った。①サウジアラビアで石油化学を中心とする合弁会社とプロジェクトの建設を加速させる。例えば43億ドルがかかり、45万バーレルの日生産能力を持つ石油分離工場である。②エジプトにおける投資を拡大し、石油探査、水道・電気建設、石油化学工業などの分野での協力を強化し、日本はエジプトに730万ドルの無償援助を提供する。③スエズ運河にアジア・アフリカにおける最大の橋梁を架設する。④発電所を建設するためにシリアに5.65億ドルの貸付金を提供して、対シリア援助を16億ドルに増額させる。⑤ヨルダンに4億ドルの財政援助と1.8億ドルの円借款を供与し、パレスチナに2億ドルの援助を行う。

(22)村山首相は「土地をもって平和を取りかえる」という原則への支持を示すとともに、自衛隊をゴラン高原の国連接触離脱観察軍に参加させ、またパレスチナ政権機構選挙の監察団に参加させた。

(24)『毎日新聞』1997年11月7日

(24)『産経新聞』1998年10月17日、『朝日新聞』1998年10月22日

(25)『朝日新聞』1998年10月29日

## 第2節 アフリカに対するODA

### 1．戦後の対アフリカODAの歴史

第二次世界大戦前、日本とアフリカの関係は進展がほとんどなかった。戦後初期になってからも、日本はアフリカとの関係を積極的に進めようとしなかった。1955年4月、29カ国の代表がインドネシアのバンドンでアジア・アフリカ会議を開いたとき、会議に日本の代表として出席した高碕達之助経済審議庁長官はエチオピア、リベリア、ガーナなどの代表と会見した。これが戦後日本の対アフリカ外交の発端となった。当時、日本は日ソ国交正常化、国連への加盟など数多くの差し迫った課題に直面しているうえ、日本から見ればアフリカは焦眉の急を解決できる力を持っていないため、アフリカ諸国との関係発展をあまり重要視しなかっのであった。

60年代に入ってから、中国の国連における合法的な議席の回復を阻もうと目指す日米の共同提案はアフリカ諸国からの猛反対に遭ったが、この事件によって日本は、アフリカの国際的地位を新しい目でとらえるようになり、その頃から国連においてアフリカ諸国の代表との接触に注意を払うようになった。1961年5月16日、外務省は中近東アフリカ部を新設し、1965年5月4日にまた中近東アフリカ局を新設した。

日本は、60年代末に西側における第2位の経済大国になってから、その外交視野はアフリカを含めたより広大な地域へと次第に拡大した。そして資源の輸入国を確保する目的により、日本は眼を遥かに遠いアフリカに投げかけ、各種の経済代表団、調査団は続々とアフリカに駆けつけた。例えば1969年11月、同和鉱業常務副社長を団長とする政府代表団はアフリカにおいてウラン資源についての調査を行った。また同年末、

長谷川重三郎前第一銀行頭取を団長とする政府代表団は、アフリカ6カ国を訪問、1970年2月4日には、日本政府は河野文彦三菱重工業会社会長を団長とする各業種の指導者からなる経済代表団をアフリカ9カ国(エチオピア、ギニア、タンザニア、ザンビア、コンゴ、ナイジェリア、ガーナ、象牙海岸共和国、セネガル)に派遣した。河野団長は、出発の前に「東南アジアに対してやるべきことは、すでにやり終わった。もし未開拓の新しい天地がまだあると言えば、それはアフリカに違いない」と述べた[(1)]。そして1973年秋の石油危機は、日本に対しアフリカの自然資源の輸入をより一層重要視させることになった。

これを背景として、日本の対アフリカODAは量から質へと変化が生じ始めた。1974年10月11日、木村外相はガーナ、ナイジェリア、ザイール、タンザニア、エジプトなどアフリカ5カ国を正式訪問、これは現職の日本外相が初めてアフリカを訪問したものであったが、氏はこれらの国々に、日本の南アフリカ共和国、レソト白人少数政権に対する政策と態度を説明するとともに、アフリカ諸国の経済建設に積極的に支援することを表明した。

70年代末より、日本は対アフリカODAの政治的な意義をさらに重視し、1979年7月には、園田外相がナイジェリア、象牙海岸共和国、タンザニア、ケニア、セネガルなどアフリカ5カ国を訪問した。園田氏は帰国後の報告で、訪問した5カ国の中でナイジェリアだけが資源が豊富であると指摘した。そのことは日本の対アフリカ外交がすでに単純な「資源外交」を越えて、政治的視野に基づく「世界外交」に発展しようとすることを意味し、アフリカ諸国がアフリカに植民地を擁したことのない日本に信頼感を持ち、日本が高速度で近代化を達成したことに賛意を表明した、と述べた[(2)]。その後、日本の外相はたびたびアフリカを訪問、例えば伊東外相は1980年、園田外相は1981年にそれぞれエジプトを訪問、そして1984年安倍外相はザンビア、エチオピア、エジプト3国を訪問した。また1981年以来外務省政務次官が毎年アフリカを訪問することはすでに慣例となった。

80年代以来、日本の対アフリカ外交が大きく進展した。1980年9月には、日本は東京でアフリカ大使を招集して会議を開き、アフリカ諸国に3カ条の約束を打ち出した。それは(1)政府開発援助を拡大すること、(2)ハイレベルの相互訪問を促進すること、(3)大使館の条件を改善すること、であった。日本の国力の増強に伴って、アフリカ諸国の日本に対する期待は日増しに大きくなり、例えば、より多くの経済援助を求めるために1988年だけで六つのアフリカ国家の首脳が日本を訪問した。

これを背景に、日本は70年代後期より、アフリカへの援助に対しさらに大きな力を入れ、1979年アフリカに対する援助は、すでに日本の二国間ODA総額の約10%を占めた。日本の対アフリカODAは80年代の10年間において10倍近く増え、1989年の対アフリカ援助の支払い額は1985年の約4倍、10.40億ドルに達し、日本援助総額の15.3%を占め、フランス、イタリアに次いで3位の援助大国となった。日本の対アフリカ援助の60%は償還する必要のない無償援助と技術援助である。これらの資金は、アフリカ諸国の経済構造の調整および救済建設の面において積極的な役割を果たした。

南アフリカ共和国とレソト白人少数政権に対する政策は、戦後日本のアフリカに対する政策の重要な構成部分であった。1975年、国連総会は各主要先進国に対し、南アフリカへの協力停止を要求する決議を採択した。日本の基本的な態度は、南アフリカに対して武力行使や全面的な経済制裁を行うことにも、南アフリカの人種差別政策にも賛成しないというものであった。日本は南アフリカに対していかなる官辺の経済、文化交流を行わない措置を講じるとともに、人種差別の被害者を救助する南アフリカ信託基金、南アフリカ教育訓練計画、ナミビア基金などに資金を提供した。南アフリカのナミビア占拠問題に対して、日本は南アフリカが当該地域より撤退することを前提に、各当事国が平和交渉を通じて解決し、国連による監督の下でナミビア自由選挙を実施すべきだと主張した。

レソト問題に対して、日本は国連安保理の経済制裁決議を執行してから、1979年12月の国連決議に照らして経済制裁を直ちに解除した。そしてジンバブエが独立した際、山中貞則特使は独立式典に参加した。

日本とアフリカの人的往来、文化交流も日を追って活発になったが、日本とアフリカの二国間貿易には起伏が大きく、80年代初頭には147億ドルに達し、これによってアフリカ国際経済の不景気は逐次減少した。

80年代に入ってから、日本の対アフリカODAは引き続き発展し、1984年において日本外交は「アフリカ・ブーム」の特色を呈するほどに至った。この時期における日本のアフリカに対するODA政策は、次のような基本的な点に立脚したものであった。

(1)戦略的な援助効果を狙う：80年代前半、日本はアメリカの要求に積極的に応じ、対アフリカ援助を強化し、それによってアフリカを争奪する米ソ競争の下でアメリカの片腕となり、これを日米経済摩擦を緩和させる一種の手段と見なした(3)。例えば、1984年日本はアメリカと歩調を合わせて、援助提供を通じてモザンビーク、エチオピアなどの国をソ連陣営からの離脱または中立へ転向させるというプロセスを推し進めた。

(2)自国の世界における地位を高める：日本は80年代前半に政治大国になろうという目標を打ち出し、この目標の下で、アフリカに飢饉問題の解決と経済の発展を助けることが、日本が国際政治における影響力を拡大する絶好の場所であるとした。この時期ルサカ国連事務総長も日本の対アフリカ援助に対して賛意を示し、DACも日本に大きな期待を寄せた。その他に、アフリカ国家は国連加盟国の1/3近くを占めており、これらの国に援助を提供することは、日本が国際舞台において彼らの支持を取りつけるための一番良い方法であった。例えば1984年秋国際裁判所が裁判官を改選する際、日本の小田滋裁判官が連続当選できたのはアフリカ諸国の賛成票があったからであった。

(3)アフリカからの資源を確保する:アフリカ大陸とりわけアフリカ南部にはチタニウムなど豊富な鉱物が埋蔵されており、日本はこれらの資源を確保するという経済的安全保障を考えることによって、当該地域の各国と良好な関係を構築することに力を入れた。

80年代の対アフリカ外交を強化するという日本の一連の努力は、著しい効果を収めた。1990年11月平成天皇の「即位の儀」には、アフリカ45カ国から11名の国家元首を含めたハイレベルの代表が参加した。

## 2. 冷戦後の対アフリカODA

冷戦終結後、日本は国際環境の変化と大国外交の需要に基づいて対アフリカ政策を積極的に調整した。政治大国化の志向と、湾岸戦争のときに「大国による政策決定」に参加できなかったことによる失意は、日本がアフリカに対する大国外交を強化するための重要な原因であった。

対アフリカ政策を調整するうえで日本の主な目標は、アフリカにおける政治的影響力を拡大し、国連安保理常任理事国に就任するためにアフリカ国家の支持を得ることであり、この政策調整の主要な方向としてはアフリカに対する経済援助を強化し、アフリカの政治改革に対する支援をすることによって、アフリカの平和プロセスに積極的に介入するというものであった。

90年代に入ってから、欧米諸国はそろってアフリカに対する伝統的な影響を保持しようと努めたが、これらの国が皆「援助疲れ」を起こしたことによって、援助大国日本はアフリカに対する政治的影響力を拡大するための絶好のチャンスを獲得した。しかし、アフリカの累計債務問題が日増しに悪化したため、日本はアフリカに対する円借款を減らさざるをえなかった。また、日本は情勢不穏の一部の国に対して援助を停止したことによって、1990年対アフリカODAは7.9億ドル減少し、1991年以降、日本の対アフリカODAのその二国間ODAに占める割合は基本的に約10%にとどまり、1994年の実績は11.44億ドルとなり、その二国間ODA総額の11.8%を占めるに至った。(表7－5)

ところが、経済の長期低迷の下で、日本のODA総額はマイナス成長を記録しつづけて、そのアフリカに対するODAの実績は1995年に13.33億ドルから、1996年には10.67億ドルまで下落した。日本の「裏庭」において、東アジア各国は皆金融危機の中で日本からのより多くの援助を期待していた。この情勢の下で、中長期的に日本は量のうえで対アフリ

表7－5　90年代前半日本の対アフリカODAの実績(純支払い額)

単位：百万ドル

| | 1985年 | 1990年 | 1994年 | 1994年累計 |
|---|---|---|---|---|
| 無償援助 | 135.28<br>(21.3)＊ | 423.23<br>(30.8) | 702.27<br>(29.2) | 4958.57<br>(26.8) |
| 技術協力 | 44.86<br>(8.2) | 124.89<br>(7.6) | 210.34<br>(7.0) | 1520.35<br>(7.7) |
| 円借款 | 72.08<br>(5.3) | 243.63<br>(6.2) | 231.60<br>(5.4) | 3012.74<br>(6.1) |
| ODA合計 | 252.22<br>(9.9) | 791.75<br>(11.4) | 1144.22<br>(11.8) | 9491.77<br>(10.8) |

出所：外務省『ODA白書』1995年版下巻、410ページ。

＊ カッコ内は日本のODA総額における割合。

カODAを大幅に増加させるための潜在力はさほど大きいとは言えず、したがって、日本のアフリカに対するODAは同様に量から質、片方援助から二国間協調、経済中心から政治と経済の両立、無償援助から自助努力に対する激励へと転換する課題に直面しており、これは言いかえれば、日本の対アフリカODA政策も転換点に差し掛かったと言える。

冷戦後、日本の対アフリカ政策は「国際的貢献を強化する」という全般的方針の下で進められたのである。1992年、日本の主催によるアフリカ諸国大使会議では「日本は国際社会に対する貢献を強化すべきだ」との指摘があり、1995年のアフリカ諸国大使会議においては、日本は一歩進んで対アフリカ政策の基本的な枠組みを打ち出した。それは

(1)国際的責任に合わせて対アフリカ政策を改善する、

(2)アフリカの経済発展に寄与し、併せて政治改革にも寄与する、

(3)政治的役割と経済協力を強化する、

(4)政府間交流を強化し、相互理解を増進する

というものであった。

冷戦の終結はアフリカに大きな衝撃をもたらし、政治の民主化と経済の市場化の風潮がアフリカ諸国を席捲して、政治的激動と経済困難を引き起こした。このような情勢に対し、日本は対アフリカ政策を調整して、アフリカの政治、経済転向に対する支援を中心とする冷戦後の対アフリカ政策を策定した。

支援の方式において、日本は、国際社会におけるアフリカに対する多角的支援活動をさらに積極的に行い、特にその中の経済援助の面で主導権を勝ち取ろうとし、政治援助の面で関与力を強めるとともに平和維持活動に関与する範囲を逐次拡大した。

1993年10月5、6日、日本政府と国連およびグローバルアフリカ連盟(Global Coalition for Africa)は東京で「アフリカ開発会議(TICAD)」を

共催し(4)、細川首相は会議の基調演説で、日本はアフリカの改革と開発を支持する面で重要な役割を発揮すると表明し、羽田外相は日本の対アフリカ政策を具体的に表明した。それは(1)政治改革を支援する、(2)経済改革を支援する、(3)人材育成を支援する、(4)環境保全を支援する、(5)援助の効果と効率を高める、などであり、これらは冷戦後における日本の対アフリカ政策の基本的方針と主要部分を構成した。外務省が1995年6月に制定した『日本政府のTICADの後の方針』、1996年5月に発表した『日本のアフリカに対する援助』というパンフレットなどは、いずれも上述した5つの分野を中心に日本の対アフリカ政策を説明したものであった(5)。この五つの分野の基本的内容は次のとおりである。

(1) 政治改革と平和プロセスに介入する：日本は選挙監督員の派遣と選挙管理費用の提供などによって、アフリカ国家の民主化プロセスと、国連のアフリカにおける平和維持活動に積極的に介入する。1992年9月、アンゴラに選挙観察員を派遣し、1993年5月には、モザンビークに53名の自衛隊員を派遣した。そして1994年9月、ルワンダの難民問題の解決に協力するためにザイールに自衛隊員を派遣し、1994年4月、南アフリカが初めて行った人種差別のない議会選挙の際、日本は40名の選挙監督員を派遣し、併せて国連の南アフリカにおける支援活動に7機の飛行機を派遣した。そして1995年10月と1996年9月、日本は国連と「アフリカ紛争問題に関する高級会議」を共催した。

(2) 経済改革を支援する：日本は、アフリカの経済回復と経済構造の調整のために、二国間および多国間の経済援助を提供した。近年来、日本が国際機構を通じてアフリカの経済改革に提供した資金援助は、次のとおりである。①1993年から1995年に、日本は20のアフリカ国家に370億円の「ノンプロジェクト無償援助」を提供した。②国際復興開発銀行「SPA－3援助計画」の枠組みの下で、四つの国に170億円の円借款を提供した。③国際通貨基金「ESAF－2構造調整計画」に資金を提供した。

(3) 人材育成を支援する：日本は開発経験の交流を趣旨とするアジア・アフリカフォーラム、東部、南部アフリカ地域活動グループ、西部、中部アフリカ活動グループおよびアフリカ開発政策研修会、日本・アフリカ観光研修会、アフリカ教育問題研修会、日本・アフリカ交流フォーラム、日本・アフリカインテリゲンチア対話、JICA－CIDA共催研修会を積極的に組織した。日本は、またアフリカの若者たちを日本に研修に招き、また積極的に日本海外協力ボランティア(JOCV)をアフリカに派遣した。

(4) 環境保全を支援する：アフリカの水分欠乏状況に対し、日本は、アフリカの地下水開発に関する調査を行うとともに、水資源の開発と給水プロジェクトのために資金援助を行い、1995年だけで13カ国に16項目のプロジェクトに無償援助を行った。日本はまた、アフリカの水質汚染の予防と対策、森林の保護、砂漠の改造等のプロジェクトに経済援助を行った。

(5) 援助の効果と効率を高める：この政策の具体的な内容は、二国間のハイレベル交流と政策対話を強化することである。日本はアフリカに、経済協力総合政策協商代表団、政策協商と計画設計代表団、貸付プロジェクト調査団などを派遣する等、日本とアフリカのハイレベル相互訪問が頻繁に行なわれた。

経済援助は、依然として日本がアフリカに政治的影響力を引き続き拡大するための主要手段である。冷戦後日本は、対アフリカ援助の強化に大いに力を入れた。対外援助対象の総体的分布において、日本は援助の重点をだんだんとアジアよりアフリカに移転した。そして1988年以来、日本のODA被援助国の地域分布の中で、対アフリカODAは対アジア

ODAに次いで第2位となり(1991年除外)[6]、1990年以来、日本の対アフリカ無償援助の総額は引き続き増加している。ただし1993年の後、日本は「民主化」を標準にナイジェリア、ザイール、スーダンなどの国に対する援助を凍結、また戦乱のためソマリアとルワンダに対する援助を凍結して、その援助を少数のアフリカ国家に集中させた。例えば1994年ODAはザンビア、タンザニア、セネガル、エチオピア、モザンビーク、マダガスカルに集中したのである。1993年には、日本はザンビア、ガーナ、ケニアの第1位の援助国となり、また、中央アフリカ、カーボヴェルデ、ギニア、マダガスカル、モーリタニア、セイシェル、タンザニア、ザンビアにおいては第2位の援助国となり、その他の11のアフリカ国家における第3位の援助国となった。DACにおいて日本の対アフリカ援助の順番は1985年第5位、1988年第4位、1989年第3位、1991年と1993年には第4位、1994年はフランスに次いで第2位に上昇した。1996年におけるサハラ以南のアフリカに対する援助国の順位はフランス(24.3億ドル)、ドイツ(12.3億ドル)、日本(10.8億ドル)、オランダ(6億ドル)である。

その総体的な特徴からみて、DAC加盟国のODAの中で日本のODAは円借款を主として、無償援助は非常に少ない割合を占めており、アジアに対する援助も同じである。しかし、アフリカ諸国の経済水準は極めて低く、円借款プロジェクトを実行する能力と償還能力に乏しいうえ、国連貿易開発会議もLLDC国家への援助に対して無償化を実現する決議を下したのだった。したがって、日本のアフリカに対する援助の著しい特徴は、円借款が非常に少なく、援助の大部分は無償援助であるということである。

1994年、日本の二国間ODAの総額における無償援助の比重は24.8%であったが、アフリカに対するODAの中で無償援助の占める割合は61.4

%に達し、その一方で、同年二国間ODAにおける円借款の比重は44%となり、アフリカに対するODAの中で円借款の占める割合はわずか20.2%にとどまった。この年日本は、ザンビア、ケニア、象牙海岸、ガボン、カメルーン等の5カ国だけに円借款を供与し、40カ国に無償援助を行ったが、その無償援助の特徴は、援助は主に食糧援助や食糧増産援助などであり、これら基礎的生活分野に対する援助の比重は比較的大きいものとなった。

二国間ODAの他に、日本はアフリカに対する多国間援助に積極的に参加し、アフリカ開発銀行(AFDB)とアフリカ開発基金(AFDF)に対する出資や贈与款はそれぞれ第2位と第1位を占めており、また、「アフリカに対する特別援助計画(SPA)」において、国際復興開発銀行などの機構とアフリカに対する協同融資を行った。

1996年4月30日、南アフリカで行われた国連貿易開発会議総会において、池田外相は、1998年前後に第2回アフリカ開発会議を主催することを承諾し、新しい「アフリカを援助する方針」を打ち出した。それらは①アフリカの教育事業への支援、②3000人の研修生の受け入れ、③アフリカ開発問題におけるの「南南協力」を支援するというものであった。

日本のアフリカに対する援助は、単純な経済援助から経済、政治、安全などの諸分野が含まれている総合的援助に変わり、「国際社会の上で友だちを作ることによって外交の目標を実現させる」という考えに立脚するものであったが、「第2回アフリカ開発会議」では重要な点として、①政治改革の支援(民主化と平和、安定の実現や紛争解決のための努力に対する支援が含まれている)、②経済開発への協力(ODAの増加、貿易と投資の拡大や新しい開発戦略の実行などの内容が含まれている)、③政府間の交流の増進の必要性を表明した。

アフリカにおいて経済的潜在力を持つ唯一の国である南アフリカは、

人種差別の問題を抱えていたが、終始日本のアフリカに対する外交の中で特別扱いされており、人種差別の存在している時期、日本は「アフリカ国家に批判をされないこと」を南アフリカに対する外交の重要な前提とし、1990年10月ネルソン・マンデラアフリカ民族会議副議長を招き、人種差別を取り除くプロセスを積極的に推し進めた。人種差別が取り除かれた後、日本は南アフリカとの関係を、アフリカでの中心的なものとし、政治、経済の面から南アフリカを支援する政策を進めた。そして1994年には、南アフリカに選挙監督員を派遣したほか、総額13億ドルに達する援助計画を決定した。そして、1994年5月10日マンデラ氏が南アフリカ初代の黒人大統領に当選した後、日本は彼への支持を表明し、また経済援助を承諾した。1995年6月5日、村山首相は訪日したマンデラ大統領と会談し、『共同声明』の中で南アフリカを支援する方針を改めて表明し、また、1996年4月、日本政府は『日本のアフリカを支援する方針』と『日本の南アフリカ共和国に対する政策』を発表した。

1993年「アフリカ開発会議」の後、日本は「南部アフリカ開発協調会議(SADCC)」と「南部アフリカ開発共同体」に対する政策を調整し、従来のこれらの組織との関係強化を図った。1995年8月25日、ザンビア駐在大使は、SADC首脳会議(南アフリカで開催)において同組織の秘書課等の協力機構に対する援助を承諾し、1996年4月には早くも当該組織に専門家を派遣した。そして、1996年2月に行われたSADC年会において南アフリカ駐在大使が演説をし、1996年5月1日には池田外相もSADCの歓迎会で演説を行った。

日本の対アフリカ政策は日米基軸路線を明らかに反映しており、その一部の援助はアメリカの要求に応じて実施されたのである。例えば1994年の南アフリカに対する援助はアメリカの要求に応えるものであり、日本が「アフリカ開発会議」のために用意した宣言草案の中では、「われわれアフリカの会議参加者は、日本とアメリカがアフリカに対する関心を日増しに強化することを歓迎している」というように、アフリカに対する政策にもアメリカへの配慮が含まれていたのである。

日本が1991年の国連会議で「アフリカ開発会議」を開催すると提案したことは、多くのアフリカ国家を驚かせ、日本のマスメディアは、「日本が急にアフリカに興味を示したのは、改革後の国連安保理の常任理事国就任への希望を支持してもらいたいからであると多くの国は考えた」と報道した(7)。そのころから、日本は国連安保理常任理事国に就任への希望を明確にし、1995年6月の『日本――南アフリカ宣言』では、「メンバーの増加によって安保理を強化すべきだ」と表明した(8)。これに対し、一部の発展途上国は日本の動機に疑念を持ち、「第2回アフリカ開発会議」の提案に対しても反対を表明した。

日本が国連平和維持活動に積極的に参加することの重要な目的は、大国外交(政府は「国際貢献」としている)や海外派兵への道を探ることにあり、日本の指導者にとって、平和維持活動への参加の意味はまず「北北協力」であり、「北南協力」ではないと一部の学者は指摘した。

1998年10月、日本は東京で、国連と「第2回アフリカ開発会議(TICAD Ⅱ)」を共催、約70カ国の代表がこの会議に出席し、「行動計画」を可決した。当該計画は「貧困を取り除き、経済のグローバリゼイションに融合する」ことを主題とし、「南南協力」の重要性を協調しており(9)、この会議の大きな特徴は、開発と協力を引き続き重視するほか、また、民主化の促進と紛争問題の解決の必要性を特に強調した。そして、1998年10月19日、小渕首相は来日したアフリカ4国の首脳と会談し、これらの国々に対し国連安保理常任理事国になることを支持してもらいたいと要請した(10)。

近年来、日本は対アフリカ援助においても『ODA大綱』の賞罰手段を積極的に活用し、民主化、人権等の状況の改善を理由にマダガスカル、マラウイ等の国に対して援助「奨励」を行ったが、ギニア、ナイジェリア、ザンビア等の国に対しては、民主化と人権状況の悪化を理由に援助削減の「懲罰」を行った。しかし、「発展途上国には、それぞれ違う経済、社会背景があるため、西側先進国の政治制度や機構を一方的に押し付けるやり方は妥当とは限らない」とし、『ODA大綱』を適用する際、「発展途上国の努力」にも配慮を払うべきことを認めた。

これまで述べた動向は、日本の対アフリカ政策がすでに経済援助によって道が開かれ、全面的介入や政治優先を特徴とする新段階に入ったことの証明であったと言えよう。

《注釈》

(1) 西和夫『経済協力』、143ページ、中央公論社、1970年
(2) 永野信利『日本外交ハンドブック』、310ページ、サイマル出版会、1981年
(3) 朝日新聞「援助」取材班『援助途上国日本』、40—46ページ、朝日新聞社、1985年
(4) 日本政府は1991年の国連総会でアフリカ開発会議を主催する意向を示した。「アフリカ開発会議」準備会議は1993年3月17、18日に開催されたが、日本の打ち出した当会議の趣旨は第一に、日本がアフリカを積極的に支持する方針を明らかにする。第二に、アフリカ国家の経済発展に対する認識を促進する。第三に、国際社会がアフリカを支持する必要性に対する認識を呼び覚ます。第四に、アフリカと国際社会にアフリカ開発問題に関して共通認識に達するためのチャンスを提供するというものであった。正式会議に参加したのは、48のアフリカ国家より225名の代表、13の援助国より13名の代表、国際機構の代表及びその他の国と機構の代表であった。
(5) Masahisa Kawabata: Japan's Policy toward Africa,『龍谷法学』第30巻、第一号、4—6ページ、龍谷大学法学会
(6) 1991年は特殊な年で、日本は湾岸戦争に資金を出したため、この年の対中東援助部分を激増させた。1994年日本のODA対象の地域分布には、アジアが57%で、第1位を占めており、次いでアフリカが12%であった。
(7) Japan Times, 1993年10月6日

(8) 南アフリカに影響力のある『スター·ニュース』は6月3日に、「日本は国連安保理常任理事国になりたいのだ。日本の外交官にとって大切なことは必要な支持を獲得するために国際論壇の上で極力遊説することであるが、最も近いのは先週エチオピアのアフリカ統一機構首脳会議である」と指摘した。

(9) アフリカ援助に参加した多くの日本人は、アフリカの貧困問題の根源は、「北方」先進国による国際秩序がアフリカの発展に不利だということにあると指摘した。(『朝日新聞』1998年10月29日、『フォーラム:アフリカの民力を増強できる援助をすべきだ』、『朝日新聞』1998年10月10日、『対話:アフリカをいかに援助するか?』)

(10)『朝日新聞』1998年10月20日

## 第3節 中南米に対するODA

### 1．対中南米ODAの発端

日本の対中南米ODAは次のような考えに立脚したものである。

1)当該地域に日本人の後裔や居留日本人が比較的集中している

2)従来当該地域に日本親善の国が比較的多い

3)当該地域では各種の鉱物資源や水産資源が豊かである

対アフリカと比べれば、日本の対中南米関係の歴史は長く、約300年前日本の使者はすでにメキシコに到達していた。1888年メキシコは真っ先に日本と平等条約を結び、1897年には35人の日本人がメキシコに転居し、これをきっかけに多年来数多くの日本人が中南米に転居した。第二次世界大戦までに、日本からの移民はすでに24万人に達し、主にコーヒー、サトウキビ、綿花の栽培に従事していた。このように数多くの移民やその後裔の存在によって、日本と中南米は特殊な関係にあった。これは戦後の対中南米政策に影響を与える潜在的要因となった。

1950年2月14日、第二次世界大戦後アルゼンチンに第1回目の移民が行われてから、日本は1956年8月2日にボリビア、1959年7月22日にパラグアイ、1961年12月にアルゼンチン、その後は他の中南米国家と移民協定に調印した。1979年8月園田外相は中南米訪問後、中南米への移民が5代目になったことによって「情勢はすでに変わっており、改めて移民政策を考えなければならない」と指摘した。

戦後、中南米国家と国交を回復して以来、相互関係の発展は比較的順調であった。1954年には岡崎外相が中南米を訪問し、これが戦後の対中南米外交の発端となったが、1959年7月岸信介首相がブラジル、アルゼンチン、チリ、メキシコ等の中南米5カ国を訪問し、移民問題と二国間関係の発展問題について会談した。そして1960年9月16日、川島正次郎特使がメキシコの独立150周年祝典に参加、また1970年9月愛知外相がブラジルとアルゼンチンを訪問した。

1973年石油危機の勃発によって、日本は中南米からの資源の確保やその拡大を一層重視し、政府開発援助総額における中南米向け援助の占める比重を増加させた(1)。1974年9月、田中首相はメキシコとブラジルを訪問し、二国間関係の問題やエネルギー、環境、貿易等の国際問題について意見を交換、そして1975年8月福田副首相はベネズエラとブラジルを訪問し、ベネズエラからの石油輸入の拡大等の問題について協議を行った。また、1976年7月河本通産相はブラジルを訪問し、1979年8月園田外相はメキシコ、ブラジル、ペルー、チリ、アルゼンチン、ベネズエラ等の中南米6カ国を訪問した。その目的は、

1) 日本の技術、資金によって中南米の豊富な資源を獲得する、

2) 二国間関係の範囲を資源、市場外交から全面的関係に拡大する

というものであった。そして中南米に対する外交を強化するために、1979年12月21日外務省は中南米局を新設した。

1979年12月中南米大使会議がブラジルで開かれ、日本は会議の席上で次のような政策を表明した。①政府首脳外交の強化、②経済、貿易、技術協力の強化、③移民問題の適切な処理、④文化交流の強化というものであった。1980年大平首相がメキシコを訪問し、1982年までに石油の供与を毎日30万バーレルに増加させるよう要請した。その後、中南米に対する政府首脳の訪問は続き、1982年鈴木首相はペルーとメキシコを訪問、また、1986年には倉成外相がウラグアイを訪問、そして1987年と1988年、宇野外相はドミニカ、ベリーズ、グアテマラ等の国を相次いで訪問した。これに対し中南米国家の政府首脳も続々と日本を訪問し、1998年だけで30人余りの政府高官が日本を訪問した。

80年代、日本は各種類の経済代表団を中南米国家に派遣した。1987年にはアルゼンチン、ウラグアイ、チリに経済使節団を派遣し、また、メキシコ等の国に経済交流促進団、海外旅行促進団等を派遣した。

資金援助については、1985年から1991年までの6年間、中南米に対する政府開発援助は4倍近くに増加し、中南米の債務国を援助するために、日本は、負債国の債務償還期日を延長すると同時に円借款を逐次増加させた。例えば、1989年ブラジルに5億ドルに相当する円借款を供与し、また、メキシコを円借款の相手国とする同時に、40億ドル余りの還流資金を中南米に投じた。そして、日本はアメリカによる「多国間投資基金」の設立という提案に応え、5億ドルの中南米援助基金の供与に合意した。1989年中南米に対する政府開発援助は5.63億ドルとなり、日本による政府開発援助の総額の8.3%を占め、アメリカ、フランスに次いで3位になった。そして、1989年中南米に対する直接投資は52億ドルとなり、対外投資の約8%を占め、北米、ヨーロッパ、アジアに次いで4位になった。

## 2.冷戦後の中南米に対するODA

90年代に入ると、日本の中南米に対する外交が一段と活発になったが、その主な原因は次によるものである。

(1)日本にとって、当該地域はオセアニア、東南アジアに次ぐ第3位の資源供与地であると同時に日本の製品に対して重要な市場であり、エネルギーの重要な潜在供与地でもある。日本の30%以上の鉄鉱石は中南米から輸入したもので、将来、世界においてエネルギーに対する需要が日増しに大きくなることを懸念し、コロンビア、ベネズエラの石油資源を非常に重視している。

(2)中南米33カ国の中で大部分は日本と良好な関係を維持している国

であり、国連外交を進める上で信頼できる重要な力である。そのほか、日本もラテン・アメリカの地域統合がこれ以上深まる前に同地域の政治、経済メカニズムに参入しようと努力している。

(3)グローバル戦略から見れば、中南米は日本の国際的役割を発揮させる重要な舞台であり、中南米国家の日本に対する期待感も増大し続ける

というものであった。

1992年版の『外交青書』は、

①民主化と市場経済改革を支援する。②相互理解を促進する。③環境問題と反麻薬活動に対して協力を行う。ということを対中南米外交の主な内容とするとしている[2]。これを背景に、90年代の日本は中南米地域に対する官辺経済技術協力を強化した。1990年7月には土屋参議院議長がアルゼンチンを訪問し、技術協力を中心にアルゼンチンの資源開発に対して援助を行った。そして、1990年ペルーの経済構造調整に対して35億円の援助を供与し、また、メキシコの経済建設や改革を積極的に支持することを表明した。1991年5月には日本・メキシコ21世紀委員会第1回目の会議が東京で開かれた。また、近年来ブラジルに対して造林等林業面における技術協力が行われた。そして、1991年5月日本は、5年間の内に中南米多国間投資資金に毎年1億ドルを出資するとし、1992年2月基金設立協定に調印した。1991年の中南米に対する政府開発援助の総額は8.46億ドルに達し、前年より50%増加した。

貿易については、1990年中南米に対する輸出は102億ドルで、輸入は98.51億ドルであった。その輸出額の93%は重化学工業製品であり、輸入額の96.1%は食品と工業原材料であるが、それによれば、これは典型的「南北型」の貿易であることが分かる。そして、1993年中南米との貿易額は253億ドルに達しており、中南米国家にとって日本はアメリカに次ぐ第2位の貿易パートナーとなった。

直接投資の面では、1992年中南米に対する直接投資の累計額は7794件で、投資額は合計465.5億ドルに達し、日本の海外直接投資の12%を占めたが、その中でブラジルは1517件、72億ドル、パナマは4,186件、187.4億ドルとなり、両者はラテン・アメリカ地域に対する投資総額の56%を占めた。

90年代になると、日本は民主化と経済改革に対する支援を対中南米援助のための重点項目としたため、内戦終結後のニカラグア、サルバドルに対するODAを増加、また、ペルーに対しても援助を増加し、1994年10月にはハイチに対して1991年から凍結していたODAを回復した。

中南米国家の政治改革を支援することは、90年代における対中南米外交の重要な問題であり、1990年2月のニカラグア大統領選挙、同年12月から翌年1月までのハイチ大統領選挙、1991年3月のサルバドル総選挙、5月のスリナム総選挙、1994年3、4月のサルバドル大統領選挙等の活動に選挙監督員を派遣し、また、1992年4月フジモリ・ペルー大統領が憲法の施行停止を表明した後、日本はペルーの憲政早期回復を促進するために努力し、選挙監視団を派遣した。

国連安保理常任理事国になるために支持を勝ち取ることは、中南米に対してODAを積極的に提供することの重要な背景であり、それはカリブ地域の島国に対する態度に反映されている。これらの島国は小さいが、国連における影響力が重視されるため、日本はODAによってこれらの国との関係を強化しようと努力している。

環境保全の面で支援を行うことは、中南米に対する外交の重要な構成部分となり、中南米国家の厳重な生態環境や公害問題に即応して、環境保全代表団の派遣によって調査を行い、また、資金援助を行った。例えば、1989年日本政府はメキシコに10億ドルの円借款を供与し、これによってメキシコの空気を浄化し、そして、チリに対しては環境保全の専門家を派遣した。そして1992年日本は、ブラジルとメキシコの環境問題を解決するために1000億円以上の円借款の供与を決定し、そして、1994年アルゼンチンの「レコキスタン流域衛生環境補修計画」に対し円借款を行い、また同年はグアテマラ、ニカラグア、サルバドル、ホンデュラス等の国に対し、居住環境の改善に使用するための無償援助を行った。同時に、プロジェクト型技術協力方式によってメキシコ、チリ、ブラジル等の国で環境保全に関する研修班や研究プロジェクトを開始した。

日本は、反麻薬の分野についても中南米に対し各種類の援助を供与した。これには研修生の受け入れや、第三国の研修に対し技術協力を提供する等の二国間協力や、全米地域反麻薬組織と国連の関連機構等の多国間組織に対する資金協力が含まれている。そして、食糧増産等の農業分野においても援助を行ったが、これらは貧困問題の解決こそ、麻薬を繁殖する温床を根本から取り除くことができると考えたからであった。

近年来、日本は中南米地域との政策対話を強化し、90年代に入ると、リヨ集団（中南米12カ国によって結成）との外相会議はすでに慣例となり、1994年8、9月には、河野外相がブラジル、アルゼンチンを訪問し、また、エクアドル、チリの外相をブラジルに招き、国連の働きの強化、国際貿易の問題、核拡散の防止等の問題について意見を交換した。

南北対話に積極的に参加することは、中南米に対する外交のもうひとつの重要な分野である。日本は、日米欧先進国と中米各国の間で開催された「民主と開発のためのパートナーシップ」に参加し、その中で経済開発工作委員会の共同首席のひとつを獲得し、1993年3月には東京でその特別会議を主催した。

日本と中南米の関係は引き続き発展し、1990年11月の平成天皇の「即位式」に際しては、中南米から多くの国家元首が参加し、また、大多数の中南米国家は、日本の国連安保理常任理事国への昇格を支持した。

現在、中南米永住の日本系移民やその後裔が約150万人に達している。その中ではブラジルが最も多く、130万人にも達し、そしてペルーには8万人、アルゼンチンには3万人がいるが、近年来、ブラジルの経済不況や1990年6月『日本国入国管理法修正案』の実施によって、日本に就職する日系のブラジル人が増加している。これに対し、日本は、中南米に対するODAの中で充分な配慮を払い、まずは日本系の移民やその後裔の研修生を受け入れ、次には移民の比較的多い地域に対する経済協力を強化することを決定した。そして、1994年パラグアイの「イタブア道路建設計画」、ボリビアの「サンタクルス北部橋の建設計画」、ドミニカの「カンスタンサ農地灌漑計画」や「西部3県の給水計画」等の地域の経済や社会インフラ施設の建設に対し、援助の供与を行った。

日本の二国間ODA総額における中南米に対するODAの比重は約8〜10%となり、また1994年の中南米に対する金額は8.32億ドルに達し、その二国間ODA総額の8.6%を占めたが、70年代初頭には対中南米ODAの中で、円借款は約70%を占め、技術協力が20%、無償援助はわずか数パーセントであったのに対し、その後、技術協力と無償援助の比重が増加し続け、1994年の援助の割合は、円借款37%、技術協力39.2%、無償

表7－6　中南米に対するODAの実績(純支払い額)

単位：百万ドル

| | 1985年 | 1990年 | 1994年 | 1994年累計 |
|---|---|---|---|---|
| 無償援助 | 42.44<br>(6.7)＊ | 117.17<br>(8.5) | 188.39<br>(7.8) | 1385.76<br>(7.5) |
| 技術協力 | 88.83<br>(16.2) | 199.10<br>(12.1) | 326.22<br>(10.8) | 2618.14<br>(13.3) |
| 円借款 | 93.66<br>(6.8) | 244.92<br>(6.2) | 307.55<br>(7.2) | 3112.53<br>(6.3) |
| ODA合計 | 224.93<br>(8.8) | 561.20<br>(8.1) | 832.16<br>(8.6) | 7126.44<br>(8.1) |

出所：外務省『ODA白書』1995年版下巻、664ページ。

＊ カッコ内はODA総額における比重。

援助22.6%と変化したのである。将来においてもODAは変わることなく中南米国家との関係を強化するための最も有力で、有効な外交手段であり続けるだろう。(表7－6)

《注釈》

(1)渡辺昭夫編『戦後日本の外交政策』、295ページ、有斐閣、1985年
(2)『世界経済新聞』1995年6月号

## 第4節 中央アジア・コーカサスに対するODA

1991年のソ連解体後、ユーラシア大陸中心部に中央アジア5国(カザフスタン、ウズベキスタン、タジキスタン、キルギス、トルクメニスタン)とコーカサス3国(アゼルバイジャン、アルメニア、グルジア)が誕生したが、これらの国々は新しい独立国家として国際舞台に登場し、ユーラシア大陸の国際政治地図を変え、その世界の地政学的構造と戦略利益における重要性を目立たせた。

同地域は、北にロシア、東には中国、南と西にはアフガニスタン、イラン、トルコ等のイスラム国家と国境を接しており、ユーラシア大陸の「心臓」と言われるように、地域戦略における要衝である。歴史の上でも、そこは東西文明のいわば橋渡し的地域であり、人員や物資交流の「シルクロード」に位置する所でもあったが、現在、ユーラシア大陸橋もそこから西へ延長するため、同地域はユーラシア大陸における輸送、航空やエネルギー供給の幹線になる可能性が大きいと見られる。同時に、この地域におけるエネルギーや資源の貯蔵量は相当なものであり、推測では、ペルシャ湾沿岸の石油や天然ガスに次いで第2位を占めるという。しかし、長期的な経済後進状況やイスラム原理主義勢力の拡張による不安定要因も存在する。

日本にとって言えば、中央アジアとコーカサス諸国の独立は、新しく重要なODA対象地域の誕生を意味したが、全般的に見れば、この地域に対するODAはなお模索の段階にある。しかし、将来の地政学的関係とエネルギー争奪においてこれら地域の地位は必ず重要になっていくため、日本はODAによって道を開き、これらの地域の市場に進出するステップを早めようとした。

1991年これらの国々がソ連から独立後、日本は、中央アジア5カ国からの研修員を受け入れ、また、それらに専門家を派遣した。そして、1992年10月の旧ソ連地域を支援する東京会議と、1993年4月の西側先進7カ国閣僚会議において、1億ドルの緊急人道援助額を決定し、その中の一部を中央アジア5国に供与したほか、1992年にはキルギスに緊急救済援助をし、また、1993年にはカザフスタンに対して緊急救済援助を行った。

そして、1992年10月の東京会議において、日本は、1993年から1995年の3年間に中央アジア5カ国から300人の研修員を受け入れると表明、そしてこれらの国に経済管理の専門家を派遣したほか、通信、金融、環境保全、経済インフラ施設等の分野における開発調査に協力し、同時に、どのようなプロジェクトに対して円借款を提供できるかについて検討を行い、その中の一部の国に対して無償援助を開始した。そして中央アジア国家に対する援助を拡大するために、日本はDACに対して積極的に働きかけを行い、これによって1993年1月、これらの国々はDACによる発展途上国に名簿入りし、新しい被援助国となった(1)。

1993年2月日本は、中央アジア地域に政府関係省庁30人からなる経済協力調査団を派遣し、これらの国に対して援助計画を説明し、また、各国の経済改革の状況について調査し、援助に対する各国の需要の把握を行った。そして、1993年5月から、日本は中央アジアに計画調査員を何度も派遣し、援助によるプロジェクトについての調査活動を展開した。

コーカサス3国は、1994年1月からDACによる発展途上国に名簿入りし、新しい被援助国となったが、日本は、1991年からすでにこれらの国々に対する有限的経済協力を開始し、1994年からは正式にODAを供与することになったが、それは小規模なものであった。

冷戦終結後、各主要大国はいずれも中央アジア、コーカサス地域の重要な地政学的構造や豊富なエネルギー資源に注目し、この地域を巡る激しい競争が展開された。そのなかで、アメリカの活動は特に著しく、1997年7月、橋本首相が「ユーラシア大陸外交」という演説をする3日前、タルボットアメリカ副国務相はホプキンス大学で「中央アジアとコーカサスの将来に辿る路線図」という談話を発表し、また、アメリカの各研究機構もこれら地域の戦略地位とエネルギーに対して高い注目を示した(2)。アメリカはすでにこれら地域の安全秩序を主導する構想を実践に移し、1997年9月14日から中央アジアで7カ国と協同軍事演習を行い、ドイツ、イギリス、フランス等のヨーロッパ国家も、この地域に対しエネルギー外交を展開した。イスラム原理主義と米欧勢力の拡大による二重圧力の下で、ロシアは腹背に敵を受けたと感じ、自己の利益を守る対策の策定を急いだ。そして、中国と中央アジア諸国との関係も順調に発展した。

このような角逐した情勢の下で、1997年7月には、エネルギー外交や地政学的構造への配慮に基づき、日本は「ユーラシア大陸外交」という新戦略を提示。「シルクロード地域」である中央アジアとコーカサスは、この全く新しい外交戦略において極めて重要な地位を占めたことから、これによって日本がこの地域における激しい競争に参加することを正式に宣言したこととなった。

言うまでもなく、日本の「ユーラシア大陸外交」は、所詮そのエネルギー戦略の延長であり、その最も重要な目標は、中央アジアとコーカサス地域におけるエネルギー開発の主導権を握り、これによって将来この地域から安定した石油や天然ガスの供給を得るというものであった。

「ユーラシア大陸外交」は日本の外交戦略調整の重要な措置であり、その主要目標は政治、経済の両面にある。

(1)地政学的側面に着目し、中央アジアとコーカサスにおける世界戦略要地にしっかり立ち、これによって大国関係における自国の地位を引き上げる。

⑵経済利益に立脚し、貯蔵量が中東に劣らず、エネルギーの宝庫とされる同地域に先に参入し、そして、政治的影響力や経済的浸透力を強めることによってこの地域におけるエネルギー開発や貿易の主導権を得るというものであったが、「ユーラシア大陸外交」という戦略に対して、外務省、大蔵省、通産省はいずれも中央アジアとコーカサス「シルクロード地域」に対する具体的外交計画の策定や健全化に一段と力を入れ、そして、一部の措置はすでに実行に付された。

1997年末と1998年初頭、外務省が重点的に研究した具体策の中に、次のような三つの中心分野が含まれている。

⑴これら地域とのハイレベルな交流を強化し、二国間の政治対話を行うことによって信頼関係を確立する：外交、経済の責任者による訪問をきっかけに、これら地域のすべての国々に対する訪問実現のために努力することによって、政府各省庁の閣僚ひいては首相の訪問を計画するほか、政治家、学者や都市間等各レベルの交流の拡大に力を入れている。

⑵日本の経済力によってこれら地域の経済発展やエネルギー開発に協力する：日本は政府開発援助等の資金手段によって、これら地域の鉄道、道路、航路、通信網、石油や天然ガスパイプ等の建設に経済協力を行う。

⑶これらの地域の核不拡散、民主化や政治的安定化等への活動参加によって日本の影響力を拡大する：日本は中央アジアへの安全保障への協力や選挙監視等の各方面に役割を発揮し、これら地域における国連の活動に積極的に参加する予定である。そして、外務省が所管する国際問題研究所が、中央アジア諸国やロシア、アメリカ等の国の安全保障問題の専門家を招いて、総合戦略討論会を開き、これによってこれら地域の安定に寄与することを表明し、また、同じ考え方に基づき、ウズベキスタ

ンによる核拡散防止問題に関する国際会議に対しても、積極的支持を表明したというものである[3]。

しかし、現状から見れば、中央アジアとコーカサス地域に大使館を設けたのは、カザフスタンとウズベキスタンだけであり、この二国に駐在する者はそれぞれ10数人のみであり、また、これまで日本とこれら地域との人的往来もわずかなものであった。

1998年1月16日、日本政府は「シルクロード地域」で政治や経済交流を積極的に進めるための外交行動計画を決定したが、政治対話の面で、政府要人の相互訪問やコーカサス地域に大使館を設立することがその主な内容となった。

将来、日本は「ユーラシア大陸外交」の中で、従来型の伝統的経済外交手段により、これら地域での援助や経済活動促進によって「国際貢献」の印象を与え、これによって政治外交や経済外交の良好な相互促進を実現し、そして、経済的地位の強化を通じて政治的影響力の拡大を図るというものである。

《注釈》

(1) 外務省『ODA白書』、1995年版下巻、265ページ
(2) 鈴木美勝『ユーラシア大陸が冷戦後の競争舞台になった』、『世界週報』1997年10月7日号
(3)『読売新聞』1997年8月11日

# 結び：日本のODAの展望

希望と未知に満ちた21世紀がやってくる。新しい世紀において、南北問題には新たな解決策を見つけられるのか。ODAは再び立ち上がれるか。将来の対外援助はどんな理念が主流となるのか？国際社会はどのように開発資金の不足を埋めるのか。これらの質問を本書の主題と結び付けて考えると、自然に次の問題を連想させられる。日本は現在世界一の援助大国であるが、将来ODA政策において変化が起こるのか。もし起こるとすれば、どんな方向に転換するのか。日本ODA政策の動きは国際関係にどんな影響を与えるのか。

世紀の変わり目に、日本のODAに対する内外環境は80年代以前と比べて、大きく変わった。まず、日本経済は昔の持続的な成長の勢いを失ったのに伴って、ODAも高度成長の物資的基盤と政策的駆動力を失ったのである。次に、日本の対外政策は次第に経済中心型から政治中心型へ転換しつつあり、日本のODAも新しい対外政策体系において、改めて位置付けられようとしている。したがって、未来のODA政策の進展や変化もこの二つの変化の基本的特徴を反映するに違いない。90年代の日本のODA政策過程の足跡を総合的に見れば、未来におけるその全体的な進展変化の趨勢は主に次の両面に体現されよう。

第一に、引き続き量から質への転換を実現していくだろう。長い間の経済不振や他の援助国が「援助疲れ」に陥った状況で、ODAの規模は将来において、以前のように急速に増加することは難しい。近い将来、それは現有規模の範囲内にとどまる可能性があり、総額ではマイナス成長が続いていくかもしれない。この状況を見て、日本はODAを実施する上で、質の向上を一層重要視するであろう。対象国の選択は一層厳しくなり、プロジェクト決定においては自国の外交意図がもっと反映され、実施の過程では監督管理が強化される等々が含まれることになるだろう。今後、日本は「顔が見える」という援助方式の実現を求め、同様の、またはより少ないODA資金をもって、より良い、かつ大きな外交効果を収めることを目的とするだろう。

第二には、経済中心型から政経同時重視型ないし政治中心型へ転換していくだろう。伝統的な経済協力の中に政治的内容を加え、しかもODA資金を運用して地域とグローバルな政治、安全、環境などの分野で一層の政治的役割を果たさせ、ODAの中で、被援助国の政治、経済、軍事状況に影響を与えることのできる力を絶えず強化させる、等々はその主な内容である。

世界経済と南北問題の角度から見れば、日本のODAの重要性は依然として、増える一方である。国際社会と途上国の日本のODAに対する期待値は降下することはないだろう。国際政治と安全保障の角度からみれば、日本のODAがもつ国際情勢と秩序への影響は日増しに大きくなるに違いない。

将来、日本のODAの国際的地位と役割はどう変わっていくのか。つまるところ、それは日本経済が景気回復できるかどうか、また日本の外交はどこへ向くのか、という二つの分野における今後の進展にかかっている。

# 付　録

付録1

# 政府開発援助大綱

（1992年6月30日閣議決定）

我が国は、政府開発援助について、内外の理解を深めることによって幅広い支持を得るとともに、援助を一層効果的・効率的に実施するため、政府開発援助大綱を次の通り定める。

**1. 基本理念**

世界の大多数を占める開発途上国においては、今なお多数の人々が飢餓と貧困に苦しんでおり、国際社会は、人道的見地からこれを看過することはできない。
また、世界は、平和と繁栄が実現され、自由、人権、民主主義等が確保される社会の構築に向けた努力を行っているが、開発途上国の安定と発展が世界全体の平和と繁栄にとって不可欠という意味での国際社会の相互依存関係を認識しなければならない。
さらに、環境の保全は、先進国と開発途上国が共同で取り組むべき全人類的な課題となっている。

一方、平和国家としての我が国にとって、世界の平和を維持し、国際社会の繁栄を確保するため、その国力に相応しい役割を果たすことは重要な使命である。
我が国は、以上の考え方の下に、開発途上国の離陸へ向けての自助努力を支援することを基本とし、広範な人造り、国内の諸制度を含むインフラストラクチャー(経済社会基盤)及び基礎生活分野の整備等を通じて、これらの国における資源配分の効率と公正や「良い統治」の確保を図り、その上に健全な経済発展を実現することを目的として、政府開発援助を実施する。その際、環境保全の達成を目指しつつ、地球的規模での持続可能な開発が進められるよう努める。

このような我が国の支援の努力によって、我が国と他の諸国、特に開発途上国との友好関係の一層の増進が期待される。

**2. 原則**

政府開発援助の実施に当っては、国際連合憲章の諸原則(特に、主権、平等及び内政不干渉)及び以下の諸点を踏まえ、相手国の要請、経済社会状況、二国間関係等を総合的に判断の上、実施するものとする。

(1)環境と開発を両立させる。
(2)軍事的用途及び国際紛争助長への使用を回避する。
(3)国際平和と安定を維持・強化するとともに、開発途上国はその国内資源を自国の経済社会開発のために適正かつ優先的に配分すべきであるとの観点から、開発途上国の軍事支出、大量破壊兵器・ミサイルの開発・製造、武器の輸出入等の動向に十分注意を払う。
(4)開発途上国における民主化の促進、市場指向型経済導入の努力並びに基本的人権及び自由の保障状況に十分注意を払う。

**3. 重点事項**

(1)地域
アジア地域は、我が国と歴史的、地理的、政治的及び経済的に密接な関係にある。また、とりわけ東アジア地域、ASEAN諸国は、世界の中で活力あふれる地域となっており、その経済発展を維持･拡大することが世界経済の発展のために重要であること、その一方で依然として貧困に苦しむ多数の人口を抱えている国も存在することを踏まえて、引き続きアジア地域に重点を置く。

同時に、世界全体の貧困や経済の困難に目を向ける必要があり、アフリカ、中近東、中南米、東欧及び大洋州等の地域に対しても、我が国の国力に相応しい協力を行っていく。特に、後発開発途上国(LLDC)へ配慮する。

(2)項目

(イ)地球的規模の問題への取り組み

環境問題、人口問題等の地球的規模の問題には、先進国と開発途上国との協力によって対処することが重要であることに鑑み、これらの問題に対する開発途上国の努力を支援する。

(ロ)基礎生活分野(BHN)等

飢餓･貧困により困難な状況にある人々や難民等を対象とする基礎生活分野(BHN: Basic Human Needs)を中心とした支援及び緊急援助を実施する。

(ハ)人造り及び研究協力等技術の向上・普及をもたらす努力

長期的視野に立った自助努力の最も重要な要素であり、国造りの基本となる人造り分野での支援を重視する。また、開発途上国自身の研究開発能力及び適応能力を高める研究協力等技術の向上・普及をもたらす協力を推進する。

(ニ)インフラストラクチャー整備

経済社会開発の重要な基礎条件であるインフラストラクチャーの整備への支援を重視する。

(ホ)構造調整等

市場メカニズムの下で民間の創意、活力が十分に発揮できるような経済構造への調整及び累積債務問題の解決に向けた適切な支援に努める。

**4. 政府開発援助の効果的実施のための方策**

(1)相手国からの要請･考え方を十分勘案しつつ、開発途上国に関する情報の収集･分析を進め、開発政策等の基本認識を相手国との間で共用するため、密接な政策対話を推進する。

(2)開発途上国の多様な発展段階及び援助需要に的確に対応するよう、有償資金協力、無償資金協力及び技術協力の各援助形態並びにその外の協力の特性を最大限生かし、その有機的連携・調整を図る。

(3)必要に応じ、他の先進国の援助機関、国連諸機関、国際金融機関、我が国の地方公共団体及び労働団体、経営者団体その外の民間団体等との適切な連携･協調を図る。特に、国際機関を通ずる協力については、政府開発援助についての我が国の考え方がその活動に十分に反映されるように努めるとともに、国際機関の有する専門的知識、政治的中立性等の特質を十分生かすように努める。また、民間援助団体(NGO)との連携を図るとともに、その自主性を尊重しつつ、適切な支援を行う。

(4)我が国及び離陸に成功した東アジア、東南アジア諸国等の開発政策の経験の活用を図る。

(5)環境問題に関する支援を進めるに際しては、我が国が環境保全と経済成長の両立に成果を挙げてきていることを踏まえ、その技術、ノウハウ等を活用する。

(6)開発途上国の発展段階に適した技術移転等に資するため、必要に応じ当該技術に関する技術開発に取り組むとともに、他の開発途上国の有する知識や技術の十分な活用を図るための支援を行う。
(7)我が国の持つ技術、ノウハウ等について、公的部門のみならず、民間部門からもその活用を図るとともに、民間の行う技術協力を支援する。
(8)国境を越えた地域的規模の問題に対応するため、国際機関及びアジア太平洋経済協力(APEC)等の地域協力のための枠組みとの連携強化を図る。
(9)政府開発援助と直接投資、貿易が有機的連関を保ちつつ実施され、総体として開発途上国の発展を促進するよう努める。このため、貿易保険、日本輸出入銀行等を通じた民間経済協力との連携強化を図るとともに、民間経済協力の促進を図る。
(10)適切な案件を採択できるよう案件発掘・形成のための協力及び調査を充実する。また、今後の協力にも資するよう第三者による評価及び他の国との合同評価を含めた評価活動を充実する。
(11)開発途上国に関する地域研究、開発政策研究、政府開発援助の総合評価等を推進する。
(12)開発への女性の積極的参加及び開発からの女性の受益の確保について十分配慮する。
(13)子供、障害者、高齢者等社会的弱者に十分配慮する。
(14)開発途上国における貧富の格差及び地域格差の是正に配慮する。
(15)我が国の政府開発援助を巡って不正や腐敗を惹起しないよう十分配慮する。

### 5. 内外の理解と支持を得る方策

政府開発援助の実施に当たっては、内外の理解の確保を基本とし、また国民の参加を確保するため以下のような方策を講ずる。
(1) 情報公開の促進
相手国に対する外交的配慮等を踏まえつつ、政府開発援助の実施状況を取りまとめ、国会を始め広く国民に明らかにする等、政府開発援助に関する情報公開を促進する。
(2) 広報・開発教育の強化
組織的な広報活動の強化、開発援助に関する教育を推進する。

### 6. 実施体制等

(1) 人材の養成・確保・活用
政府開発援助にかかわる人材の養成・確保・活用を図るため、人材の養成機関の充実等を通じて、開発専門家、民間コンサルタント等の育成を図る。
(2) 効果的・効率的な実施体制の確保等
関係省庁間の連絡・協議体制を確立し、政府開発援助の効果的・効率的な実施体制を確保する。また、援助実施機関である国際協力事業団(JICA)及び海外経済協力基金(OECF)の相互の連携を強化するとともに、これらの機関の実施体制の整備を図る。民間部門の協力を得ていくため、業務のコストに見合った適切な支援に努める。
(3) 派遣される援助関係者の安全の確保等
開発途上地域に派遣される援助関係者の生命・身体の安全の確保、不慮の災害の際の適切な対応に引き続き努める。

(出所：外務省『ODA白書』、1996年版上巻、331－335ページ。)

付録2

# 国別援助方針：中国部分

## 1. 基本方針

### (1) 我が国の援助対象国としての位置付け

(イ) 中国は、我が国と地理的に隣接し、政治的、歴史的、文化的に密接な関係にあること

(ロ) 我が国と中国との安定した友好関係の維持・発展が、アジア太平洋地域ひいては世界の平和と繁栄につながること

(ハ) 経済関係において、二国間政府ベースの経済協力、民間の投資・貿易、資源開発協力等を含む幅広い分野にわたってその深さと広がりを増して発展してきていること

(ニ) 中国は、経済の近代化を最優先課題として位置付け、対外開放政策及び経済改革を進めていること

(ホ) 広大な国土面積と多数の人口を有し、一人当たりGNPが860ドル(98年)と依然低く、援助需要が高いこと等を踏まえ、中国の改革・開放政策に基づく近代化努力に対し、できる限りの協力を行うとの方針の下、中国の自主的な経済開発、民生向上に向けた努力に対し支援を行っている。

なお、中国は我が国の二国間援助実績(98年までの支出純額累計)で第2位の受け取り国である。

### (2) 我が国の援助の重点分野

我が国は、中国における開発の現状と課題、開発計画等に関する調査・研究及び92年3月に派遣した経済協力総合調査団及びその後の政策協議等による中国側との政策対話を踏まえ、以下を援助の重点項目としている。

(イ) 重点地域

有償資金協力を中心に、経済インフラ整備に資する協力を行うとともに、中国のバランスのとれた発展を支援するとの観点から、相対的に開発余地の大きい内陸地域にこれまで以上に配慮し、農業・農村開発への協力、豊富な資源を活用した開発への協力を進める。また、無償資金協力及び技術協力については内陸部を重視することとし、主として貧困地域に対する基礎生活分野の充足のための協力を実施する。

(ロ) 重点分野

(a) 環境

我が国の経験と技術を活かして、省エネルギー、廃棄物リサイクル、煤煙処理、排煙脱硫等の大気汚染防止、下水道等の水質汚濁防止対策について、中国側のニーズを踏まえつつ援助を進める。また、無償資金協力を通じ96年に設立された日中友好環境保全センターを核に中国側の環境対処能力向上に資する協力を展開するとともに、97年の日中首脳会談において発表された「21世紀に向けた日中環境協力」構想の具体化を図る。また、98年8月には長江等で大洪水を生じ、甚大な被害があったこと等を踏まえ、治水分野についての協力も検討していく。

(b) 農業

農業生産、特に食糧の安定的供給の確保へ向けた一層の農業生産性の向上を図ることが必要である。灌漑·排水施設の建設、機材の供与等農業基盤整備への援助、肥料、農業用資材供与、試験研究機関の充実を通じた農業技術のレベルアップ及び農村への

技術の普及への援助等を実施する。

(c)　経済インフラ

中国の経済発展のボトルネックとなっている運輸、通信、電力等の経済インフラの整備の遅れの解消に向け援助を行う。

(1)運輸・交通：施設建設による輸送能力の増大、輸送の効率化のための維持・管理技術の向上に資する援助を行う。

(2)エネルギー：絶対的な供給不足に対応するための発電所建設に対する援助を行う。その際に、十分な大気汚染防止対策を図る。また、沿海部と内陸部の間の需給バランス是正のための送電網整備についても援助を行う。

(3)通信：通信基盤の整備に資する協力、維持・管理面を考慮した人材養成への援助を行う。

(d)　保健・医療

農村地域等では、依然として保健・医療水準の底上げが必要である。地域格差是正の観点から、農村地域等におけるプライマリー・ヘルス・ケアや予防保健事業への波及を念頭に置いた地域保健・医療水準の向上に資する協力を行う。

(e)　人造り

教育用機材の供与や学校施設の建設への協力等による基礎教育の普及・充実を図る。機材供与、研修員受入、専門家派遣等による中堅技術者・管理者の養成等に資する人造りへの協力を行う。

**(3)　留意点**

・官民自治体、学識経験者の意見交換を通じ、既に広範に行われている日中環境協力の包括的な取り組みを目指す「日中環境協力総合フォーラム」が、96年以来これまで2回にわたり開催されており、環境分野における協力の踏み込んだ議論を展開する場として活用する。

・97年の日中首脳会談に際し、中国国内の環境情報ネットワーク整備と、モデル都市を定め大気汚染対策の集中的実施による環境対策の成功例づくりを図る日中環境開発モデル都市構想の2つの柱とする「21世紀に向けた日中環境協力構想」が合意された。このうち、日中環境開発モデル都市構想については、大連、重慶、貴陽の3都市がモデル都市として選定され、99年4月には日中双方の専門家委員会による、具体的な協力のあり方に関する両国政府に対する提言がなされており、政府としては最大限尊重しつつ実施を図る。

・98年11月の江沢民国家主席訪日時に発表された「21世紀に向けた環境協力に関する共同発表」に基づく協力を着実に実施する。

・農業分野に関しては、江沢民国家主席訪日時に発表された「21世紀に向けた協力強化に関する共同プレス発表」に掲げられた内容を踏まえ、今後、特に持続可能な農業技術分野に関する協力を強化していく。

・96年度からの第4次円借款のうち、「後2年(99～2000年度)」について、98年11月の江沢民国家主席訪日時に、28案件、総額3,900億円を目途として供与することで中国側と合意されているが、「前3年」(96～98年度)の重点事項を継承し、環境分野、農業分野、内陸部の案件を重視していく。また、第4次円借款終了後は円借款供与方式を従来のラウンド方式(複数年度総枠方式)からローリング方式のロングリスト(複数年度に渡る円借款の採択候補案件の一覧)に基づく年次供与方式に移行することについて中国側と一致している。

**(4)　ODA大綱の運用状況**

経済の改革・開放路線を積極的に進め、「社会主義市場経済」を確立するとの方針が憲法に明記され、99年3月の憲法改正では、個人経済、私有経済等の公有制以外の所有形態をも社会主義市場経済の重要な一部分とする規定が加えられる等、ODA大綱の原則の市場指向型経済の導入の観点からは好ましい動きが継続している。人権分野では、国際人権A規約及び同B規約の署名、「人権白書」の発表等前向きな動きが見られるが、民主活動への取り締まり強化の動きもある。我が国は、95年8月、中国の核実験停止が明らかにならない限り対中無償資金協力を原則凍結するとの措置を取ったが、96年7月より中国が核実験のモラトリアムを実施し、CTBT(包括的核実験禁止条約)に署名したこと等を踏まえ、97年3月より無償資金協力を再開している。なお、軍事費については、対GNP比では増加傾向は見られていない。

**2.　中国経済の現状と課題(以下は省略)**

(出所：日本外務省インタネットホームページ、2001年2月)

## 付録3

## 戦後日本対外援助年表

**(1945——1998)**

1945年8月：日本敗戦降伏
10月：国連成立
12月：ブレトンウッズ協定発効、国際通貨基金(IMF)と世界銀行が成立
1947年6月：米国が欧州復興計画を発表
8月：GHQが日本の民間貿易の一部回復を批准
10月：国際貿易会議が関税及び貿易に関する一般協定(GATT)に調印
1948年4月：欧州経済協力組織(OEEC)が成立
8月：米国の援日物資の供与を開始
1949年1月：トルーマン大統領が「技術援助と立ち遅れ地域開発計画(第四点計画)」を発表
ソ連と東欧5カ国が経互会(C OMECON)を設立
4月：1米ドル：360円の為替レートが確定
6月：トルーマン大統領が韓国に向けて1.5億米ドルの援助の供与を国会に要求
7月：ソ連が朝鮮に向けて援助を始める
11月：西側陣営が「輸出管制案配委員会」(COCOM)を設立
12月：日本が外貨、対外貿易管理法を発布し、民間自由貿易を開始
1950年1月：コロンボ・プラン成立
2月：中ソが借款協定に調印
12月：日本輸出銀行を設立(1952年4月に日本輸出入銀行と改称)
1951年6月：フィリピンが日本に60億米ドルの賠償請求
9月：サンフランシスコ講和条約に調印

10月　：インドネシアが日本に80億米ドルの賠償請求
日本とインドが鉄鉱開発契約に調印
1952年6月　：第一次日中民間貿易協定に調印
8月　：日本が世界銀行と国際通貨基金に加盟
9月　：タイが日本に戦時特別円勘定の15億円の返済を求める
12月　：日本政府が賠償基本方針を確定
1953年3月　：日本とフィリピンが臨時賠償協定に調印
10月　：日本が世界銀行の第1回目の借款を獲得
12月　：日本政府がアジア各国に対する経済協力方針を確定
1954年4月　：社団法人アジア協会設立
7月　：日本とフィリピンが賠償の本格交渉を開始
10月　：日本がコロンボ・プランに参加
11月　：日本とビルマが平和条約及び賠償と経済協力協定に調印
1955年7月　：日本外務省アジア局に賠償部設立
日本とタイが特別円処理協定に調印
9月　：日本がGATT加盟
1956年5月　：日本とフィリピンが賠償協定と経済開発借款協定に調印
12月　：日本が国連加盟
1957年4月　：日本が投資前の基礎調査事業(開発調査の原型)を開始
5月　：岸首相が東南アジア6カ国訪問
6月　：日本とブラジルが合弁鉄鋼所建設の契約に調印
11月　：岸首相が第2回目の東南アジア訪問
1958年1月　：欧州共同体(EEC)が成立
日本とインドネシアが平和条約及び賠償と経済協力協定に調印
2月　：日本が円借款の供与を開始(インドネシアと交換公文に調印)
5月　：通産省が初めて経済協力白書を発表
7月　：日本貿易振興会(JETRO)設立
10月　：日本とラオスが経済と技術協力協定に調印
1959年3月　：日本とカンボジアが経済と技術協力協定に調印
4月　：外務省経済局に経済協力部設立
海外技術訓練センターが運営開始(プロジェクト方式技術協力の原型)
5月　：日本と南ベトナムが賠償協定に調印
12月　：英国ロイツ銀行取締役会長フランクスが講演で「南北問題」の重要性を強調
1960年3月　：日本が開発援助グループ(DAG)に加盟
7月　：ソ連が援中協定を破棄
9月　：石油輸出国機構(OPEC)が成立
12月　：日本が国際開発協会(第二世界銀行)に加盟
経済協力開発機構(OECD)設立
1961年3月　：日本海外経済協力基金(OECF)設立
6月　：日本が対外経済協力審議会を設立
10月　：開発援助委員会(DAC)が成立(前身DAG，日本は始終メンバー)
11月　：米国が国際開発庁(AID)を設立
日本とパキスタンが第一次円借款(72億円)協定に調印
12月　：第16回国連総会が国連発展10年決議を可決

1962年1月 ：日米が米国の援助資金の返済協定に調印
日本とタイが特別円借款問題の解決の新協定に調印
5月 ：外務省が経済協力局を新設
6月 ：DACが第一次対日年度援助実績への審査を実施
日本に海外技術協力事業団(OTCA)設立
11月 ：日中が貿易覚書に調印し、ＬＴ貿易が開始
1963年3月 ：日本とビルマが賠償追加の交渉で協議を達成し、双方が経済と技術協力協定に調印
9月 ：池田首相が東南アジア訪問
1964年3月 ：第一回国連貿易開発会議(UNCTAD)が行われる。
4月 ：日本がOECDに加盟
5月 ：UNCTADの第三委員会は援助目標をGNPの1%とすることについての決議可決
日本が南ベトナムへの援助方針を決定
11月 ：アフリカ開発銀行(AFDB)が成立
1965年4月 ：日本青年海外協力隊(JOCV)が成立
日本の対ビルマ賠償終了
日本とラオスが外貨操作基金援助協定に調印
日本と台湾が初の円借款協定に調印
7月 ：DACが援助国に対して援助条件の改善を勧告
1966年4月 ：第一回東南アジア開発閣僚会議
7月 ：日本が「Two Step Loan」の実施を開始
日本とインドネシアが初めての円借款協定(108億円)に調印
8月 ：アジア開発銀行(ADB)設立
日本とタンザニアが初めての円借款協定(20億円)に調印
11月 ：日本とビルマが平和条約及び賠償と経済協力協定に調印
日本とマレーシアが初めての円借款協定(180億円)に調印
1967年8月 ：東南アジア国家連盟(ASEAN)設立
9月 ：佐藤首相が東南アジア訪問
10月 ：佐藤首相が2回目の東南アジア訪問
日本が石油開発公団を処分
1968年1月 ：日本とタイが初めての円借款協定(216億円)に調印
2月 ：第二回国連貿易開発会議で、GNPの1%の援助目標が確定
3月 ：日中貿易交渉が協議を達成し、覚書貿易が開始
7月 ：商品借款と食糧援助を開始
1969年1月 ：一般プロジェクトの無償援助を開始
2月 ：DACが再び援助国に援助条件の改善を勧告
日本とフィリピンが初めての円借款協定(108億円)に調印
4月 ：日本がアジア開発銀行第二回総会において、五年内にアジアに対する援助を倍増させることを宣言
10月 ：ピアビソン委員会がIMFと世界銀行に報告書を提出
日本が対外経済協力審議会を設立
1970年9月 ：DACがODAのアンタイドの促進問題について検討
10月 ：国連で第二次国連発展10年決議を可決
1971年2月 ：日韓が初めての円借款協定(72億円)に調印

5月　：日本とトルコが初めての円借款協定(97 億円)に調印
8月　：米国が新経済政策を発表
10月　：日本とバングラデシュが初めての食糧援助協定(1.8 億円)に調印
12月　：10カ国蔵相会議で1米ドル：308円などの問題について協議を達成
1972年4月　：日本が国連貿易開発会議でODA対GNPの0．7%の比例の実現を承諾
5月　：内閣が政府借款の「アンタイド」を決定
9月　：日中国交正常化実現
10月　：DACは「グラント・エレメント」25%以上をODAと決める。
日本が国際交流基金を設立
11月　：タイで日本製品ボイコットの学生運動が起こる
1973年1月　：日本が水産無償援助を開始
2月　：日本円の変動相場制が実現
4月　：日本とエジプトが初めての円借款協定(30．8億円)に調印
7月　：田中・ニクソン共同声明においてインドシナの復興を支援することを強調
10月　：第四次中東戦争が勃発、第一次石油ショック
12月　：三木副首相がアラブ8ヶ国を訪問
1974年1月　：経互会国際投資銀行が途上国援助特別基金を設立
田中首相が東南アジア5ヶ国訪問、ジャカルタ等で反日暴動が起こる
中曽根通産相が中東4ヶ国を訪問
4月　：国連第6次資源特別会議で国際経済新秩序(NIEO)宣言を可決
6月　：DACがＬＤＣ非束縛性諒解覚書を可決
8月　：国際協力事業団(JICA)が成立
日本とイラクが経済技術協力協定と混合借款協定(745 億円)に調印
1975年3月　：日本とサウジアラブが経済技術協力協定に調印
4月　：日本が文化無償援助を開始
7月　：日本が経済協力閣僚協議会を設立
円借款業務は海外経済協力基金(OECF)に譲渡される
日本とインドネシアがアサカンアルミ製造プロジェクトの援助協定に調印
10月　：日本と北ベトナムが無償援助協定に調印
11月　：第1回西側サミット
1976年3月　：日本とイランが日本のイラン石油化学会社への円借款供与に関する協定(288 億円)に調印
7月　：日本がアメリカ開発銀行(IDB)に加盟
日本が対フィリピン賠償を完了し、あらゆる賠償協定が実行済みとなる
8月　：経団連代表團がソ連訪問し、ソ連側と長期経済協力協定に調印
日本とインドネシアが日本のアサカンプロジェクトへの円借款供与の協定(262．5億円)に調印
9月　：日本とブラジルが30億ドルの項目協力について協議を達成
1977年3月　：福田・カーター共同声明でアセアン援助を強調
4月　：日本が食糧増産援助の実施を開始
5月　：日本がシンガポールの石油化学プロジェクトに対して30億ドルの出資を決定
8月　：「福田ドクトリン」を発表、福田首相がアセアン共同項目に対して10億

ドルの援助の供与を表明
12月：外務省が初めて『経済協力の現状と展望（経済協力白書）』を発表
1978年1月：日米共同声明の中に日本ODA倍増の計画が盛り込まれる
2月：DACがODA「グラント・エレメント」86%への引き上げを発表
4月：衆議院外務委員会が経済協力についての決議を可決
日本が3年内のODA倍増を決定
日本が債務救済の無償援助を開始
7月：日本が第一次ODA中期目標（ODA三年倍増計画）を発表
日本とベトナムが初の円借款協定（100億ドル）に調印
8月：日中が平和友好条約に調印
9月：福田首相が中東4カ国訪問
12月：日中が上海宝山鋼鉄工場建設基本協定に調印
1979年1月：日本が対ベトナム援助の凍結を決定
9月：中国の谷牧副総理が訪日し、円借款を申請
10月：日本はイランの石油化学工業プロジェクトを国家項目と定め、200億円の出資を決定
10月：日本とインドネシアが尿素プロジェクト借款協定（330億円）
12月：日本が第1次対中円借款（3309億円）を決定
ソ連がアフガニスタンに侵入
1980年1月：日本がアフガニスタン難民に緊急援助(10億円)を提供
2月：園田特使が中央アジアと南アジアを訪問し、対パキスタン援助の倍増（320億円）を表明
4月：アメリカとイランが国交を断絶
日中が初の円借款協定(500億円)に調印
5月：日中が渤海油田共同開発契約に調印
11月：外務省が『経済協力の理念』を発表
1981年1月：鈴木首相がアセアン5ヶ国を訪問し、対アセアン援助方針を発表
日本が第2次ODA中期目標（ODA5年倍増計画）を決定
2月：外務省経済協力研究会が『経済協力の理念――なぜ政府開発援助を実施するか？』を発表
8月：韓国が外相会談で日本に60億ドルの「安保援助」を要請
9月：日中プラント契約問題が日本が3000億円を提供する協力の方式より解決される。
10月：鈴木首相が南北首脳会議で5年内のODA倍増を承諾する
11月：三井グループが条件付きでイランの石油化学工業項目からの撤回を表明
1982年9月：外務省が初の『経済協力評価報告』を発表
1983年2月：日本がアフリカ開発銀行に加盟
3月：日韓が日本から40億ドルの経済協力の提供について協議を達成
5月：日本とイランはイラン側が資金の追加を負担することについて協議を達成し、石油化学工業項目が再開
1984年3月：日本が第3次対中円借款（4700億円）を決定
外務省が初の『わが国の政府開発援助』（ODA白書）を発表
1985年9月：日本が第3次ODA中間目標を発表
1986年7月：日本と世界銀行は構造調整融資（SAL）を開始

1987年5月 ：日本が資金還流構想を発表
7月 ：日本が経済構造改善への取組みに対して無償援助(ノンプロジェクト無償援助)を開始。
9月 ：「国際緊急援助隊法」を発効
10月 ：「国際協力デー」を制定
1988年5月 ：日本が国際協力の構想を発表
6月 ：日本が第4次ODA中期目標を発表
7月 ：総務庁が「ODAの行政検察結果について」を発表
8月 ：日本が第3次対中円借款(8100億円)を決定
1989年4月 ：日本が小規模無償援助、非政府組織(NGO)事業補助金を実施
6月 ：日本が西側の対中制裁に同調し、対中ODAを中止
7月 ：日本は西側首脳会議で開発途上国への環境援助の構想を発表
12月 ：日本のODA実績が初めてDAC各国の首位を占める
1990年4月 ：日本国際開発高等教育機構設立
7月 ：日本の世界銀行からの借款返済完了
11月 ：日本が対中ODAを再開
1991年1月 ：日本国際ボランティア貯蓄を開始
4月 ：日本がODA四方針を決定
9月 ：日本と世界銀行が共同で第1次モンゴル援助国会議(東京)を主催
1992年6月 ：日本は国連環境と開発会議で環境保全ODA(9000～10000億円)計画を発表
日本『政府開発援助(ODA)大綱』を閣議決定
日本がカンボジア復興閣僚会議を主催
11月 ：日本がベトナムへの円借款を回復
1993年5月 ：日本がイランへの円借款を回復
6月 ：日本は第5次ODA中期目標及び資金協力計画を発表
9月 ：日本がパリで第一次カンボジア復興国際委員会会議を主催
10月 ：日本が国連、全世界アフリカ連盟と共同でアフリ発展会議(東京)を主催
日本国際協力ビルが運営開始
1994年4月 ：非政府組織事業補助金の中に国際ボランティア補償支援制度を新設
12月 ：日本は第4次対中円借款の最初の3年間の部分(5800億円)を確定
1995年4月 ：非政府組織事業補助金のなかに婦女自立支援事業を新設
5月 ：日本が緊急無償援助と民主化援助を開始
8月 ：日本が中国の核実験を理由に大部分の対中無償援助を中止し、円借款交渉を延期
9月 ：日本が第4次世界女性大会で途上国婦女を支援する構想を発表
11月 ：アジア太平洋経済協力組織は日本が提出した「前進中中のパートナー」の構想について協議を達成
1996年1月 ：橋本首相はシンガポールにおいて「より広く深いパートナーシップを築き上げよう」と講演
2月 ：日本と世界銀行が共同で第五次モンゴリア援助国会議を主催
4月 ：非政府組織補助金のなかに地域総合振興項目を新設
5月 ：日中環境協力総合フォーラム会議
7月 ：日本が第1次カンボジア援助国会議を主催
1997年1月 ：橋本首相がベトナムを訪問し、800億円の援助を承諾

7月 ：橋本首相が「ユーラシア大陸外交」方針を発表
9月 ：日本行政改革会議は「経済協力庁」の設立を提案
日本が「アジア貨幣基金」の構想に対して支持を表明
12月 ：日本は日本・アセアン共同声明のなかでアセアン援助を続ける方針を表明
11月 ：橋本首相がサウジアラビア訪問
1998年10月 ：日本と国連が共同で第2次アフリカ発展会議を開催
11月 ：日本が第4次対中円借款の最後の2年間部分(3900億円)を決定
12月 ：小渕首相がベトナムで「アジアの明るい未来を創造する」と講演

《参考文献》


1．中国語
著作
(1)『鄧小平文選』第二巻、人民出版社、1993年
(2)田桓　主編『戦後中日関係文献集 1945 − 1970』中国社会科学出版社、1996年
(3)田桓　主編『戦後中日関係文献集 1971 − 1995』中国社会科学出版社、1997年
(4)馮昭奎など『戦後日本外交』中国社会科学出版社、1996年
(5)張光『日本対外援助政策研究』天津人民出版社、1996年
(6)張健『戦後日本の経済外交』天津人民出版社、1998年
(7)金熙徳『日米基軸と経済外交』中国社会科学出版社、1998年
(8)施用海　主編：『円借款をどのように使用するか』中国対外経済貿易出版社、1996年
(9)郭召烈『日本と東盟』知識出版社、1984年
(10)廖光生　主編『中日関係とアジア太平洋地域協力』香港中文大学、1990年

新聞雑誌
(1)『日本学刊』中国社会科学院日本研究所
(2)『当代亜太』中国社会科学院日本研究所
(3)『北京週報』人民中国出版社
(4)『人民日報』人民中国出版社

2．日本語
著作
(1)大来佐武郎『経済外交に生きる』東洋経済新報社、1992年
(2)小川和男『東西経済関係――日本の対応と選択』時事通信社、1977年
(3)小浜裕久『ODAの経済学』日本評論社、1992年
(4)川口浩『アメリカの対外援助政策――その理念と政策形成』アジア経済研究所
(5)川北隆雄『大蔵省』講談社、1989年

(6)川北隆雄『通産省』講談社、1991年
(7)山本剛士『日本の経済援助』三省堂、1878年
(8)山沢逸平他『日本、アメリカ、ヨーロッパの開発協力政策』アジア経済研究所、1991年
(9)岡本三郎『日中貿易論』東洋経済新報社、1971年
(10)岡部達味編『岩波講座：現代中国第六巻』岩波書店、1990年
(11)日中経済協会『新時代の中国の対外政策』1984年
(12)五十嵐武士『日本のODAと国際秩序』日本国際問題研究所、1990年
(13)五百旗頭真『秩序変革期の日本の選択』PHP研究所、1991年
(14)永野信利『日本外交ハンドブック』サイマル出版会、1981年
(15)笹本武志、嶋倉民生『日中貿易の展開』アジア経済研究所、1977年
(16)笹沼充弘『ODA援助批判への思考』工業時事通信社、1991年
(17)外務省『国際協力ハンドブック』国際協力研究会、1975年
(18)外務省情報文化局『新国際開発戦略』世界動向社、1981年
(19)外務省戦後外交史研究会『日本外交30年』世界動向社、1982年
(20)田中明彦『日中関係――1945－1990』東京大学出版社、1991年
(21)田村秀治『アラブ外交55年：下巻』到草書房、1983年
(22)石沢芳次郎『日本経済の安全保障』産業経済研究会、1979年
(23)石橋湛山『小日本主義』草思社、1984年
(24)ピアソン委員会報告『開発と援助の構想』(日本語版)日本経済新聞社、1969年
(25)吉田茂『回想十年』第1―3巻、中央公論社、1998年
(26)吉沢清次郎『戦後日本とアジア各国の関係』(中国語版)上海人民出版社、1976年
(27)西和夫『経済協力』中央公論社、1979年
(28)西垣昭、下村恭民『開発援助の経済学』有斐閣、1993年
(29)有賀貞他『国際政治講座』第1―5版、東京大学出版社、1989年
(30)デンニス・ヤストモ『戦略援助と日本外交』(日本語版)同文館、1989年
(31)毎日新聞社会部ODA取材部『国際援助事業――ODAはどのように使われるか』亜紀書房、1990年
(32)村井吉敬『日本のODAを検証する』学陽書房、1992年
(33)佐藤英夫『対外政策』東京大学出版社、1989年
(34)佐藤誠三郎、松崎哲久『自民党政権』中央公論社、1986年
(35)浅井基文『日本外交――反省と転換』岩波書店、1989年
(36)浅昭信爾『国際開発援助』東洋経済新報社、1974年
(37)松井謙『国際協力論演習』晃洋書房、1988年
(38)松井謙『開発援助の経済学』新評論、1979年
(39)松井謙『経済協力』有斐閣、1983年
(40)松村岐夫『戦後日本の官僚制』東洋経済新報社、1981年
(41)松浦晃一郎『援助外交の最前線で考えたこと』財団法人国際協力推進協会、1990年
(42)国分良成『中国の政治と民主化』サイマル出版会、1992年
(43)荒川弘『世界経済の秩序とパワー――多極化時代の国際関係』有斐閣
(44)荒川弘『新重商主義の時代――石油危機以降の世界経済』、岩波書店、1977年
(45)宮里正玄他『日米構造摩擦の研究』日本経済新報社、1990年
(46)草野厚『ODA一万二千億円の行く先』東洋経済新報社、1993年
(47)海外経済協力基金『海外経済協力基金三十年史』国際開発新聞社、1992年
(48)高浜賛『中曽根外交論』PHP研究所、1984年
(49)斎藤優『南北問題』有斐閣、1985年

(50)緒方貞子著、添谷芳秀訳『戦後日中、米中関係』東京大学出版会、1992年
(51)猪口孝『国際政治経済の構図』有斐閣、1982年
(52)猪口孝『国際関係の政治経済学』東京大学出版会、1985年
(53)猪口孝『現代国際政治と日本』筑摩書房、1991年
(54)猪口孝、岩井奉信『「族議員」の研究』日本経済新聞社、1988年
(55)渡辺利夫、草野厚『日本ODAをどうするか』日本放送出版協会、1991年
(56)渡辺昭夫編『戦後日本の対外政策』有斐閣、1985年
(57)渡辺昭夫『アジア太平洋国際関係と日本』東京大学出版会、1992年
(58)朝日新聞「援助」取材組『援助途上国日本』朝日新聞社、1985年
(59)樋口貞夫『政府開発援助』勁草書房、1986年
(60)増田弘、木村昌人『日本外交史ハンドブック』有信堂、1996年
(61)桜井雅夫『わが国の経済協力』アジア経済研究所、1972年
(62)桜井雅夫『国際開発協力の構造と法』三省堂、1985年
(63)鷲見一夫『ODA援助の現実』岩波書店、1989年

定期刊行物
(1)日本国際政治学会『国際政治』
(2)日本国際問題研究所『国際問題』
(3)日本国際問題研究所『国際年報』
(4)日本評論社『経済評論』
(5)日中経済協会『日中経済協会会報』
(6)アジア経済研究所『アジア経済』
(7)世界経済研究会『世界経済評論』
(8)竜谷大学法学会『竜谷法学』
(9)慶応義塾大学『法学研究』
(10)霞山会『外交フォーラム』
(11)中国研究所編『中国年鑑』
(12)時事通信社『世界週報』
(13)『読売年鑑』
(14)『朝日年鑑』
(15)『国際協力特別情報』

日本政府刊行物(各年版)
(1)通産省『経済協力の現状と問題点』
(2)外務省『ODA白書』
(3)外務省『外交青書』
(4)駐日本中国大使館『日本対中経済協力』

新聞
(1)『日本経済新聞』
(2)『産経新聞』
(3)『毎日新聞』
(4)『読売新聞』
(5)『朝日新聞』

3、英語
(1) Alan Rix, Japan's Economic Aid: Policy-Making and Politics, Croom Helm Ltd, London,1980.
(2) Chae-Jin Lee, China and Japan: New Economic Diplomacy, Hoover Institution Press, Stanford, 1984.
(3) Edwards S. Mason, 鹿島守之助日本語訳：『対外援助と外交政策』、鹿島研究所出版、1965年
(4) G. Ohlin, Foreign Aid Politics Reconsidered, Paris: OECD, 1966
(5) Gerald L. Curtis, Domestic Politics and Japanese Foreign Policy, edited by William J. Barnds, Japan and the United States, General Offset Co., Inc., New York, 1979.
(6) H. Morgenthau, A Political Theory of Foreign Aid, American Political Science Review, June 1960.
(7) Kim WoODArd, The International Energy Relations of China, Stanford University Press, 1980.
(8) M.M.Milikan and W.W.Rostow, A Proposal: Key to an Effective Foreign Policy, New York, 1957.
(9) Kenneth Lieberthal and Michel Oksenberg, Policy Making in China: Leaders, Structures, and Processes, Princeton University Press, 1998.
(10) Robert A. Scalapino, Chinese Foreign Policy in 1979, edited by Robert B. Oxnam and Richard C. Bush, Westview Press/ Boulder, Colorado, 1980.
(11) Robert G. Sutter, The China Quandary: Domestic Determinants of U.S. China Policy, 1972—1982, Westview Press/ Boulder, Colorado.
(12) Robert M. Orr, Jr., 田辺悟　日本語訳：『日本の政策決定過程——対外援助と外圧』、東洋経済新報社、1993年
(13) Ralph N. Clough 著、桃井真　日本語訳：『アメリカのアジア戦略と日本』、東方書房、1976年
(14) Selig S. Harrison, China, Oil, and Asia: Conflict Ahead? Columbia University Press,1977. 中原伸之　日本語訳：『中国の石油戦略』、日本経済新聞社、1978年
(15) Wolf Mendle, Issues in Japan's China Policy, The Royal Institute of International Affairs, 1979.
(16) Saburo Okita, Japan, China and the United States: Economic Relations and Prospects, Foreign Affairs, Summer 1979
(17) Warren I. Cohen, China in Japanese-American Relations, edited by Akita Irie and Warren I. Cohen, The United States and Japan in the Postwar World, The University Press of Kentucky, 1989.
(18) William J. Barnds, The United States and Japan in Asian Affairs, edited by William J. Barnds, Japan and the United States, General Offset Co., Inc,. New York, 1979.

4. 韓国語
(1)羅元燦、宋河律『我が国の開発途上国に対する開発援助政策』、産業研究研究院、1989年

# 後　書　き

本書は1998年に出版された『日米基軸と経済外交——日本外交の転換』に続く、私の新たな専門書である。

私が日本ODAの問題に対する研究を始めたのは、東京大学で国際政治学を専攻する博士課程に在籍した80年代の末頃だった。当時、日本の各大学の博士課程の中で、私はこの分野に関する既成の学位論文を見つけることはできなかった。日中関係とODAの関連についての研究に至っては、なおさら参考になる論文が殆どなかったのだ。私は1994年3月、日本の対中円借款の政策決定過程についての研究によって、論文審査に合格し学術博士号を得た。その後になって、東京大学を含め各大学において研究がさかんになり、今は少なからぬ大学院生がこの分野で学位論文を執筆し始めていることを知るようになった。

90年代初期、私が日本におけるODAと日中関係を学位論文のテーマにしたいと考えたとき、回りの先生方はこれにそれほど感心を示さなかった。その理由は次の点にあるように考えられる。第一に、国際政治学の角度から見れば、開発援助問題は敏感な「高位政治（Hign Politics）」に属しないため、平板で何の変てつもなく、注目を集められるような論文を書くことが難しい。第二には、国際経済学の角度から見れば、開発援助の中には、非経済的で政治的な色彩が濃すぎるため、精確さと純粋さを誇る経済学の分析対象にはなりにくい。第三は、日中関係の角度から見ても、吉田茂の「北京か台湾か」という困難な選択の過程、日中国交正常化、日中平和友好条約の締結の過程、等々の重大な課題に比べれば、ODA問題の重要さは明らかに小さいし、参考資料も少ない。そのようななかで、多くの研究者がその重要性を看過し、またそれについての論文がほとんどないだけに、私のこの問題に対する研究はより一層開拓的意義を持つようになり、併せてその重要性も研究の過程で十分証明することができ、諸先生方の良い評価を得ることができたのである。

1994年の春、私の学位論文が書きあがったころ、ODA問題がこれから日中関係の中において敏感な部分になろうということを、誰も予想してはいなかった。ところが、1994年から、第4次円借款交渉、日本による中国の核実験を理由とした無償援助凍結という制裁、円高による中国の債務倍増など一連のODAを巡る問題は、両国政治摩擦の面で重要な問題のひとつになった。この時期における新たな進展に対して、私は適時にフォローして研究を行い、そのなかから90年代日本のODA、およびODAの日中関係における地位、日中関係の新しい特徴などについて、認識を深め、そこから日中関係の最新の現実に対する認識を深めていった。1996年2月、私は東海大学主催・外務省後援の「アジアの共通価値を求める——日本のODA大綱を見直す」という国際シンポジウムに出席した。会議上で、欧米学者らは口を揃えて日本の対中制裁措置に称賛を与えたのに対し、私は彼らの欧米式援助の考え方に異議を説いた。発言後、席に戻った私は、東南アジア諸国の代表から熱い握手を交わされた。会場では南北の異なる立場の対立がくっきりと見られた。90年代の日中関係史において、ODA問題は大変重要な役目を担ったのである。私は身をもって、この時期の日中間における日本のODAを巡る論議に加わることができた。

私の研究結果が示すように、ODAを含む政府間の経済協力は80年代以来の日中関係の主な分野の一つとなっており、その重要さは日増しに増している。平和共存と共同発展は今後日中関係の二大テーマであり、これら両者はお互いが影響しあい、促進しあう関係にあり、そのいずれをもおろそかにすることはできない。日中両国政府、そして良好な両国関係の発展を願う各界の人々は、両国が共に受益できる最善の展望を開くために協力し合い、努力すべきだと思う。

1994年に帰国した時点から、私は日本のODAについての本を書くつもりだった。1996年、私が勤務する中国社会科学院日本研究所対外関係室は社会科学院から重点研究室に選ばれ、『日本の政府開発援助』の企画も本学科の5カ年研究企画に組み込まれた。しかしその後、職務の多忙により、本書の執筆は何度も引き延ばされ、その間に、私の『日米基軸と経済外交――日本外交の転換』という本が先に出版されることとなった。

今、本書はやっと日の目を見ることができた。前書きで述べたように、本書では中国での日本のODA研究に寄与することができ、また議論を巻き起こすことができれば、幸いと考えている。

本書を執筆するにあたって、私は大量の中国内外の研究成果を参考にし、そしてそれらを引用させていただいた。ここですべての著者の方々に感謝を申し上げたい。併せて、私の研究と出版に物心両面から支持してくださった中国社会科学院科研局の方々、そして、本書の出版を快く支持してくだっさた社会科学文献出版社の謝寿光社長、国際文化編集部の程暁燕主任、及び責任編集者の許春山氏に対し心から感謝を申し上げたい。

金　熙　徳

1999年3月1日

# 訳者あとがき

金熙徳氏は中国を代表する若手の日本研究者である。1954年吉林省延吉市に生まれ延辺大学を卒業後、1989年から5年間東京大学大学院で国際政治学を専攻された。その後は中国社会科学院で国際問題を研究。現在は日本研究所の研究員として第一線で活躍されている。

また論文や著作も多く、最近のものでは『21世紀における日本の選択』、『日本外交と日中関係』等がある。

金氏は東京大学において、「ODA問題の研究」により博士学位を取得されたが、それに手を加え、まとめたものが本書である。まさに、中国人の手による初めてのODA解説書であるが、金氏の日本外交に対する造詣の深さ、そして日中関係や国際関係に対する幅広さと奥深さは、これらによっても充分うかがえる。

私は、1997年から北京に滞在し、大学で日本の政治や日中関係を講じてきた。この間、社会科学院(日本研究所)はじめ、各種団体の主催する多くのセミナーに参加する機会に恵まれた。これらは主に日本研究所の皆さんのご厚意によるものであるが、金氏をはじめ、その同僚の皆さんとの接触を通じて、大きな裨益を得ることができた。特に金氏の著書や発言からは学ぶことが多く、日本外交に対する細かい観察と洞察には目を開かれる思いであった。

日中国交正常化30周年を迎え、両国の友好協力関係が新たな広がりと深まりを期待されるなかで、この『徹底検証！日本型ODA－非軍事外交の試み－』を翻訳出版できることは大変意義あることであり、また私にとって大きな喜びである。

金氏はこの時期に、この本を翻訳したいという私の要請に快く承諾してくれたばかりか、ご多忙にもかかわらず、時間をさいて、いろいろなアドバイスを与えてくださった。ご厚意に深く感謝すると同時に、私の翻訳文が原文をそこねていまいかというのが、正直な今の気持ちである。しかし、自分の勉強不足を実感しながらも、必要な資料を探し回ることで、いろいろな新しい知識に出合うことができたことも私にとっては大きな喜びとなった。また翻訳の過程でODAの重要性に対して、これまでこれらの研究が乏しかったことを痛感せざるを得なかった。その点で本書の刊行は現状を打開する第一歩となることを企図している。おそらく、戦後から今日にわたるODAの実態をこれほど網羅的かつ分析的に扱っているものは他にはないであろう。

ここ2、3年、特に小泉内閣の成立後、「構造改革」によるODA予算の削減にみられるように、ODAに対する議論が活発化している。特にそれは、中国に向けられものが多く、それらすべてが的を得たものとは言い難い。まして一時の感情によってこれを処理することは厳に慎まねばならないと考える。

平和外交をすすめるうえで、どのようなかたちで国際貢献をはたすのか、ODAによる非軍事外交の重要さはまさにここにあるのではないだろうか。日本におけるODAの歴史、そしてそれはどのような政策や背景によるものなのか――本書の目次を一覧しただけでもその内容の豊富さに読者は驚かされるだろう。本書は日本のODAと国際貢献を考える上で、格好の教材となるはずである。

ODAにより国際間の相互理解と相互信頼を高め、友好関係を強化することこそ筆者の目的とするところであり、そのために、いささかの力を添えることができたとしたら、訳者として望外の幸せである。そして読者の皆さんが、本書を通じてODAの過去と現実に触れ、また本書が今後の日本外交を考える縁となればこれほど嬉しいことはない。

国際的相互理解の強化に寄与しようと、この出版のために採算を度外視して快く協力して下さった三和書籍高橋社長の熱意に敬意を表し、そのご協力に重ねて感謝したい。

また、高橋社長のご手配のもと、献身的に作業をすすめてくださった編集スタッフの皆さんに、そして翻訳にあたって様々な協力を惜しまなかった友人の皆さんに心からお礼申し上げたい。

2002年1月　北京にて
鈴木　英司

**【著者紹介】**　金熙徳(Jin Xide)

1954年中国延吉市生まれ。1977年延辺大学政治学科卒。1985年同大学で修士号取得、修論は「西田哲学の理論的特徴」。同大学講師となる。1986年7月より1年間米国コネチカット州立大政治学科客員研究員。1989年3月より東京大学大学院総合文化研究科に在籍し、1994年3月日本の第1次対中円借款政策の決定過程の研究で学術博士号授与される。1994年7月より中国社会科学院日本研究所に勤務、研究員・教授。専攻は日本外交、日中関係、北東アジア研究。

主な著作:『近代日本哲学史綱』(1988)、『日米基軸と経済外交—日本外交の転換』(1998)、『日本の政府開発援助』(2000)、『日本外交と日中関係—90年代の新たな趨勢』(2001)など。編著『再生か衰退か—21世紀日本の選択』(2001)、『中国における北東アジア研究』(2001)など。その他共著十数冊。

**【訳者紹介】**　鈴木英司(すずきひでじ)

1957年茨城県生まれ。中国国際関係学院教授。

1978年日本大学法学部卒業。労働組合書記、国会議員政策秘書を経て、1997年北京外国語大学の教壇に立つ。その後、外交学院を経て現職。

1983年はじめて中国を訪問。その後訪中歴約80回。中国では他に北京市社会科学院中日関係研究センター客員研究員、中日関係史研究会特別会員。

# 徹底検証！日本型ODA

## ——非軍事外交の試み——

2002年　4月　15日　第1版第1刷発行

著者　金　熙　徳

訳者　鈴　木　英　司

発行者　高　橋　考

発行所　三　和　書　籍

〒112-0013　東京都文京区音羽2-2-2

TEL 03-5395-4630　FAX 03-5395-4632

sanwa@sanwa-co.com

http://www.sanwa-co.com/

印刷所／製本　株式会社シナノ



ISBN4-916037-43-X　C3031